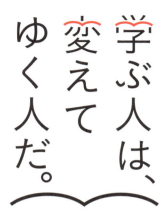

学ぶ人は、
変えて
ゆく人だ。

目の前にある問題はもちろん、
人生の問いや、
社会の課題を自ら見つけ、
挑み続けるために、人は学ぶ。
「学び」で、
少しずつ世界は変えてゆける。
いつでも、どこでも、誰でも、
学ぶことができる世の中へ。

旺文社

2023年度版

文部科学省後援
英検® 3級
過去6回全問題集

※ 英検®には複数の方式があります（p.11参照）。本書に収録されている問題は、「従来型」の過去問のうち、公益財団法人 日本英語検定協会から提供を受けたもののみです。準会場・海外受験などの問題とは一致しない場合があります。英検S-CBTの過去問は公表されていませんが、問題形式・内容は従来型と変わりませんので、受験準備のためには本書収録の過去問がご利用いただけます。

※ このコンテンツは、公益財団法人 日本英語検定協会の承認や推奨、その他の検討を受けたものではありません。

英検®は、公益財団法人 日本英語検定協会の登録商標です。　旺文社

Chinese Restaurants

There are many Chinese restaurants in Japan. They usually sell noodles and other popular Chinese dishes. Some people want to eat delicious Chinese meals at home, so they order take-out food from Chinese restaurants.

Beach Volleyball

Beach volleyball is an exciting sport. It is fun to play on hot summer days. Many people like seeing their favorite players, so they enjoy going to professional beach volleyball tournaments.

Ice Cream

Ice cream is a popular dessert. Many people eat it outside on hot summer days. People often buy ice cream at supermarkets, and some people like to make different kinds of ice cream at home.

Climbing Mountains

Climbing mountains can be exciting. Many people like taking photos of nature, so they carry a camera with them when they climb mountains. People should always take a map and warm clothes with them, too.

Pasta

Pasta is eaten in countries around the world. Pasta tastes good with both meat and vegetables, so it is a popular dish with many people. Some stores sell many different kinds and colors of pasta.

Lakes

Japan has many beautiful lakes. They are often quiet and relaxing places to visit. There are places to camp near some lakes, and some people like to go swimming in lakes when it is sunny.

2022年度第2回 英検3級 解答用紙

【注意事項】
① 解答にはHBの黒鉛筆（シャープペンシルも可）を使用し，解答を訂正する場合には消しゴムで完全に消してください。
② 解答用紙は絶対に汚したり折り曲げたり，所定以外のところへの記入はしないでください。

③ マーク例

良い例	悪い例
●	

これ以下の濃さのマークは読めません。

解　答　欄

問題番号		1	2	3	4
1	(1)	①	②	③	④
	(2)	①	②	③	④
	(3)	①	②	③	④
	(4)	①	②	③	④
	(5)	①	②	③	④
	(6)	①	②	③	④
	(7)	①	②	③	④
	(8)	①	②	③	④
	(9)	①	②	③	④
	(10)	①	②	③	④
	(11)	①	②	③	④
	(12)	①	②	③	④
	(13)	①	②	③	④
	(14)	①	②	③	④
	(15)	①	②	③	④

解　答　欄

問題番号		1	2	3	4
2	(16)	①	②	③	④
	(17)	①	②	③	④
	(18)	①	②	③	④
	(19)	①	②	③	④
	(20)	①	②	③	④
3	(21)	①	②	③	④
	(22)	①	②	③	④
	(23)	①	②	③	④
	(24)	①	②	③	④
	(25)	①	②	③	④
	(26)	①	②	③	④
	(27)	①	②	③	④
	(28)	①	②	③	④
	(29)	①	②	③	④
	(30)	①	②	③	④

※筆記4の解答欄はこの裏にあります。

リスニング解答欄

問題番号		1	2	3	4
	例題	①	②	●	
第1部	No. 1	①	②	③	
	No. 2	①	②	③	
	No. 3	①	②	③	
	No. 4	①	②	③	
	No. 5	①	②	③	
	No. 6	①	②	③	
	No. 7	①	②	③	
	No. 8	①	②	③	
	No. 9	①	②	③	
	No. 10	①	②	③	
第2部	No. 11	①	②	③	④
	No. 12	①	②	③	④
	No. 13	①	②	③	④
	No. 14	①	②	③	④
	No. 15	①	②	③	④
	No. 16	①	②	③	④
	No. 17	①	②	③	④
	No. 18	①	②	③	④
	No. 19	①	②	③	④
	No. 20	①	②	③	④
第3部	No. 21	①	②	③	④
	No. 22	①	②	③	④
	No. 23	①	②	③	④
	No. 24	①	②	③	④
	No. 25	①	②	③	④
	No. 26	①	②	③	④
	No. 27	①	②	③	④
	No. 28	①	②	③	④
	No. 29	①	②	③	④
	No. 30	①	②	③	④

2022年度第2回
Web特典「自動採点サービス」対応
オンラインマークシート
※検定の回によって2次元コードが違います。
※筆記1～3，リスニングの採点ができます。
※PCからも利用できます（本書 p.8 参照）。

※実際の解答用紙に似せていますが，デザイン・サイズは異なります。

切り取り線

●記入上の注意（記述形式）
・指示事項を守り，文字は，はっきりと分かりやすく書いてください。
・太枠に囲まれた部分のみが採点の対象です。

4 ライティング解答欄

2022年度第1回　英検3級　解答用紙

注意事項
① 解答にはHBの黒鉛筆（シャープペンシルも可）を使用し，解答を訂正する場合には消しゴムで完全に消してください。
② 解答用紙は絶対に汚したり折り曲げたり，所定以外のところへの記入はしないでください。

③ マーク例

良い例	悪い例
●	◐ ✗ ◖

これ以下の濃さのマークは読めません。

解　答　欄　1

問題番号	1	2	3	4
(1)	①	②	③	④
(2)	①	②	③	④
(3)	①	②	③	④
(4)	①	②	③	④
(5)	①	②	③	④
(6)	①	②	③	④
(7)	①	②	③	④
(8)	①	②	③	④
(9)	①	②	③	④
(10)	①	②	③	④
(11)	①	②	③	④
(12)	①	②	③	④
(13)	①	②	③	④
(14)	①	②	③	④
(15)	①	②	③	④

解　答　欄

問題番号	1	2	3	4
2 (16)	①	②	③	④
(17)	①	②	③	④
(18)	①	②	③	④
(19)	①	②	③	④
(20)	①	②	③	④
3 (21)	①	②	③	④
(22)	①	②	③	④
(23)	①	②	③	④
(24)	①	②	③	④
(25)	①	②	③	④
(26)	①	②	③	④
(27)	①	②	③	④
(28)	①	②	③	④
(29)	①	②	③	④
(30)	①	②	③	④

※筆記4の解答欄はこの裏にあります。

リスニング解答欄

問題番号	1	2	3	4
例題	①	②	●	
第1部 No. 1	①	②	③	
No. 2	①	②	③	
No. 3	①	②	③	
No. 4	①	②	③	
No. 5	①	②	③	
No. 6	①	②	③	
No. 7	①	②	③	
No. 8	①	②	③	
No. 9	①	②	③	
No. 10	①	②	③	
第2部 No. 11	①	②	③	④
No. 12	①	②	③	④
No. 13	①	②	③	④
No. 14	①	②	③	④
No. 15	①	②	③	④
No. 16	①	②	③	④
No. 17	①	②	③	④
No. 18	①	②	③	④
No. 19	①	②	③	④
No. 20	①	②	③	④
第3部 No. 21	①	②	③	④
No. 22	①	②	③	④
No. 23	①	②	③	④
No. 24	①	②	③	④
No. 25	①	②	③	④
No. 26	①	②	③	④
No. 27	①	②	③	④
No. 28	①	②	③	④
No. 29	①	②	③	④
No. 30	①	②	③	④

2022年度第1回　Web特典「自動採点サービス」対応オンラインマークシート
※検定の回によって2次元コードが違います。
※筆記1〜3，リスニングの採点ができます。
※PCからも利用できます（本書 p.8 参照）。

※実際の解答用紙に似せていますが，デザイン・サイズは異なります。

●記入上の注意（記述形式）
・指示事項を守り，文字は，はっきりと分かりやすく書いてください。
・太枠に囲まれた部分のみが採点の対象です。

4 ライティング解答欄

2021年度第3回　英検3級　解答用紙

【注意事項】
①解答にはHBの黒鉛筆（シャープペンシルも可）を使用し，解答を訂正する場合には消しゴムで完全に消してください。
②解答用紙は絶対に汚したり折り曲げたり，所定以外のところへの記入はしないでください。

③マーク例

これ以下の濃さのマークは読めません。

解答欄 1

問題番号	1	2	3	4
(1)	①	②	③	④
(2)	①	②	③	④
(3)	①	②	③	④
(4)	①	②	③	④
(5)	①	②	③	④
(6)	①	②	③	④
(7)	①	②	③	④
(8)	①	②	③	④
(9)	①	②	③	④
(10)	①	②	③	④
(11)	①	②	③	④
(12)	①	②	③	④
(13)	①	②	③	④
(14)	①	②	③	④
(15)	①	②	③	④

解答欄 2・3

問題番号	1	2	3	4
(16)	①	②	③	④
(17)	①	②	③	④
(18)	①	②	③	④
(19)	①	②	③	④
(20)	①	②	③	④
(21)	①	②	③	④
(22)	①	②	③	④
(23)	①	②	③	④
(24)	①	②	③	④
(25)	①	②	③	④
(26)	①	②	③	④
(27)	①	②	③	④
(28)	①	②	③	④
(29)	①	②	③	④
(30)	①	②	③	④

※筆記4の解答欄はこの裏にあります。

リスニング解答欄

問題番号	1	2	3	4
例題	①	②	●	
No. 1	①	②	③	
No. 2	①	②	③	
No. 3	①	②	③	
No. 4	①	②	③	
No. 5	①	②	③	
No. 6	①	②	③	
No. 7	①	②	③	
No. 8	①	②	③	
No. 9	①	②	③	
No. 10	①	②	③	
No. 11	①	②	③	④
No. 12	①	②	③	④
No. 13	①	②	③	④
No. 14	①	②	③	④
No. 15	①	②	③	④
No. 16	①	②	③	④
No. 17	①	②	③	④
No. 18	①	②	③	④
No. 19	①	②	③	④
No. 20	①	②	③	④
No. 21	①	②	③	④
No. 22	①	②	③	④
No. 23	①	②	③	④
No. 24	①	②	③	④
No. 25	①	②	③	④
No. 26	①	②	③	④
No. 27	①	②	③	④
No. 28	①	②	③	④
No. 29	①	②	③	④
No. 30	①	②	③	④

第1部：No.1～No.10
第2部：No.11～No.20
第3部：No.21～No.30

2021年度第3回
Web特典「自動採点サービス」対応
オンラインマークシート

※検定の回によって2次元コードが違います。
※筆記1～3，リスニングの採点ができます。
※PCからも利用できます（本書p.8参照）。

※実際の解答用紙に似せていますが，デザイン・サイズは異なります。

切り取り線

●記入上の注意（記述形式）
・指示事項を守り，文字は，はっきりと分かりやすく書いてください。
・太枠に囲まれた部分のみが採点の対象です。

4 ライティング解答欄

5

10

2021年度第2回 英検3級 解答用紙

【注意事項】
① 解答にはHBの黒鉛筆（シャープペンシルも可）を使用し，解答を訂正する場合には消しゴムで完全に消してください。
② 解答用紙は絶対に汚したり折り曲げたり，所定以外のところへの記入はしないでください。

③ マーク例

良い例	悪い例
●	◐ ✗ ○

これ以下の濃さのマークは読めません。

解答欄

問題番号	1	2	3	4
1 (1)	①	②	③	④
(2)	①	②	③	④
(3)	①	②	③	④
(4)	①	②	③	④
(5)	①	②	③	④
(6)	①	②	③	④
(7)	①	②	③	④
(8)	①	②	③	④
(9)	①	②	③	④
(10)	①	②	③	④
(11)	①	②	③	④
(12)	①	②	③	④
(13)	①	②	③	④
(14)	①	②	③	④
(15)	①	②	③	④

解答欄

問題番号	1	2	3	4
2 (16)	①	②	③	④
(17)	①	②	③	④
(18)	①	②	③	④
(19)	①	②	③	④
(20)	①	②	③	④
3 (21)	①	②	③	④
(22)	①	②	③	④
(23)	①	②	③	④
(24)	①	②	③	④
(25)	①	②	③	④
(26)	①	②	③	④
(27)	①	②	③	④
(28)	①	②	③	④
(29)	①	②	③	④
(30)	①	②	③	④

※筆記4の解答欄はこの裏にあります。

リスニング解答欄

問題番号	1	2	3	4
例題	①	②	●	
第1部 No. 1	①	②	③	
No. 2	①	②	③	
No. 3	①	②	③	
No. 4	①	②	③	
No. 5	①	②	③	
No. 6	①	②	③	
No. 7	①	②	③	
No. 8	①	②	③	
No. 9	①	②	③	
No. 10	①	②	③	
第2部 No. 11	①	②	③	④
No. 12	①	②	③	④
No. 13	①	②	③	④
No. 14	①	②	③	④
No. 15	①	②	③	④
No. 16	①	②	③	④
No. 17	①	②	③	④
No. 18	①	②	③	④
No. 19	①	②	③	④
No. 20	①	②	③	④
第3部 No. 21	①	②	③	④
No. 22	①	②	③	④
No. 23	①	②	③	④
No. 24	①	②	③	④
No. 25	①	②	③	④
No. 26	①	②	③	④
No. 27	①	②	③	④
No. 28	①	②	③	④
No. 29	①	②	③	④
No. 30	①	②	③	④

2021年度第2回

Web特典「自動採点サービス」対応
オンラインマークシート
※検定の回によって2次元コードが違います。
※筆記1〜3，リスニングの採点ができます。
※ PCからも利用できます（本書 p.8 参照）。

※実際の解答用紙に似せていますが，デザイン・サイズは異なります。

切り取り線

●記入上の注意（記述形式）
・指示事項を守り，文字は，はっきりと分かりやすく書いてください。
・太枠に囲まれた部分のみが採点の対象です。

4 ライティング解答欄

2021年度第1回　英検3級　解答用紙

【注意事項】
①解答にはHBの黒鉛筆（シャープペンシルも可）を使用し，解答を訂正する場合には消しゴムで完全に消してください。
②解答用紙は絶対に汚したり折り曲げたり，所定以外のところへの記入はしないでください。

③マーク例

良い例	悪い例
●	

これ以下の濃さのマークは読めません。

解答欄

問題番号	1	2	3	4
1	(1)	①	②	③	④
	(2)	①	②	③	④
	(3)	①	②	③	④
	(4)	①	②	③	④
	(5)	①	②	③	④
	(6)	①	②	③	④
	(7)	①	②	③	④
	(8)	①	②	③	④
	(9)	①	②	③	④
	(10)	①	②	③	④
	(11)	①	②	③	④
	(12)	①	②	③	④
	(13)	①	②	③	④
	(14)	①	②	③	④
	(15)	①	②	③	④

解答欄

問題番号	1	2	3	4
2	(16)	①	②	③	④
	(17)	①	②	③	④
	(18)	①	②	③	④
	(19)	①	②	③	④
	(20)	①	②	③	④
3	(21)	①	②	③	④
	(22)	①	②	③	④
	(23)	①	②	③	④
	(24)	①	②	③	④
	(25)	①	②	③	④
	(26)	①	②	③	④
	(27)	①	②	③	④
	(28)	①	②	③	④
	(29)	①	②	③	④
	(30)	①	②	③	④

※筆記4の解答欄はこの裏にあります。

リスニング解答欄

問題番号	1	2	3	4
例題	①	②	●	
第1部	No. 1	①	②	③
	No. 2	①	②	③
	No. 3	①	②	③
	No. 4	①	②	③
	No. 5	①	②	③
	No. 6	①	②	③
	No. 7	①	②	③
	No. 8	①	②	③
	No. 9	①	②	③
	No. 10	①	②	③
第2部	No. 11	①	②	③	④
	No. 12	①	②	③	④
	No. 13	①	②	③	④
	No. 14	①	②	③	④
	No. 15	①	②	③	④
	No. 16	①	②	③	④
	No. 17	①	②	③	④
	No. 18	①	②	③	④
	No. 19	①	②	③	④
	No. 20	①	②	③	④
第3部	No. 21	①	②	③	④
	No. 22	①	②	③	④
	No. 23	①	②	③	④
	No. 24	①	②	③	④
	No. 25	①	②	③	④
	No. 26	①	②	③	④
	No. 27	①	②	③	④
	No. 28	①	②	③	④
	No. 29	①	②	③	④
	No. 30	①	②	③	④

2021年度第1回

Web特典「自動採点サービス」対応オンラインマークシート
※検定の回によって2次元コードが違います。
※筆記1〜3，リスニングの採点ができます。
※PCからも利用できます（本書 p.8 参照）。

※実際の解答用紙に似ていますが，デザイン・サイズは異なります。

切り取り線

●記入上の注意（記述形式）
・指示事項を守り，文字は，はっきりと分かりやすく書いてください。
・太枠に囲まれた部分のみが採点の対象です。

4 ライティング解答欄

5

10

2020年度第3回　英検3級　解答用紙

[注意事項]
① 解答にはHBの黒鉛筆（シャープペンシルも可）を使用し，解答を訂正する場合には消しゴムで完全に消してください。
② 解答用紙は絶対に汚したり折り曲げたり，所定以外のところへの記入はしないでください。

③マーク例

良い例	悪い例
●	

これ以下の濃さのマークは読めません。

解答欄

問題番号		1	2	3	4
1	(1)	①	②	③	④
	(2)	①	②	③	④
	(3)	①	②	③	④
	(4)	①	②	③	④
	(5)	①	②	③	④
	(6)	①	②	③	④
	(7)	①	②	③	④
	(8)	①	②	③	④
	(9)	①	②	③	④
	(10)	①	②	③	④
	(11)	①	②	③	④
	(12)	①	②	③	④
	(13)	①	②	③	④
	(14)	①	②	③	④
	(15)	①	②	③	④

解答欄

問題番号		1	2	3	4
2	(16)	①	②	③	④
	(17)	①	②	③	④
	(18)	①	②	③	④
	(19)	①	②	③	④
	(20)	①	②	③	④
3	(21)	①	②	③	④
	(22)	①	②	③	④
	(23)	①	②	③	④
	(24)	①	②	③	④
	(25)	①	②	③	④
	(26)	①	②	③	④
	(27)	①	②	③	④
	(28)	①	②	③	④
	(29)	①	②	③	④
	(30)	①	②	③	④

※筆記4の解答欄はこの裏にあります。

リスニング解答欄

問題番号		1	2	3	4
	例題	①	②	●	
第1部	No. 1	①	②	③	
	No. 2	①	②	③	
	No. 3	①	②	③	
	No. 4	①	②	③	
	No. 5	①	②	③	
	No. 6	①	②	③	
	No. 7	①	②	③	
	No. 8	①	②	③	
	No. 9	①	②	③	
	No. 10	①	②	③	
第2部	No. 11	①	②	③	④
	No. 12	①	②	③	④
	No. 13	①	②	③	④
	No. 14	①	②	③	④
	No. 15	①	②	③	④
	No. 16	①	②	③	④
	No. 17	①	②	③	④
	No. 18	①	②	③	④
	No. 19	①	②	③	④
	No. 20	①	②	③	④
第3部	No. 21	①	②	③	④
	No. 22	①	②	③	④
	No. 23	①	②	③	④
	No. 24	①	②	③	④
	No. 25	①	②	③	④
	No. 26	①	②	③	④
	No. 27	①	②	③	④
	No. 28	①	②	③	④
	No. 29	①	②	③	④
	No. 30	①	②	③	④

2020年度第3回
Web特典「自動採点サービス」対応
オンラインマークシート
※検定の回によって2次元コードが違います。
※筆記1～3，リスニングの採点ができます。
※PCからも利用できます（本書p.8参照）。

※実際の解答用紙に似せていますが，デザイン・サイズは異なります。

切り取り線

●記入上の注意（記述形式）
・指示事項を守り，文字は，はっきりと分かりやすく書いてください。
・太枠に囲まれた部分のみが採点の対象です。

4 ライティング解答欄

はじめに

実用英語技能検定（英検®）は，年間受験者数410万人（英検IBA，英検Jr.との総数）の小学生から社会人まで，幅広い層が受験する国内最大級の資格試験で，1963年の第1回検定からの累計では1億人を超える人々が受験しています。英検®は，コミュニケーションに欠かすことのできない4技能をバランスよく測定することを目的としており，英検®の受験によってご自身の英語力を把握できるだけでなく，進学・就職・留学などの場面で多くのチャンスを手に入れることにつながります。

この『全問題集シリーズ』は，英語を学ぶ皆さまを応援する気持ちを込めて刊行しました。本書は，2022年度第2回検定を含む6回分の過去問を，皆さまの理解が深まるよう，日本語訳や詳しい解説を加えて収録しています。また，正答率が高かった設問の解説には 正答率 ★75%以上 マーク（別冊p.3参照）がついているので，特におさえておきたい問題を簡単にチェックできます。

本書が皆さまの英検合格の足がかりとなり，さらには国際社会で活躍できるような生きた英語を身につけるきっかけとなることを願っています。

最後に，本書を刊行するにあたり，多大なご尽力をいただきました敬愛大学英語教育開発センター長・国際学部国際学科教授 向後秀明先生に深く感謝の意を表します。

2023年　春

もくじ

Contents

本書の使い方 ……………………………………………… 3

音声について ……………………………………………… 4

Web特典について ………………………………………… 7

自動採点サービスの利用方法 …………………………… 8

二次試験・面接の流れ …………………………………… 9

英検インフォメーション ………………………………… 10
試験内容／英検の種類／合否判定方法／英検(従来型)受験情報—2023年度
試験日程・申込方法

2022年度の傾向と攻略ポイント ……………………… 14

2022年度	第2回検定（筆記・リスニング・面接）…… 17
	第1回検定（筆記・リスニング・面接）…… 41
2021年度	第3回検定（筆記・リスニング・面接）…… 65
	第2回検定（筆記・リスニング・面接）…… 89
	第1回検定（筆記・リスニング・面接）… 113
2020年度	第3回検定（筆記・リスニング・面接）… 137

執　　筆：向後秀明（敬愛大学）
編集協力：株式会社 カルチャー・プロ，入江 泉
録　　音：ユニバ合同会社
デザイン：林 慎一郎（及川真咲デザイン事務所）
組版・データ作成協力：幸和印刷株式会社

本書の使い方

ここでは，本書の過去問および特典についての活用法の一例を紹介します。

本書の内容

| 過去問 6回分 | 英検 インフォ メーション (p.10-13) | 2022年度の 傾向と 攻略ポイント (p.14-16) | 二次試験・ 面接の流れ (p.9) | Web特典 (p.7-8) |

本書の使い方

一次試験対策

情報収集・傾向把握

・英検インフォメーション
・2022年度の傾向と攻略ポイント

過去問にチャレンジ

・2022年度第2回一次試験
・2022年度第1回一次試験
・2021年度第3回一次試験
・2021年度第2回一次試験
・2021年度第1回一次試験
・2020年度第3回一次試験
　※【Web特典】自動採点サービスの活用

二次試験対策

情報収集・傾向把握

・二次試験・面接の流れ
・【Web特典】
　面接シミュレーション／面接模範例

過去問にチャレンジ

・2022年度第2回二次試験
・2022年度第1回二次試験
・2021年度第3回二次試験
・2021年度第2回二次試験
・2021年度第1回二次試験
・2020年度第3回二次試験

過去問の取り組み方

1セット目

【本番モード】
本番の試験と同じように，制限時間を設けて取り組みましょう。どの問題形式に時間がかかりすぎているか，正答率が低いかなど，今のあなたの実力を把握しましょう。
「自動採点サービス」を活用して，答え合わせをスムーズに行いましょう。

2～5セット目

【学習モード】
制限時間をなくし，解けるまで取り組みましょう。
リスニングは音声を繰り返し聞いて解答を導き出してもかまいません。すべての問題に正解できるまで見直します。

6セット目

【仕上げモード】
試験直前の仕上げに利用しましょう。時間を計って本番のつもりで取り組みます。
これまでに取り組んだ6セットの過去問で間違えた問題の解説を本番試験の前にもう一度見直しましょう。

音声について

一次試験・リスニングと二次試験・面接の音声を聞くことができます。本書とともに使い，効果的なリスニング・面接対策をしましょう。

収録内容と特長

一次試験・リスニング

本番の試験の音声を収録	➡	スピードをつかめる！
解答時間は本番通り10秒間	➡	解答時間に慣れる！
収録されている英文は，別冊解答に掲載	➡	聞き取れない箇所を確認できる！

二次試験・面接（スピーキング）

| 実際の流れ通りに収録 | ➡ | 本番の雰囲気を味わえる！ |

・パッセージの黙読（試験通り20秒の黙読時間があります）
・パッセージの音読（Model Readingを収録しています）
・質問（練習用に10秒の解答時間）

| 各質問のModel Answerも収録 | ➡ | 模範解答が確認できる！ |
| Model Answerは，別冊解答に掲載 | ➡ | 聞き取れない箇所を確認できる！ |

4

3つの方法で音声が聞けます！

音声再生サービスご利用可能期間

2023年2月24日～2024年8月31日

※ご利用期間内にアプリやPCにダウンロードしていただいた音声は，期間終了後も引き続きお聞きいただけます。
※これらのサービスは予告なく変更，終了することがあります。

① 公式アプリ「英語の友」(iOS/Android) でお手軽再生

リスニング力を強化する機能満載

- 再生速度変換（0.5～2.0倍速）
- お気に入り機能（絞込み学習）
- オフライン再生
- バックグラウンド再生
- 試験日カウントダウン

※画像はイメージです。

[ご利用方法]

1. 「英語の友」公式サイトより，アプリをインストール
   https://eigonotomo.com/　[英語の友 🔍]
   （右の2次元コードから読み込めます）

2. アプリ内のライブラリよりご購入いただいた書籍を選び，「追加」ボタンを押してください

3. パスワードを入力すると，音声がダウンロードできます
   [パスワード：veukai]　※すべて半角アルファベット小文字

※本アプリの機能の一部は有料ですが，本書の音声は無料でお聞きいただけます。
※詳しいご利用方法は「英語の友」公式サイト，あるいはアプリ内ヘルプをご参照ください。

② パソコンで音声データダウンロード（MP3）

［ご利用方法］

1 Web特典にアクセス　　詳細は，p.7をご覧ください。

2 「一次試験［二次試験］音声データダウンロード」から
聞きたい検定の回を選択してダウンロード

※音声ファイルはzip形式にまとめられた形でダウンロードされます。
※音声の再生にはMP3を再生できる機器などが必要です。ご使用機器，音声再生ソフト等に関する技術的なご質問は，ハードメーカーもしくはソフトメーカーにお願いいたします。

③ スマートフォン・タブレットでストリーミング再生

［ご利用方法］

1 自動採点サービスにアクセス　　詳細は，p.8をご覧ください。
　（右の2次元コードから読み込めます）

2 聞きたい検定の回を選び，
リスニングテストの音声再生ボタンを押す

※自動採点サービスは一次試験に対応していますので，一次試験・リスニングの音声のみお聞きいただけます。（二次試験・面接の音声をお聞きになりたい方は，①リスニングアプリ「英語の友」，②音声データダウンロードをご利用ください）
※音声再生中に音声を止めたい場合は，停止ボタンを押してください。
※個別に問題を再生したい場合は，問題番号を選んでから再生ボタンを押してください。
※音声の再生には多くの通信量が必要となりますので，Wi-Fi環境でのご利用をおすすめいたします。

CDをご希望の方は，別売「2023年度版英検3級過去6回全問題集CD」
（本体価格1,200円+税）をご利用ください。

持ち運びに便利な小冊子とCD3枚付き。※本書では，収録箇所を**CD 1 ①**〜**⑪**のように表示。

Web特典について

購入者限定の「Web特典」を，皆さんの英検合格にお役立てください。

ご利用 可能期間	2023年2月24日～2024年8月31日 ※本サービスは予告なく変更，終了することがあります。	
アクセス 方法	スマートフォン タブレット	右の2次元コードを読み込むと， パスワードなしでアクセスできます！
	PC スマートフォン タブレット 共通	1. Web特典（以下のURL）にアクセスします。 https://eiken.obunsha.co.jp/3q/ 2. 本書を選択し，以下のパスワードを入力します。 **veukai** ※すべて半角アルファベット小文字

〈特典内容〉

(1)自動採点サービス

リーディング（筆記1～3），リスニング（第1部～第3部）の自動採点ができます。詳細はp.8を参照してください。

(2) 解答用紙

本番にそっくりの解答用紙が印刷できるので，何度でも過去問にチャレンジすることができます。

(3)音声データのダウンロード

一次試験リスニング・二次試験面接の音声データ（MP3）を無料でダウンロードできます。

※スマートフォン・タブレットの方は，アプリ「英語の友」（p.5）をご利用ください。

(4)3級面接対策

【面接シミュレーション】入室から退室までの面接の流れが体験できます。本番の面接と同じ手順で練習ができるので，実際に声に出して練習してみましょう。

【面接模範例】入室から退室までの模範応答例を見ることができます。各チェックポイントで，受験上の注意点やアドバイスを確認しておきましょう。

【問題カード】面接シミュレーションで使用している問題カードです。印刷して，実際の面接の練習に使ってください。

7

自動採点サービスの利用方法

正答率や合格ラインとの距離，間違えた問題などの確認ができるサービスです。

ご利用可能期間	2023年2月24日～2024年8月31日 ※本サービスは予告なく変更，終了することがあります。	
アクセス方法	スマートフォン タブレット	右の2次元コードを読み込んでアクセスし，採点する検定の回を選択してください。
	PC スマートフォン タブレット 共通	p.7の手順で「Web特典」にアクセスし，「自動採点サービスを使う」を選択してご利用ください。

〈利用方法〉
① オンラインマークシートにアクセスします。
②「問題をはじめる」ボタンを押して試験を始めます。
③「答え合わせ」ボタンを選択します。
④【あなたの成績】（右画面）が表示されます。

〈採点結果の見方〉
タブの選択で【あなたの成績】と【問題ごとの正誤】が切り替えられます。

【あなたの成績】
Ⓐ 技能ごとの正答率が表示されます。3級の合格の目安，正答率60%を目指しましょう。
Ⓑ 大問ごとの正答率が表示されます。合格ラインを下回る大問は，対策に力を入れましょう。
Ⓒ 採点サービス利用者の中でのあなたの現在位置が示されます。

【問題ごとの正誤】
各問題のあなたの解答と正解が表示されます。間違っている問題については色で示されますので，別冊解答の解説を見直しましょう。

〈採点結果画面〉　切り替えタブ

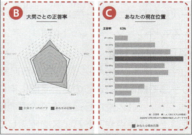

※画像はイメージです。

二次試験・面接の流れ

(1) 入室とあいさつ

係員の指示に従い、面接室に入ります。あいさつをしてから、面接委員に面接カードを手渡し、指示に従って、着席しましょう。

(2) 氏名と受験級の確認

面接委員があなたの氏名と受験する級の確認をします。その後、簡単なあいさつをしてから試験開始です。

(3) 問題カードの黙読
英文とイラストが印刷された問題カードを手渡されます。まず、英文を20秒で黙読するよう指示されます。英文の分量は30語程度です。
※問題カードには複数の種類があり、面接委員によっていずれか1枚が手渡されます。本書では英検協会から提供を受けたもののみ掲載しています。

(4) 問題カードの音読

英文の音読をするように指示されるので、タイトルから読みましょう。時間制限はないので、意味のまとまりごとにポーズをとり、焦らずにゆっくりと読みましょう。

(5) 5つの質問

音読の後、面接委員の5つの質問に答えます。No.1～3は問題カードの英文とイラストについての質問です。No.4・5は受験者自身についての質問です。No.3の質問の後、カードを裏返すように指示されるので、No.4・5は面接委員を見ながら話しましょう。

(6) カード返却と退室

試験が終了したら、問題カードを面接委員に返却し、あいさつをして退室しましょう。

英検®Information インフォメーション

出典：英検ウェブサイト

英検3級について

3級では，「**身近な英語を理解し，また使用できる**」ことが求められます。
入試や単位認定などに
幅広く活用されています。
目安としては「中学卒業程度」です。

試験内容

一次試験 筆記・リスニング

主な場面・状況	家庭・学校・地域（各種店舗・公共施設を含む）・電話・アナウンスなど
主な話題	家族・友達・学校・趣味・旅行・買い物・スポーツ・映画・音楽・食事・天気・道案内・自己紹介・休日の予定・近況報告・海外の文化・人物紹介・歴史など

✎ 筆記試験 ⊘ 50分

問題	形式・課題詳細	問題数	満点スコア
1	短文の空所に文脈に合う適切な語句を補う。	15問	550
2	会話文の空所に適切な文や語句を補う。	5問	
3	パッセージ（長文）の内容に関する質問に答える。	10問	
4	質問に対して自分の考えとその裏付けとなる理由を書く。（25〜35語）	1問	550

◀)) リスニング ⊘ 約25分

問題	形式・課題詳細	問題数	満点スコア
第1部	会話の最後の発話に対する応答として最も適切なものを補う。（放送回数1回，補助イラスト付き）	10問	550
第2部	会話の内容に関する質問に答える。（放送回数2回）	10問	
第3部	短いパッセージの内容に関する質問に答える。（放送回数2回）	10問	

2022年12月現在の情報を掲載しています。試験に関する情報は変更になる可能性がありますので、受験の際は必ず英検ウェブサイトをご確認ください。

二次試験　面接形式のスピーキングテスト

主な場面・題材	身近なことに関する話題
過去の出題例	携帯電話・ラジオを聴く・読書週間・冬のスポーツ・朝市・四季など

🗨 スピーキング　⏱ 約5分

問題	形式・課題詳細	満点スコア
音読	30語程度のパッセージを読む。	
No.1	音読したパッセージの内容についての質問に答える。	
No.2 No.3	イラスト中の人物の行動や物の状況を描写する。	550
No.4 No.5	日常生活の身近な事柄についての質問に答える。（カードのトピックに直接関連しない内容も含む）	

英検®の種類

英検には、実施方式が異なる複数の試験があります。実施時期や受験上の配慮など、自分に合った方式を選択しましょう。なお、従来型の英検とその他の英検の問題形式、難易度、級認定、合格証明書発行、英検CSEスコア取得等はすべて同じです。

▶ 英検®（従来型）
紙の問題冊子を見て解答用紙に解答。二次試験を受験するためには、一次試験に合格する必要があります。

▶ 英検 S-CBT
コンピュータを使って受験。1日で4技能を受験することができ、申込時に会場・日程・ライティングの解答方式が選べます。原則、毎週土日に実施されています（級や地域により毎週実施でない場合があります）。ほかの実施方式で取得した一次試験免除の資格も申請可能です。

▶ 英検 S-Interview
点字や吃音等、CBT方式では対応が難しい受験上の配慮が必要な方のみが受験可能。

受験する級によって選択できる方式が異なります。各方式の詳細および最新情報は英検ウェブサイト（https://www.eiken.or.jp/eiken/）をご確認ください。

合否判定方法

統計的に算出される英検CSEスコアに基づいて合否判定されます。Reading, Writing, Listening, Speakingの4技能が均等に評価され, 合格基準スコアは固定されています。

≫ 技能別にスコアが算出される！

技能	試験形式	満点スコア	合格基準スコア
Reading（読む）	一次試験（筆記1〜3）	550	
Writing（書く）	一次試験（筆記4）	550	1103
Listening（聞く）	一次試験（リスニング）	550	
Speaking（話す）	二次試験（面接）	550	353

● 一次試験の合否は, Reading, Writing, Listeningの技能別にスコアが算出され, それを合算して判定されます。
● 二次試験の合否は, Speakingのみで判定されます。

≫ 合格するためには, 技能のバランスが重要！

英検CSEスコアでは, 技能ごとに問題数は異なりますが, スコアを均等に配分しているため, 各技能のバランスが重要となります。なお, 正答数の目安を提示することはできませんが, 2016年度第1回一次試験では, 1級, 準1級は各技能での正答率が7割程度, 2級以下は各技能6割程度の正答率の受験者の多くが合格されています。

≫ 英検CSEスコアは国際標準規格CEFRにも対応している！

CEFRとは, Common European Framework of Reference for Languagesの略。語学のコミュニケーション能力別のレベルを示す国際標準規格。欧米で幅広く導入され, 6つのレベルが設定されています。
4技能の英検CSEスコアの合計「4技能総合スコア」と級ごとのCEFR算出範囲に基づいた「4技能総合CEFR」が成績表に表示されます。また, 技能別の「CEFRレベル」も表示されます。

CEFR	英検CSE スコア	実用英語技能検定 各級の合格基準スコア				
C2	4000 - 3300	■ CEFR算出範囲			B2扱い	C1扱い / 1級 満点3400
C1	3299 - 2600			2級 満点2600	準1級 満点3000	合格スコア 2630 / 3299
B2	2599 - 2300		準2級 満点2400	B1扱い	合格スコア 2304 / 2599	2304
B1	2299 - 1950	3級 満点2200	A2扱い	合格スコア 1980 / 2299	1980	
A2	1949 - 1700	A1扱い	合格スコア 1728 / 1949	1728	CEFR 算出範囲外	CEFR 算出範囲外
A1	1699 - 1400	合格スコア 1456 / 1699	1400	CEFR 算出範囲外		
	1399 - 0	CEFR 算出範囲外	CEFR 算出範囲外			

※ 4級・5級は4技能を測定していないため「4技能総合CEFR」の対象外。
※ 詳しくは英検ウェブサイトをご覧ください。

英検®（従来型）受験情報

※「従来型・本会場」以外の実施方式については，試験日程・申込方法が異なりますので，英検ウェブサイトをご覧ください。

※ 受験情報は変更になる場合があります。

◉ 2023年度 試験日程

	第1回	第2回	第3回
申込受付	3月31日 ▶ 5月2日	8月1日 ▶ 9月8日	11月1日 ▶ 12月14日
一次試験	6月 4日 (日)	10月 8日 (日)	1月21日 (日) 2024年
二次試験	A 7月 2日 (日) B 7月 9日 (日)	A 11月 5日 (日) B 11月12日 (日)	A 2月18日 (日) 2024年 B 2月25日 (日) 2024年

※ 一次試験は上記以外の日程でも準会場で受験できる可能性があります。
※ 二次試験にはA日程，B日程（2〜3級），C日程（1級，準1級）があり，受験級などの条件により指定されます。
※ 詳しくは英検ウェブサイトをご覧ください。

◉ 申込方法

団体受験	▶ 学校や塾などで申し込みをする団体受験もあります。詳しくは先生にお尋ねください。
個人受験	▶ インターネット申込・コンビニ申込・英検特約書店申込のいずれかの方法で申し込みができます。詳しくは英検ウェブサイトをご覧ください。

お問い合わせ先

英検サービスセンター	英検ウェブサイト
TEL.03-3266-8311	www.eiken.or.jp/eiken/
(月)〜(金) 9：30〜17：00 （祝日・年末年始を除く）	試験についての詳しい情報を見たり，入試等で英検を活用している学校の検索をすることができます。

2022年度の傾向と攻略ポイント

2022年度の第1回検定と第2回検定を分析し、出題傾向と攻略ポイントをまとめました。3級の合格に必要な正答率は6割程度と予測されます。正答率が6割を切った大問は苦手な分野だと考えましょう。

一次試験　筆記（50分）

1　短文の語句空所補充
短文または会話文中の空所に適切な語（句）を補う。

問題数 15問　めやす 10分

傾向
- **単語**　7問で、名詞（farmers, chef, prizes, address など）、形容詞（dark, correct, angry）、副詞（forever, clearly など）、前置詞（until）、代名詞（anything）が出題された。
- **熟語**　5問で、be tired of ~, feel better, all day, be worried about ~, give ~ a ride, be filled with ~, talk on the phone, run away などが出題された。
- **文法**　3問で、現在完了形（have [has] ＋過去分詞）、不規則動詞の過去形、形容詞の比較級と最上級、受動態（be動詞＋過去分詞）などが出題された。

攻略ポイント
単語は、問題文の意味をできるだけ正確に把握し、空所にどのような語が入れば意味が通じるかを考える。熟語は、特に空所前後にある語句とのつながりに注意する。文法は、文の意味や空所前後の語句との関係などから正しい語や形を判断する。

2　会話文の文空所補充
会話文中の空所に適切な文または文の一部を補う。

問題数 5問　めやす 5分

傾向
A-B または A-B-A の会話文。解答のポイントとして、提案する Shall we ~?「~しましょうか」、依頼する Can you ~?「~してくれませんか」、誘いに「ぜひそうしたい」と答える I'd love to.、「先に行く」を意味する go ahead などの表現が含まれていた。

攻略ポイント
会話文全体の流れをつかむとともに、特に空所の前後でどのような発話がされているかをよく確認する。この問題では、自分が空所を含む方の話者になったつもりで会話文を読み、どのように応答すれば話が自然につながるかを考えてみよう。

3　長文の内容一致選択
[A] [B] [C] 3種類の英文を読んで内容に関する質問に答える。

問題数 10問　めやす 20分

傾向
[A] は掲示・案内で、学校で行われるダンスコンテストの参加者募集、書店内に新しくオープンするカフェの案内。[B] はEメールまたは手紙で、自分たちの日本語

の先生について3人の生徒がやり取りしているEメール，祖母へ宛てた手紙。[C]は長文で，インスタントカメラを発明したエドウィン・ランドに関する英文，世界で最も低い場所であるチャレンジャー海淵に関する英文が出題された。

攻略ポイント [A]の掲示・案内は，質問で求められている情報を，質問中の表現に注目して探し出す。[B]のEメール・手紙と[C]の長文では，最初に質問を読んで読解のポイントを絞る。英文の各段落の概要を把握しながら，質問に関係する部分はていねいに読む。

---

4 英作文（ライティング）
英語で与えられたQUESTIONについて，自分の考えとその理由2つを25語～35語の英文で書く。

| 問題数 | **1問** |
| めやす | **15分** |

傾向 日常生活に関する身近な話題についてQUESTIONが出され，自分の考えと，その理由2つを25語～35語程度の英文で書く。話題として，「夏に祭りに行くことが好きか」，「公園で食事することが好きか」が出題された。

攻略ポイント QUESTIONを正確に理解し，問われていることに対応した内容を，〔自分の考え〕→〔理由1〕→〔理由2〕という構成で書く。理由が自分の考えを具体的に説明する内容になっているか，使用している単語・表現・文法が適切か，さらに分量が25語～35語になっているかなどに注意する。

🔊 **一次試験 リスニング（約25分）**

第1部 会話の応答文選択 イラストを参考に，会話の最後の発話に対する応答として適切なものを選ぶ。放送は1回。 問題数 **10問**

第2部 会話の内容一致選択 A–B–A–Bの会話の内容に関する質問に答える。放送は2回。 問題数 **10問**

第3部 文の内容一致選択 35語前後の英文の内容に関する質問に答える。放送は2回。 問題数 **10問**

傾向 第1部と第2部では，友だち同士，家族，職場の同僚，客と店員の会話などが出題された。第3部では，公園ですること，旅行の準備，キャンプ，夕食の買い物，水泳のレッスン，パーティーの後の片づけ，スピーチコンテスト，クリスマスプレゼントなどが話題の英文に加え，店の案内放送も出題された。

攻略ポイント 第1部ではイラストから状況を把握し，どの選択肢が最後の発話に対応しているかを考える。第2部，第3部では選択肢を放送前に見て手がかりを得ておく。1回目の放送で話題・概要と質問を理解し，2回目は質問に関係する部分に注意して聞く。

15

二次試験　面接（約5分）

英文（パッセージ）とイラストの付いたカードが渡される。20秒の黙読の後、英文の音読をするよう指示される。それから、5つの質問がされる。

No. 1 問題カードにある英文の内容に関する質問。質問の主語を代名詞に置き換えて文を始めるとともに、質問に関係のない部分まで答えてしまわないように気をつける。

No. 2, 3 イラストについて、現在の動作（What is ～ doing?）、これからの動作（What is ～ going to do?）、数（How many ～?）、場所（Where is [are] ～?）などが問われる。

No. 4, 5 受験者自身に関する質問。No.4では、普段の起床時間や好きなテレビ番組のジャンルなどが問われた。No.5の質問は2つで、最初の質問には Yes ／ No で答えることが多い。2番目の質問は、Yes の場合は Please tell me more. や Why? など、No の場合は Why not? のほか、最初の質問とは違う話題を聞かれることも多い。

2022-2

一次試験 2022.10.9 実施
二次試験　A日程　2022.11. 6 実施
　　　　　B日程　2022.11.13 実施

Grade 3

試験時間

筆記：50分
リスニング：約25分

一次試験・筆記　　　　　p.18〜28
一次試験・リスニング　　p.30〜35
二次試験・面接　　　　　p.36〜39

＊解答・解説は別冊p.5〜40にあります。
＊面接の流れは本書p.9にあります。

2022年度第2回

**Web特典「自動採点サービス」対応
オンラインマークシート**

※検定の回によって2次元コードが違います。
※筆記1〜3，リスニングの採点ができます。
※PCからも利用できます（本書p.8参照）。

一次試験
筆　記

1 次の (1) から (15) までの (　　) に入れるのに最も適切なものを 1, 2, 3, 4 の中から一つ選び，その番号のマーク欄をぬりつぶしなさい。

(1) The principal gave (　　) to the winners of the speech contest.
1 designs　　2 mistakes　　3 prizes　　4 capitals

(2) *A:* Excuse me. How do I get to Bakerstown?
B: Just drive (　　) down this road for about ten minutes.
1 suddenly　　2 straight　　3 forever　　4 finally

(3) *A:* Are you busy tomorrow night?
B: Yes. I'll practice the piano (　　) late at night. I'm taking part in a piano competition on Sunday.
1 until　　2 over　　3 about　　4 since

(4) Karen is very (　　) because she has to work this weekend. She had plans to see a concert on Sunday.
1 useful　　2 bright　　3 clean　　4 angry

(5) *A:* Mom, I think I need glasses. I can't see the blackboard (　　).
B: OK. Let's go to see the eye doctor next week.
1 clearly　　2 greatly　　3 quietly　　4 slowly

(6) *A:* It was nice to meet you. Could I have your e-mail (　　)?
B: Sure. I was just going to ask you the same thing.
1 address　　2 ocean　　3 society　　4 coat

(7) *A:* Did you find (　　) at the bookstore?
B: Yes, I did. I bought a book about the history of music.
1 nothing　　2 nobody　　3 anything　　4 other

18

(8) Janet's friend gave her a (   ) home because it was raining hard after work.

1 point   **2** star   **3** view   **4** ride

(9) On the first day of school, the gym was (   ) with many new students and their families.

1 pulled   **2** filled   **3** ordered   **4** showed

(10) *A:* I tried calling you last night.
B: Sorry, I was talking (   ) the phone with my sister.

1 on   **2** for   **3** as   **4** of

(11) When the little boy saw a big spider on the tree, he (   ) away very quickly to his mother.

1 sat   **2** picked   **3** ran   **4** washed

(12) *A:* How did you and Chris meet?
B: We grew up together in Canada. (   ) fact, we met over 30 years ago.

1 To   **2** After   **3** In   **4** Near

(13) This baseball bat was (   ) to me by a professional baseball player.

1 gave   **2** given   **3** give   **4** giving

(14) *A:* I saw the (   ) movie on TV last night. It was so boring.
B: I think I saw the same movie.

1 too bad   **2** worse   **3** badly   **4** worst

(15) *A:* Lisa, is the baby crying again?
B: Yes, Matt. I don't know (   ) she won't go to sleep.

1 why   **2** then   **3** what   **4** which

2
次の (16) から (20) までの会話について, ( ) に入れるのに最も適切なもの
を 1, 2, 3, 4 の中から一つ選び, その番号のマーク欄をぬりつぶしなさい。

(16)　　*Man:* Have you been to England before?

　Woman: Actually, ( ) My family moved to Japan when
　　　　I was eight.

1 I don't have time.

2 I have an older sister.

3 I'll ask my English teacher.

4 I was born there.

(17) *Woman:* Excuse me. Is there a bakery in this area?

　　Man: Sorry, I don't know. ( )

1 I'm glad you like it.　　　　**2** It's delicious.

3 I'm not from here.　　　　**4** It was my turn.

(18) *Girl 1:* Do you want to go to the aquarium with me on Sunday?

　Girl 2: ( ) I'm really interested in fish.

1 It's not mine.　　　　**2** I'd love to.

3 That's all for today.　　　　**4** You'll do well.

(19) *Brother:* Are you ready to go to the library?

　Sister: No. Mom asked me to wash the dishes first.
　　　　( )

　Brother: OK. I'll see you there.

1 Please go ahead.　　　　**2** Good job.

3 You can keep it.　　　　**4** I've read that book.

(20)　　*Sister:* Let's buy a cake for Mom's birthday.

　Brother: ( ) Let's make one!

1 It was my party.　　　　**2** I know a good cake shop.

3 She made a mistake.　　　　**4** I have a better idea.

20

（筆記試験の問題は次のページに続きます。）

3[A]

次の掲示の内容に関して，(21) と (22) の質問に対する答えとして最も適切なもの，または文を完成させるのに最も適切なものを 1, 2, 3, 4 の中から一つ選び，その番号のマーク欄をぬりつぶしなさい。

A New Café in Leadville Bookstore

From November 1, you'll be able to read books in Leadville Bookstore's new café. The café will be inside the bookstore on the second floor. Come and enjoy some cakes and drinks!

Cakes
Carrot cake, strawberry cake, chocolate cake

Drinks
Coffee, tea, soft drinks

If you buy two books, you'll receive a cup of coffee or tea for free!

There are more than 30,000 books to choose from in our bookstore. We also sell calendars, magazines, and newspapers. The café will open at 6 a.m., so come in and read a newspaper before you go to work.

(21) What is this notice about?

    1 A bookstore that will close on November 1.
    2 A café that will open inside a bookstore.
    3 A book written by the owner of a café.
    4 A magazine with many recipes.

(22) People who buy two books will get

    1 a free magazine.
    2 a free newspaper.
    3 a free cake.
    4 a free drink.

3[B]

次の手紙文の内容に関して，(23) から (25) までの質問に対する答えとして最も適切なもの，または文を完成させるのに最も適切なものを 1, 2, 3, 4 の中から一つ選び，その番号のマーク欄をぬりつぶしなさい。

January 3

Dear Grandma,

How are you and Grandpa doing? I hope you are both well and staying warm. The weather is so cold now. I missed you at Christmas this year. Thank you for sending a beautiful card and some money. I used the money to buy some nice paper and pens. When I use them, I always think of you.

I had a great winter vacation. Do you remember my friend Mia? You met her last year. Well, during the winter vacation, I went skiing in Yamanashi with Mia and her family. We traveled from Osaka to Yamanashi by car. On the way, we stopped in Nagoya. We went to Nagoya Castle and a train museum there. At night, Mia's mother bought us noodles for dinner. My noodles had fried beef in them. They were delicious.

We stayed in Nagoya for one night, and then we went to Yamanashi. On the first day in Yamanashi, I took a skiing lesson with Mia and her little sister. We fell over a lot, but it was a lot of fun. By the end of the trip, I could ski down the mountain really fast. We spent New Year's Eve in Yamanashi and went to a temple there on January 1.

I didn't see you and Grandpa at Christmas, so I hope I can come and see you both in the summer. Do you think I can do that? I really hope so.

Love,
Sara

(23) How did Sara use the money from her grandparents?

    1 To go on vacation.
    2 To buy a Christmas cake.
    3 To buy some paper and pens.
    4 To get a present for her friend.

(24) What did Sara do in Yamanashi?

    1 She went to a castle.
    2 She went skiing.
    3 She ate noodles.
    4 She went to a museum.

(25) What does Sara want to do in the summer?

    1 Visit her grandparents.
    2 Go to a temple.
    3 Get a part-time job.
    4 Go back to Yamanashi.

3[C] 次の英文の内容に関して，(26) から (30) までの質問に対する答えとして最も適切なもの，または文を完成させるのに最も適切なものを 1, 2, 3, 4 の中から一つ選び，その番号のマーク欄をぬりつぶしなさい。

The Challenger Deep

Most people know the name of the highest place in the world. It is Mount Everest, and it is a mountain between Nepal and Tibet in Asia. But not many people know the lowest place in the world. It is called the Challenger Deep, and it is at the bottom of the Pacific Ocean.* The Challenger Deep is about 10,984 meters deep in the ocean. It is to the south of Japan in a part of the Pacific Ocean called the Mariana Trench.* This part of the ocean is about 2,550 kilometers long and 69 kilometers wide. The Challenger Deep is at the end of the Mariana Trench, near an island called Guam.

Scientists don't know much about the Challenger Deep. It isn't safe to go there because the water pressure* is too high for most submarines.* In the past, scientists thought that fish and other animals couldn't live in such a place. Also, there is no light from the sun, and the Challenger Deep is very cold. It is usually between 1℃ and 4℃.

In 1960, two people traveled to the Challenger Deep for the first time. They went there in a special submarine. This submarine could move in areas with high water pressure. It took the people five hours to get to the bottom of the ocean, but they could only stay there for about 20 minutes. At that time, they saw two kinds of sea animals. Now, scientists know that animals can live in such deep places.

*Pacific Ocean：太平洋
*Mariana Trench：マリアナ海溝
*water pressure：水圧
*submarine：潜水艦

26

(26) Where is the Mariana Trench?

    1 In the Pacific Ocean.
    2 On the island of Guam.
    3 Between Nepal and Tibet.
    4 At the bottom of a lake in Japan.

(27) How wide is the Mariana Trench?

    1 About 2,550 meters.
    2 About 10,984 meters.
    3 About 20 kilometers.
    4 About 69 kilometers.

(28) Why is the Challenger Deep dangerous for people?

    1 The water pressure is very high.
    2 Dangerous animals and fish live there.
    3 The lights are too bright for their eyes.
    4 The water is too hot for them.

(29) In 1960, two people

    1 lost a special submarine.
    2 drew a map of the bottom of the ocean.
    3 went to the Challenger Deep.
    4 found a mountain under the sea.

(30) What is this story about?

    1 A dark and very deep place in the ocean.
    2 The history of submarines.
    3 A special and delicious kind of fish.
    4 Places to go hiking in Asia.

ライティング

● あなたは，外国人の友達から以下のQUESTIONをされました。

● QUESTIONについて，あなたの考えとその理由を2つ英文で書きなさい。

4

● 語数の目安は25語～35語です。

● 解答は，解答用紙のＢ面にあるライティング解答欄に書きなさい。なお，解答欄の外に書かれたものは採点されません。

● 解答がQUESTIONに対応していないと判断された場合は，0点と採点されることがあります。QUESTIONをよく読んでから答えてください。

QUESTION
Do you like eating in parks?

22年度第2回　筆記

（リスニングテストは次のページにあります。）

29

一次試験
リスニング

3級リスニングテストについて

1 このテストには，第1部から第3部まであります。
☆英文は第1部では一度だけ，第2部と第3部では二度，放送されます。
第1部：イラストを参考にしながら対話と応答を聞き，最も適切な応答を1, 2, 3の中から一つ選びなさい。
第2部：対話と質問を聞き，その答えとして最も適切なものを1, 2, 3, 4の中から一つ選びなさい。
第3部：英文と質問を聞き，その答えとして最も適切なものを1, 2, 3, 4の中から一つ選びなさい。

2 No. 30のあと，10秒すると試験終了の合図がありますので，筆記用具を置いてください。

第1部

◀)) ▶ MP3 ▶ アプリ ▶ CD1 **1**～**11**

〔例題〕

No. 1

No. 2

No. 3

No. 4

No. 5

No. 6

No. 7

No. 8

No. 9

No. 10

第2部 🔊 ▶MP3 ▶アプリ ▶CD1 12～22

No. 11
1 Make lunch.
2 Eat at a restaurant.
3 Go to a movie.
4 Buy some sandwiches.

No. 12
1 Leave the park with her dog.
2 Look for the man's dog.
3 Show the man around the park.
4 Get a new pet.

No. 13
1 Two.
2 Three.
3 Five.
4 Twelve.

No. 14
1 To go skiing.
2 To go hiking.
3 To see his sister.
4 To see his aunt.

No. 15
1 At 8:00.
2 At 8:30.
3 At 9:00.
4 At 9:30.

No. 16
1 Write a report.
2 Study social studies.
3 Draw a picture.
4 Buy some flowers.

No. 17

1 Yesterday morning.
2 Last night.
3 This morning.
4 This afternoon.

No. 18

1 To the mall.
2 To the girl's house.
3 To a gardening store.
4 To a park.

No. 19

1 160 centimeters.
2 165 centimeters.
3 170 centimeters.
4 175 centimeters.

No. 20

1 Ben.
2 Ben's brother.
3 Olivia.
4 Olivia's brother.

第3部 ◀)) ▶MP3 ▶アプリ ▶CD1 23～33

No. 21
1 Buy a house by the sea.
2 Move to Hawaii.
3 Take swimming lessons.
4 Teach her son how to swim.

No. 22
1 Clean the living room.
2 Wash the dishes.
3 Buy food for a party.
4 Look for a new apartment.

No. 23
1 Jenny's.
2 Sara's.
3 Donna's.
4 His mother's.

No. 24
1 Paul didn't call her.
2 Paul didn't study hard.
3 Paul lost his library card.
4 Paul was late for school.

No. 25
1 Greg.
2 Greg's sister.
3 Greg's mother.
4 Greg's father.

No. 26
1 This afternoon.
2 Tomorrow morning.
3 Tomorrow afternoon.
4 Next Saturday.

No. 27

1 Potatoes.
2 Lettuce.
3 Onions.
4 Carrots.

No. 28

1 Every day.
2 Once a week.
3 Twice a week.
4 Once a month.

No. 29

1 A book about animals.
2 A book about gardening.
3 A book about traveling.
4 A book about Christmas.

No. 30

1 On the second floor.
2 On the third floor.
3 On the fourth floor.
4 On the fifth floor.

二次試験
面　接

問題カード（A 日程）　　◀)) ▶MP3 ▶アプリ ▶CD1 34〜38

Chinese Restaurants

There are many Chinese restaurants in Japan. They usually sell noodles and other popular Chinese dishes. Some people want to eat delicious Chinese meals at home, so they order take-out food from Chinese restaurants.

Questions

No. 1   Please look at the passage. Why do some people order take-out food from Chinese restaurants?

No. 2   Please look at the picture. How many people are holding cups?

No. 3   Please look at the man wearing glasses. What is he going to do?

Now, Mr. / Ms. ——, please turn the card over.

No. 4   What time do you usually get up in the morning?

No. 5   Have you ever been to the beach?
              Yes. → Please tell me more.
              No. → What are you going to do this evening?

問題カード（B 日程）　　　MP3　アプリ　CD1 39〜42

Beach Volleyball

Beach volleyball is an exciting sport. It is fun to play on hot summer days. Many people like seeing their favorite players, so they enjoy going to professional beach volleyball tournaments.

Questions

No. 1   Please look at the passage. Why do many people enjoy going to professional beach volleyball tournaments?

No. 2   Please look at the picture. How many people are wearing sunglasses?

No. 3   Please look at the girl with long hair. What is she going to do?

Now, Mr. / Ms. ——, please turn the card over.

No. 4   What kind of TV programs do you like?

No. 5   Do you have any plans for the winter vacation?
　　　　　Yes. → Please tell me more.
　　　　　No. → What time do you usually get up on weekends?

2022-1

一次試験　2022.6.5 実施
二次試験　A日程　2022.7.3 実施
　　　　　B日程　2022.7.10 実施

Grade 3

試験時間

筆記：50分

リスニング：約25分

一次試験・筆記　　　　　p.42〜52
一次試験・リスニング　　p.54〜59
二次試験・面接　　　　　p.60〜63

＊解答・解説は別冊p.41〜76にあります。
＊面接の流れは本書p.9にあります。

2022年度第1回　**Web特典「自動採点サービス」対応**
オンラインマークシート
※検定の回によって2次元コードが違います。
※筆記1〜3，リスニングの採点ができます。
※ PC からも利用できます（本書 p.8 参照）。

一次試験
筆　記

1 次の (1) から (15) までの (　　) に入れるのに最も適切なものを 1, 2, 3, 4 の中から一つ選び，その番号のマーク欄をぬりつぶしなさい。

(1) **A:** Where are you going, Mom?
   B: To the market to get some fresh vegetables. They were all grown by local (　　).
   1 doctors　　**2** pilots　　　**3** farmers　　**4** musicians

(2) In summer, I often go running just before it gets (　　). It's too hot to run during the day.
   1 young　　**2** quiet　　　**3** dark　　　**4** real

(3) In Japan, (　　) are useful because they sell medicine, food, and drinks.
   1 churches　　**2** drugstores　　**3** libraries　　**4** post offices

(4) **A:** I love the beach. I want to stay here (　　).
   B: Me, too. But we have to leave tomorrow.
   1 forever　　**2** nearly　　　**3** straight　　**4** exactly

(5) Ryuji's dream is to become a famous sushi (　　).
   1 carpenter　　**2** dentist　　**3** chef　　**4** singer

(6) For English class, Kenji has to write five (　　) about himself. Tomorrow, he will read them in front of the class.
   1 storms　　**2** calendars　　**3** sentences　　**4** centuries

(7) **A:** Mr. Smith. Could you tell me the (　　) answer to this question?
   B: Sure, David. Let me see it.
   1 narrow　　**2** correct　　**3** weak　　**4** quiet

42

(8) *A:* I can't wait for spring.
B: Me, neither. I'm (   ) of this snow and cold weather.
1 upset   **2** tired   **3** silent   **4** wrong

(9) I couldn't sleep on the flight from New York, but I (   )
much better this morning. I slept really well last night.
1 cover   **2** brush   **3** feel   **4** share

(10) *A:* It's going to snow (   ) day on Saturday.
B: That's great. I'm going skiing this weekend.
1 any   **2** more   **3** much   **4** all

(11) Next week, Dave's brother is getting (   ). Dave will give
a speech at the wedding.
1 collected   **2** raised   **3** married   **4** crowded

(12) *A:* Peter, where were you? I was (   ) about you!
B: Sorry, Mom. I went to the library after school.
1 worried   **2** excited   **3** surprised   **4** interested

(13) *A:* Has Mom already (   ) to work?
B: Yes, she left early today. She has an important meeting.
1 go   **2** going   **3** went   **4** gone

(14) *A:* Guess what! I (   ) second prize in the poster contest.
B: That's great. I'm so proud of you.
1 win   **2** won   **3** winning   **4** to win

(15) *A:* Do you think that dogs are (   ) than cats?
B: I'm not sure.
1 smart   **2** smarter   **3** smartest   **4** most

22年度第1回 筆記

43

2 次の (16) から (20) までの会話について，(   ) に入れるのに最も適切なものを 1, 2, 3, 4 の中から一つ選び，その番号のマーク欄をぬりつぶしなさい。

(16) **Woman 1:** I often have lunch at the Treetop Café.
Woman 2: I do, too. (   )
Woman 1: OK.
1 Have you tried the spaghetti there?
2 May I take your order?
3 Shall we go there together sometime?
4 Can you make some for me?

(17) **Mother:** I'm going to order the chicken curry. What about you, Fred?
   Son: (   ) It looks delicious.
1 I'll have the same.   2 I went to a restaurant.
3 Not at the moment.   4 I hope you're right.

(18) **Boy:** I called you last night, but you didn't answer the phone.
Girl: Sorry, (   ) I have to give it to my English teacher today.
1 I forgot about your question.
2 I was writing a report.
3 I don't have a phone.
4 I don't know the answer.

(19) **Grandmother:** I can't hear the TV, Tony. It's very quiet.
                (   )
   Grandson: Sure, Grandma. I'll do it right now.
1 May I borrow your radio?   2 Is it too loud for you?
3 Do you like this program?   4 Can you turn it up for me?

(20) **Daughter:** Can we go shopping for clothes tomorrow?
      Father: (   ) I'm really busy this week.
1 You're probably right.   2 Maybe some other time.
3 They're in my bedroom.   4 Thanks for this present.

44

22年度第1回　筆記

（筆記試験の問題は次のページに続きます。）

45

3[A] 次の掲示の内容に関して，(21) と (22) の質問に対する答えとして最も適切なもの，または文を完成させるのに最も適切なものを 1, 2, 3, 4 の中から一つ選び，その番号のマーク欄をぬりつぶしなさい。

Come and Dance on Stage!

If you like dancing, please enter the school dance contest. Dance by yourself or with your friends.

When: October 21 from 3 p.m.
Where: School gym

Your performance should be about two minutes long, and you can do any kind of dancing.

Mr. Lee, our P.E. teacher, was a professional hip-hop dancer when he was young. He'll do a special performance at the contest with our principal, Mr. Sharp. Mr. Sharp has never danced on stage before, so he's very excited!

If you're interested, please see Ms. Matthews by October 10. Dancing is fun, so don't be nervous and sign up!

46

(21) What is this notice about?

    1 A contest at a school.
    2 A party for a teacher.
    3 A new school club.
    4 Some free dance lessons.

(22) Mr. Sharp is going to

    1 teach a P.E. class with Mr. Lee.
    2 watch a dance performance on October 10.
    3 go to a music festival with Ms. Matthews.
    4 dance in the school gym on October 21.

3[B] 次のEメールの内容に関して，(23) から (25) までの質問に対する答えとして最も適切なもの，または文を完成させるのに最も適切なものを 1, 2, 3, 4 の中から一つ選び，その番号のマーク欄をぬりつぶしなさい。

From: Richard Keyser
To: Kelly Peterson, Joe Rogers
Date: September 18
Subject: Mr. Tanagawa

Hi Kelly and Joe,
Did you hear about our Japanese teacher, Mr. Tanagawa? He lives on my street, and my mom talked to his wife today. Mom heard that Mr. Tanagawa hurt his back. He was working in his garden on Thursday afternoon, and he got a strained back.* He can't come to school until Wednesday. Let's do something for him. Today is Saturday, so maybe we can get him something this weekend. Should we get him some flowers and a card?
Your friend,
Richard

From: Kelly Peterson
To: Richard Keyser, Joe Rogers
Date: September 18
Subject: Oh no!

Hello Richard and Joe,
I'm sad to hear about Mr. Tanagawa. Flowers are a nice idea. I think he likes sunflowers. A card will be nice, too. I have an idea! Let's make a card for him in Japanese. All our classmates can sign it after our class on Monday afternoon. Then, Richard can take the card to Mr. Tanagawa. I'll make it on my computer tomorrow night and bring it to school on Monday morning. What do you think?
See you,
Kelly

48

From: Joe Rogers
To: Richard Keyser, Kelly Peterson
Date: September 19
Subject: Good idea

Hi,

That's a great idea, Kelly. My uncle owns a flower shop, and I asked him about the flowers. He'll give us some sunflowers. I'll get them from his shop after school on Monday, and then, I'll take them to Richard's house. Richard can give the card and flowers to Mr. Tanagawa on Tuesday morning before school. Also, let's plan something for him when he comes back to school. We can make a sign that says, "Welcome back, Mr. Tanagawa!"

See you tomorrow,
Joe

*strained back：ぎっくり腰

(23) When did Mr. Tanagawa hurt his back?

    1 On Monday.
    2 On Wednesday.
    3 On Thursday.
    4 On Saturday.

(24) What will Kelly do tomorrow night?

    1 Make a card.
    2 Buy a gift.
    3 Call Mr. Tanagawa.
    4 Take a Japanese lesson.

(25) Who will take the sunflowers to Richard's house?

    1 Richard.
    2 Richard's mother.
    3 Joe.
    4 Joe's uncle.

3[C]

次の英文の内容に関して, (26) から (30) までの質問に対する答えとして最も適切なもの, または文を完成させるのに最も適切なものを 1, 2, 3, 4 の中から一つ選び, その番号のマーク欄をぬりつぶしなさい。

Edwin Land

Many people like to take photos. These days, people usually take photos with smartphones or digital* cameras, so they can see their photos right away. Before digital photos, people usually had to wait to see their pictures. They took pictures on film* and sent the film to a store. Then, someone developed* the film and printed the pictures on paper. This usually took a few days. But in those days, there was one way to get pictures much more quickly. People could use instant cameras.*

A scientist named Edwin Land made the first instant camera. Land was born in 1909 in Connecticut in the United States. When he was a child, he enjoyed playing with things like radios and clocks. Land liked to understand how things worked, so he studied science at Harvard University. In 1932, he started a company with George Wheelwright, and they called it Land-Wheelwright Laboratories. In 1937, the company name was changed to Polaroid.

One day, Land was on vacation with his family. He took a photo of his daughter. She asked him, "Why can't I see the photo now?" This gave him an idea. Land built an instant camera in 1947. It developed and printed photos in less than one minute.

Land's company made 60 instant cameras in 1948. The cameras were very popular, and they were sold out in one day. The company made more instant cameras, and customers all around the United States bought them. After that, people were able to see their pictures right away.

*digital：デジタルの
*film：フィルム
*develop: 〜を現像する
*instant camera：インスタントカメラ

50

(26) What did Edwin Land like to do when he was a child?

    1 Play with radios and clocks.
    2 Make things with paper.
    3 Dream about starting a company.
    4 Study to get into a good school.

(27) What happened in 1937?

    1 Land got into Harvard University.
    2 Land met George Wheelwright.
    3 Land-Wheelwright Laboratories changed its name.
    4 Polaroid built a new kind of camera.

(28) Who gave Land the idea for an instant camera?

    1 His daughter.
    2 His wife.
    3 A customer.
    4 A friend.

(29) The first instant cameras

    1 were too expensive.
    2 were all sold very quickly.
    3 could only be used for one day.
    4 took a few minutes to print pictures.

(30) What is this story about?

    1 The history of digital cameras.
    2 A famous photo collection.
    3 The first smartphone with a camera.
    4 A man who built a special camera.

ライティング

4
● あなたは，外国人の友達から以下のQUESTIONをされました。
● QUESTIONについて，あなたの考えとその理由を2つ英文で書きなさい。
● 語数の目安は25語〜35語です。
● 解答は，解答用紙のB面にあるライティング解答欄に書きなさい。なお，解答欄の外に書かれたものは採点されません。
● 解答がQUESTIONに対応していないと判断された場合は，0点と採点されることがあります。QUESTIONをよく読んでから答えてください。

QUESTION
Do you like going to festivals in summer?

（リスニングテストは次のページにあります。）

一次試験
リスニング

3級リスニングテストについて

1 このテストには，第1部から第3部まであります。
  ☆英文は第1部では一度だけ，第2部と第3部では二度，放送されます。
  第1部：イラストを参考にしながら対話と応答を聞き，最も適切な応答を1, 2, 3の中から一つ選びなさい。
  第2部：対話と質問を聞き，その答えとして最も適切なものを1, 2, 3, 4の中から一つ選びなさい。
  第3部：英文と質問を聞き，その答えとして最も適切なものを1, 2, 3, 4の中から一つ選びなさい。

2 No. 30のあと，10秒すると試験終了の合図がありますので，筆記用具を置いてください。

第1部　◀)) ▶MP3 ▶アプリ ▶CD1 43〜53

〔例題〕

No. 1

No. 2

No. 3

No. 4

No. 5

No. 6

No. 7

No. 8

No. 9

No. 10

第 2 部　　　　　　　　　◀)) ▶MP3 ▶アプリ ▶CD1 54～64

No. 11
1 Tonight.
2 Tomorrow morning.
3 Tuesday afternoon.
4 Tuesday night.

No. 12
1 Bob's father.
2 Bob's friend.
3 Bob's mother.
4 Bob's mother's friend.

No. 13
1 It was too expensive.
2 He was far from the mountains.
3 He had a bad headache.
4 There wasn't enough snow.

No. 14
1 He went on a business trip.
2 He bought a Japanese textbook.
3 He visited Alice's family.
4 He looked for a new office.

No. 15
1 Pick up Sam.
2 Clean the house.
3 Buy dinner.
4 Call her friend.

No. 16
1 At a supermarket.
2 At a bank.
3 At a library.
4 At an airport.

56

No. 17
1 Two.
2 Three.
3 Four.
4 Five.

No. 18
1 Send an e-mail to Mr. Kim.
2 Take a math test.
3 Ask Meg about their homework.
4 Look for their textbooks.

No. 19
1 The pizza.
2 The sandwiches.
3 The potato salad.
4 The vegetable soup.

No. 20
1 Work at a bookstore.
2 Go shopping with her friend.
3 Buy a Christmas present.
4 Make some cards.

第3部 ◀)) ▶MP3 ▶アプリ ▶CD1 65～75

No. 21
1 $10.
2 $14.
3 $25.
4 $40.

No. 22
1 In Canada.
2 In the United States.
3 In Japan.
4 In England.

No. 23
1 He runs in a park.
2 He calls his friend.
3 He works late.
4 He walks to his office.

No. 24
1 The water was warm.
2 They met a famous swimmer.
3 They saw a dolphin.
4 They got a new pet.

No. 25
1 He lost his notebook.
2 He forgets people's names.
3 His notebook is too small.
4 He is not good at writing.

No. 26
1 Buy some tickets.
2 Go to Mexico.
3 Get a passport.
4 Clean her suitcase.

No. 27	1 A tent.
	2 A jacket.
	3 A hat.
	4 A blanket.

No. 28	1 Rice.
	2 Curry.
	3 Meat.
	4 Vegetables.

No. 29	1 At a rock concert.
	2 At a music store.
	3 At her brother's school.
	4 At a birthday party.

No. 30	1 On Tuesday night.
	2 On Wednesday morning.
	3 On Thursday night.
	4 On Friday morning.

二次試験
面 接

問題カード（A 日程） ▶MP3 ▶アプリ ▶CD1 76〜80

Ice Cream

Ice cream is a popular dessert. Many people eat it outside on hot summer days. People often buy ice cream at supermarkets, and some people like to make different kinds of ice cream at home.

Questions

No. 1   Please look at the passage. What do some people like to do at home?

No. 2   Please look at the picture. How many people are wearing caps?

No. 3   Please look at the woman. What is she going to do?

Now, Mr. / Ms. ——, please turn the card over.

No. 4   How did you come here today?

No. 5   Do you enjoy going shopping in your free time?
            Yes. → Please tell me more.
            No. → Where would you like to go next weekend?

問題カード（B 日程）　　　　🔊 ▶MP3 ▶アプリ ▶CD1 81〜84

Climbing Mountains

Climbing mountains can be exciting. Many people like taking photos of nature, so they carry a camera with them when they climb mountains. People should always take a map and warm clothes with them, too.

Questions

No. 1   Please look at the passage. Why do many people carry a camera with them when they climb mountains?

No. 2   Please look at the picture. How many birds are flying?

No. 3   Please look at the woman with long hair. What is she going to do?

Now, Mr. / Ms. ——, please turn the card over.

No. 4   What do you want to do this summer?

No. 5   Do you like to eat at restaurants?
         Yes. → Please tell me more.
         No. → Why not?

2021-3

一次試験 2022.1.23 実施
二次試験 A日程 2022.2.20 実施
　　　　 B日程 2022.2.27 実施

Grade 3

試験時間

筆記：50分
リスニング：約25分

一次試験・筆記　　　　　p.66〜76
一次試験・リスニング　　p.78〜83
二次試験・面接　　　　　p.84〜87

＊解答・解説は別冊p.77〜112にあります。
＊面接の流れは本書p.9にあります。

2021年度第3回　Web特典「自動採点サービス」対応
オンラインマークシート
※検定の回によって2次元コードが違います。
※筆記1〜3，リスニングの採点ができます。
※PCからも利用できます（本書p.8参照）。

一次試験

筆 記

1 次の (1) から (15) までの (   ) に入れるのに最も適切なものを 1, 2, 3, 4 の中から一つ選び，その番号のマーク欄をぬりつぶしなさい。

(1) *A:* Mom, look! I taught Shiro to open the door.
　　 B: Wow. He's a very (   ) dog, isn't he?
　　 1 correct 　　**2** careless 　　**3** clear 　　**4** clever

(2) *A:* I don't know much about baseball. Can you (   ) the rules to me?
　　 B: Sure. It's easy.
　　 1 sell 　　**2** save 　　**3** happen 　　**4** explain

(3) *A:* These pancakes are good, Mom. Can I have (   ) one?
　　 B: Yes, here you are.
　　 1 other 　　**2** all 　　**3** another 　　**4** anything

(4) *A:* Do you have any (   ) for tomorrow?
　　 B: Yes. I'm going shopping in Shibuya.
　　 1 plans 　　**2** symbols 　　**3** kinds 　　**4** voices

(5) *A:* Brian, where's Janet?
　　 B: She's (   ) at the library. She said she had to study for a math test.
　　 1 slowly 　　**2** widely 　　**3** probably 　　**4** cheaply

(6) *A:* What did you think of the new French restaurant?
　　 B: It was great. The food looked beautiful, and it (   ) nice, too.
　　 1 grew 　　**2** held 　　**3** tasted 　　**4** joined

(7) In the United States, it's a (   ) to watch fireworks on the Fourth of July.
　　 1 voice 　　**2** surprise 　　**3** tradition 　　**4** meaning

66

(8) **A:** Bob, could you give me a (   )? I have to move this desk.
    B: Sure.
    1 face   **2** hand   **3** finger   **4** head

(9) **A:** This jacket is a little big for me. Can I (   ) on a smaller one?
    B: Certainly, sir. How about this one?
    1 hit   **2** make   **3** enter   **4** try

(10) Laura's mother was reading a sad book to her at bedtime. At the (   ) of the story, Laura cried.
    1 back   **2** end   **3** page   **4** letter

(11) **A:** Are you (   ) for your piano concert, Paula?
    B: Yes. I practiced for three hours every day this week.
    1 late   **2** ready   **3** near   **4** dark

(12) The ice skater didn't (   ) any mistakes. She skated beautifully, so she got a great score.
    1 meet   **2** make   **3** move   **4** miss

(13) **A:** Where did you meet Jack?
    B: We met in high school, so I've (   ) him for over 20 years.
    1 knows   **2** knew   **3** known   **4** knowing

(14) Peter is very good at (   ) stories. His English teacher says he should become a writer.
    1 writing   **2** to write   **3** wrote   **4** writes

(15) **A:** I want to buy something for Jacob's birthday.
    B: I know (   ) he wants. Let's go shopping together.
    1 what   **2** that   **3** how   **4** why

2 次の (16) から (20) までの会話について，（   ）に入れるのに最も適切なもの
を 1, 2, 3, 4 の中から一つ選び，その番号のマーク欄をぬりつぶしなさい。

(16) *Brother:* What are you looking for?
　　　Sister: My red scarf. (   )
　　Brother: No, not today.
　1 Can I give you some?　　2 Have you seen it?
　3 May I get it?　　　　　　4 Do you like the color?

(17) 　*Son:* Why isn't Mom eating dinner with us tonight?
　Father: (   ) so she went to bed.
　1 She loves chicken curry,
　2 She's still at her office,
　3 She called me this afternoon,
　4 She has a bad stomachache,

(18) 　　*Wife:* How many cups of coffee have you had today?
　Husband: (   )
　　Wife: Wow, that's a lot.
　1 This is my fourth one.　　2 You can have one, too.
　3 Only one dollar each.　　4 I'll have tea, please.

(19) *Man 1:* I'm going fishing with Jim Clark tomorrow. Do you
　　　　know him?
　Man 2: Yes, we're friends. (   )
　Man 1: I will.
　1 He has a fishing boat.
　2 Thanks for asking me.
　3 I'd like to go with you.
　4 Say hello to him for me.

(20) *Girl:* The movie starts in 20 minutes. Are we going to be
　　　late?
　Boy: Don't worry. (   )
　1 I lost your ticket.　　　2 We'll be on time.
　3 That's a nice idea.　　　4 I like that actor.

68

21年度第3回　筆記

（筆記試験の問題は次のページに続きます。）

69

3[A]

次の掲示の内容に関して，(21) と (22) の質問に対する答えとして最も適切なもの，または文を完成させるのに最も適切なものを 1, 2, 3, 4 の中から一つ選び，その番号のマーク欄をぬりつぶしなさい。

Staff Member Wanted

Are you interested in a part-time job? Do you enjoy riding a bike? Perry's Pizza Place is looking for a new staff member to take our pizzas to people's houses by bike.

Hours: Fridays 5 p.m. to 8 p.m. and Saturdays 11 a.m. to 6 p.m.
Pay: $10 an hour

You need to be 18 or older to do this job. You can use one of our bikes, so you don't need your own. You don't need to do any cooking or cleaning for this job.

If you're interested in this job, please send an e-mail to our manager, Perry Pitino (pitino@pizzaplace.com).

(21) What time will the new staff member finish work on Saturdays?

1 At 11 a.m.
2 At 5 p.m.
3 At 6 p.m.
4 At 8 p.m.

(22) People can't do this job if they

1 can't make delicious pizzas.
2 don't have their own bike.
3 are busy on Friday mornings.
4 are 17 years old or younger.

3[B] 次のEメールの内容に関して，(23) から (25) までの質問に対する答えとして最も適切なものを 1, 2, 3, 4 の中から一つ選び，その番号のマーク欄をぬりつぶしなさい。

From: Sandra Noble
To: Smithville Garden Center
Date: March 25
Subject: Flowers

Hello,
My name is Sandra Noble. My friend said your garden center is the best, but it's far from my house. I want to ask you for some advice, and maybe I'll visit your garden center next week. My husband and I bought a house in Smithville in January. This spring, we want to plant some flowers in front of our house. I don't have much time for gardening every year, so I want flowers that live longer than one or two years. What kind of flowers would be good?
Sincerely,
Sandra Noble

From: Smithville Garden Center
To: Sandra Noble
Date: March 25
Subject: My advice

Dear Ms. Noble,
Thanks for your e-mail. Flowers that live longer than two years are called perennials. We have lots of perennials at Smithville Garden Center. Many of them are easy to take care of, but different flowers need different things. Some flowers need lots of sun, but others don't. Some flowers even like dry soil.* You said you wanted to put the flowers in front of your house. How many hours of sunshine* does that area get? Is the soil dry? What colors do you like? I'll be at the center every day next week from eight until noon.
Best wishes,
Gary Logan

Manager, Smithville Garden Center

From: Sandra Noble
To: Smithville Garden Center
Date: March 26
Subject: Thank you

Hello Mr. Logan,
My front yard has some big trees, so it doesn't get much sun in summer. The soil is a little wet. I'd like to have some pink or blue flowers. I'll come and visit your garden center and speak to you next Wednesday.
Sincerely,
Sandra Noble

*soil：土
*sunshine：日光

(23) What did Sandra Noble do in January?

    1 She got married.
    2 She got a new house.
    3 She asked her friend for advice.
    4 She visited a garden center.

(24) What does Gary Logan say about flowers called perennials?

    1 His garden center doesn't sell them.
    2 They don't need any sunlight.
    3 They are too expensive to buy.
    4 They live longer than two years.

(25) What will Sandra Noble do next week?

    1 Meet with Gary Logan.
    2 Buy some soil.
    3 Plant trees in front of her house.
    4 Start working at a garden center.

3[C] 次の英文の内容に関して，(26) から (30) までの質問に対する答えとして最も適切なもの，または文を完成させるのに最も適切なものを 1, 2, 3, 4 の中から一つ選び，その番号のマーク欄をぬりつぶしなさい。

Phar Lap

Around the world, many people love to watch horse racing. Each year, thousands of horses take part in races. Most of them don't win, but sometimes there are horses that become famous. One of these horses was from New Zealand, and his name was Phar Lap.

Phar Lap was born in 1926. His father was a champion racehorse, so Phar Lap's owners thought he would run fast, too. But when Phar Lap was young, he was thin and weak,* and he lost every race he took part in. His owners weren't happy with him, so they sold him to an American businessman named David J. Davis in 1928. The trainer* for Phar Lap was a man from Australia named Harry Telford.

When Telford saw Phar Lap for the first time, he was very surprised to see the horse's bad health. However, he thought Phar Lap could become a successful racehorse, so they began training very hard together. Phar Lap became stronger and grew to 174 centimeters tall. Although he lost his first few races in Australia, in April 1929, he finally won his first race, the Maiden Juvenile Handicap in Rosehill.

After that, Phar Lap became much more popular with people. Between 1929 and 1931, large groups of people came to watch his races in Australia and other countries. During this time, he won 36 of the 41 races he took part in. He also made many new world records.* Because of this, Phar Lap will always be remembered as an amazing racehorse in the history of horse racing.

*weak：弱い
*trainer：調教師
*world record：世界記録

(26) When was Phar Lap sold?

    1 In 1926.
    2 In 1928.
    3 In 1929.
    4 In 1931.

(27) Who was Harry Telford?

    1 An Australian horse racer.
    2 An Australian horse trainer.
    3 An American businessman.
    4 An American runner.

(28) What happened in Australia in April 1929?

    1 Telford won a lot of money.
    2 Telford first met Phar Lap.
    3 Phar Lap won a race for the first time.
    4 Phar Lap started taking part in races.

(29) People will never forget Phar Lap because he

    1 never lost a horse race.
    2 ran in every race in Australia.
    3 was the smallest horse at horse races.
    4 made a lot of new world records.

(30) What is this story about?

    1 A famous racehorse.
    2 Different types of horse racing.
    3 How to train horses.
    4 A popular place for pet owners.

ライティング

4
- ● あなたは，外国人の友達から以下のQUESTIONをされました。
- ● QUESTIONについて，あなたの考えとその理由を2つ英文で書きなさい。
- ● 語数の目安は25語～35語です。
- ● 解答は，解答用紙のＢ面にあるライティング解答欄に書きなさい。なお，解答欄の外に書かれたものは採点されません。
- ● 解答がQUESTIONに対応していないと判断された場合は，0点と採点されることがあります。QUESTIONをよく読んでから答えてください。

QUESTION
What do you enjoy doing on weekends?

（リスニングテストは次のページにあります。）

一次試験
リスニング

3級リスニングテストについて

1 このテストには、第1部から第3部まであります。
　☆英文は第1部では一度だけ、第2部と第3部では二度、放送されます。
　第1部：イラストを参考にしながら対話と応答を聞き、最も適切な応答を 1, 2, 3 の中から一つ選びなさい。
　第2部：対話と質問を聞き、その答えとして最も適切なものを 1, 2, 3, 4 の中から一つ選びなさい。
　第3部：英文と質問を聞き、その答えとして最も適切なものを 1, 2, 3, 4 の中から一つ選びなさい。

2 No. 30 のあと、10秒すると試験終了の合図がありますので、筆記用具を置いてください。

第1部
▶MP3　▶アプリ　▶CD2　1～11

〔例題〕

No. 1

No. 2

No. 3

No. 4

No. 5

No. 6

No. 7

No. 8

No. 9

No. 10

第2部 ◀)) ▶MP3 ▶アプリ ▶CD2 12～22

No. 11
1 Looking for his ruler.
2 Buying a pencil case.
3 Cleaning his desk.
4 Doing his homework.

No. 12
1 She opened her own store.
2 She called Dan.
3 She went to the bank.
4 She bought a necklace.

No. 13
1 One and a half hours.
2 Two hours.
3 Two and a half hours.
4 Three hours.

No. 14
1 He is older than her.
2 She is taller than him.
3 They got birthday presents.
4 They have the same birthday.

No. 15
1 Make pies.
2 Talk to his grandmother.
3 Eat blueberries.
4 Go shopping.

No. 16
1 The English club.
2 The science club.
3 The music club.
4 The drama club.

80

No. 17

1 Eat at a restaurant.
2 Save money for a trip.
3 Travel to Japan.
4 Learn how to make curry.

No. 18

1 Jenny's.
2 Jenny's sister's.
3 Jenny's friend's.
4 The man's.

No. 19

1 In Carl's office.
2 In the meeting room.
3 On Tracy's desk.
4 On the copy machine.

No. 20

1 Once a week.
2 Twice a week.
3 Once a month.
4 Twice a month.

第3部 ◀)) ▶MP3 ▶アプリ ▶CD2 23～33

No. 21
1 Some balloons.
2 Some drinks.
3 Some cake.
4 Some presents.

No. 22
1 At school.
2 At her friend's house.
3 At the park.
4 At home.

No. 23
1 The monkeys.
2 The elephants.
3 The birds.
4 The snakes.

No. 24
1 A famous baseball player.
2 A new baseball stadium.
3 His ski trip.
4 His job.

No. 25
1 She took a bus tour.
2 She made new friends.
3 She went to a church.
4 She visited a museum.

No. 26
1 In his bag.
2 In the library.
3 In his classroom.
4 In the cafeteria.

No. 27

1 His friend.
2 His children.
3 His high school teacher.
4 His father.

No. 28

1 Her mother was sick.
2 Her mother was busy.
3 Her father is the coach.
4 Her father loves sports.

No. 29

1 He goes by train.
2 He goes by bus.
3 He rides his bike.
4 He walks.

No. 30

1 Give a speech.
2 Clean the cafeteria.
3 Make some posters.
4 Make some cookies.

二次試験
面　接

問題カード（A 日程）　　　◀))　▶MP3　▶アプリ　▶CD 2 34～38

Pasta

Pasta is eaten in countries around the world. Pasta tastes good with both meat and vegetables, so it is a popular dish with many people. Some stores sell many different kinds and colors of pasta.

Questions

No. 1   Please look at the passage. Why is pasta a popular dish with many people?

No. 2   Please look at the picture. How many tomatoes is the man holding?

No. 3   Please look at the girl with long hair. What is she going to do?

Now, Mr. / Ms. ——, please turn the card over.

No. 4   What did you do during your winter vacation?

No. 5   Do you like to go to festivals?
              Yes. → Please tell me more.
              No. → What would you like to do this spring?

問題カード（B 日程）　　◀)) ▶MP3　▶アプリ　▶CD 2 39～42

Lakes

Japan has many beautiful lakes. They are often quiet and relaxing places to visit. There are places to camp near some lakes, and some people like to go swimming in lakes when it is sunny.

Questions

No. 1   Please look at the passage. What do some people like to do when it is sunny?

No. 2   Please look at the picture. How many people are sitting in the boat?

No. 3   Please look at the man wearing a hat. What is he doing?

Now, Mr. / Ms. ——, please turn the card over.

No. 4   What are you going to do this evening?

No. 5   Would you like to study abroad?
              Yes. → Please tell me more.
              No. → Why not?

2021-2

一次試験 2021.10.10 実施
二次試験 A日程 2021.11. 7 実施
　　　　 B日程 2021.11.14 実施

Grade 3

・試験時間・

筆記：50分
リスニング：約25分

一次試験・筆記　　　　　p.90～100
一次試験・リスニング p.102～107
二次試験・面接　　　　　p.108～111

＊解答・解説は別冊 p.113～148 にあります。
＊面接の流れは本書 p.9 にあります。

2021年度第2回　**Web特典「自動採点サービス」対応**
オンラインマークシート
※検定の回によって2次元コードが違います。
※筆記1～3，リスニングの採点ができます。
※ PC からも利用できます（本書 p.8 参照）。

一次試験
筆 記

1 次の (1) から (15) までの ( ) に入れるのに最も適切なものを 1, 2, 3, 4 の中から一つ選び，その番号のマーク欄をぬりつぶしなさい。

(1) **A:** Oh no! My pen has no more ink! Do you have one that I can ( )?
B: Yes, here you are.
1 tell   **2** think   **3** borrow   **4** put

(2) **A:** What happened, Sharon? Why is your dress so ( )?
B: It was raining hard, and I fell off my bike.
1 tall   **2** short   **3** dirty   **4** useful

(3) **A:** Jane, how does this dress look on me?
B: Really nice. Look in the ( ) over there.
1 center   **2** counter   **3** cloud   **4** mirror

(4) **A:** Do you know the new ( ) student from Japan?
B: Yes. His name is Kentaro. He's in my class.
1 cover   **2** exchange   **3** plan   **4** surprise

(5) Janet is a ( ). She works for a newspaper. She often visits other countries and writes stories about them.
1 designer   **2** guard   **3** coach   **4** journalist

(6) **A:** Here's the salad dressing, Tony. ( ) it well before you use it.
B: All right, Mom.
1 Call   **2** Build   **3** Invite   **4** Shake

(7) Some people think we should try to ( ) old things. Others think people buy too many new things.
1 raise   **2** rise   **3** repeat   **4** recycle

(8) *A:* Can I help with dinner, Mom?
   B: Sure. (   ) of all, cut these potatoes and onions.
   1 First   **2** More   **3** Quick   **4** Small

(9) *A:* Mom, can we make an apple pie together?
   B: Sure. It's a (   ) difficult, but I think we can do it.
   1 high   **2** few   **3** much   **4** little

(10) Emma went shopping at the new department store yesterday.
    She bought a jacket and a new (   ) of jeans.
    1 piece   **2** pair   **3** slice   **4** sheet

(11) *A:* I'm going to study now, so please (   ) on my door if
    you need to talk to me.
    B: OK, Mike.
    1 knock   **2** decide   **3** agree   **4** smell

(12) *A:* Do you have time now, Doug?
    B: No, I'm sorry. (   ) fact, I have to leave for a meeting
    now. I'll call you later.
    1 In   **2** At   **3** By   **4** On

(13) The town is famous for its beautiful old buildings. It has
    many houses (   ) in the last century.
    1 build   **2** builds   **3** built   **4** building

(14) *A:* I don't know (   ) Central Park is.
    B: It's near here. I'll show you.
    1 who   **2** when   **3** where   **4** why

(15) *A:* How was the basketball tournament?
    B: Not good. We were the (   ) team there. We didn't win
    any games.
    1 poor   **2** worst   **3** worse   **4** bad

2 次の (16) から (20) までの会話について，(   ) に入れるのに最も適切なものを 1, 2, 3, 4 の中から一つ選び，その番号のマーク欄をぬりつぶしなさい。

(16) *Woman:* I want to go and see the dolphin show at the aquarium. Are you free this weekend?

　　Man: I'm not sure. I'll check my schedule, and (   )

1 I'll call you tonight.
2 you'll like the show.
3 I'll take it.
4 you can swim fast.

(17) *Woman:* Thank you very much for giving me advice.

　　Man: (   ) Good luck with your interview tomorrow.

Woman: Thank you.

1 Not at all.　　　　　　**2** Let me see.
3 No, thanks.　　　　　　**4** You gave me one.

(18) 　　*Man:* I'm going on vacation next month.

Woman: Great! (   )

　　Man: I'll take a tour of South America.

1 Where's your passport?
2 When do you leave?
3 What are your plans?
4 How long is it?

(19) 　　*Man:* Are you ready to go to dinner?

Woman: Yes. (   )

　　Man : Great idea! I don't want to walk in the rain, either.

1 Let's walk there.　　　　**2** Let's take a taxi.
3 Let's cook now.　　　　 **4** Let's stay home.

(20) *Woman:* Hi, John. What time is it? I forgot my watch.

　　Man: Sorry, Janet. I don't know. (   )

Woman: No problem. I'll ask Peter.

1 That's interesting.　　　**2** I can't call you.
3 It's too late.　　　　　　**4** I left mine at home.

92

（筆記試験の問題は次のページに続きます。）

3[A] 次のお知らせの内容に関して，(21) と (22) の質問に対する答えとして最も適切なもの，または文を完成させるのに最も適切なものを 1, 2, 3, 4 の中から一つ選び，その番号のマーク欄をぬりつぶしなさい。

Special Event

Emily Simmons will come to Noland Junior High School to give a talk. Ms. Simmons has been a member of the Noland Rockets, a professional soccer team, for more than five years. She was a student at our school and the captain of the soccer team.

When: March 10 from 3:30 p.m. to 5:00 p.m.
Where: School gym

If you want to come and hear about her experiences, sign up soon. Send an e-mail to our P.E. teacher, Mr. Knight, by March 1.

knight@nolandjrh.edu

Ms. Simmons will show us how to pass the ball well during a game. You'll have many chances to ask her questions!

(21) Who is coming to Noland Junior High School?

    1 A famous P.E. teacher.

    2 A new soccer coach.

    3 A student of another school.

    4 A soccer player.

(22) Students can take part in this event

    1 by writing a letter to Ms. Simmons.

    2 by asking a soccer team member by March 10.

    3 by sending an e-mail to Mr. Knight by March 1.

    4 by calling the Noland Rockets soccer team.

3[B] 次のEメールの内容に関して，(23) から (25) までの質問に対する答えとして最も適切なものを 1, 2, 3, 4 の中から一つ選び，その番号のマーク欄をぬりつぶしなさい。

From: Grace Morgan
To: Silvertown Public Library
Date: July 20
Subject: Books

Hello,
My name is Grace Morgan, and I graduated from Silvertown High School last month. This fall, I'll move to Chicago for university. I have a lot of books because I love to read, but I can't take all the books with me. My friend said that maybe the Silvertown Public Library would want them. Please write back if you're interested.
Sincerely,
Grace Morgan

From: Silvertown Public Library
To: Grace Morgan
Date: July 21
Subject: Thank you

Dear Grace,
Thank you for your e-mail. Yes, we're interested in your books. Please put your books in a box and leave the box by the large door at the back of the library. You can bring them any morning. Every afternoon, I bring the boxes of books into the library, and every Wednesday and Friday, I look at the books and choose some for our library. Sometimes, people give us books that we don't need. I try to send those books to other libraries or to schools. If the books are old and damaged,* we sometimes sell them to the Silvertown Paper Company. After we sell them, we use the money to buy things for the library such as magazines and newspapers.
Best regards,
George Livingston

96

From: Grace Morgan
To: Silvertown Public Library
Date: July 22
Subject: Monday morning

Dear Mr. Livingston,
Thank you for writing back. I have decided to take the books to a bookstore near my house. I'll try to sell them there this weekend. If I can't sell some of them, I'll put them in a box and bring them to the library on Monday morning.
Sincerely,
Grace

*damaged：破損した

(23) What will Grace Morgan start doing this fall?

    1 Working at a library.
    2 Writing a book.
    3 Teaching at a high school.
    4 Studying at university.

(24) What does George Livingston do every Wednesday and Friday?

    1 He looks at the books in the boxes.
    2 He goes to the Silvertown Paper Company.
    3 He reads a book to the children at a school.
    4 He takes a box of books to a different library.

(25) Where will Grace go this weekend?

    1 To a library.
    2 To a bookstore.
    3 To her university.
    4 To her friend's house.

3[C] 次の英文の内容に関して，(26) から (30) までの質問に対する答えとして最も適切なもの，または文を完成させるのに最も適切なものを 1, 2, 3, 4 の中から一つ選び，その番号のマーク欄をぬりつぶしなさい。

John James Audubon

John James Audubon was a famous painter and bird scientist. He was born in Haiti in 1785, but he grew up in France. When he was a child, he enjoyed painting and nature, and he really loved birds. He also played the violin.

When Audubon was 18, Napoleon was the leader of France. At that time, Napoleon told all the young men in France to join the French army.* Audubon didn't want to be in the army, so he went to the United States.

Audubon lived on a large farm near Philadelphia. There, he started to study birds. He started painting pictures of them, too. Audubon's paintings were special because they were very detailed.* He also studied how the birds moved and lived.

Later, in 1808, Audubon moved to Kentucky. He owned a store there, but he still painted pictures of birds in his free time. Audubon's store didn't make enough money, so he closed it in 1819. He decided to travel down the Mississippi River. On the way, Audubon painted pictures of the birds that he saw. His biggest dream was to paint pictures of all the different kinds of American birds.

In 1826, Audubon went to England and took his paintings with him. He had over 300 pictures. The people in England loved his paintings, and he became very popular there. In 1827, Audubon published* a book called *Birds of America*. Today, there are only 120 of these books in the world, and some of them were sold for millions of dollars each.

*army：軍隊
*detailed：細かい
*publish：～を出版する

(26) Why did John James Audubon move to the United States?

    1 He didn't want to join the French army.
    2 He wanted to meet Napoleon.
    3 He was told to move there by the leader of France.
    4 He wanted to study art with a famous painter.

(27) Where did Audubon start painting pictures of birds?

    1 At a store in Kentucky.
    2 On a farm near Philadelphia.
    3 By the Mississippi River.
    4 On his way to England.

(28) When did Audubon close his store?

    1 In 1808.
    2 In 1819.
    3 In 1826.
    4 In 1827.

(29) Audubon wanted to

    1 work in a pet store that sold lots of different birds.
    2 open a store beside the Mississippi River.
    3 paint pictures of every kind of American bird.
    4 go to a famous art museum in England.

(30) What is this story about?

    1 A man who painted American birds.
    2 The first book about American birds.
    3 How American birds became popular.
    4 A special kind of American bird.

ライティング

4
● あなたは，外国人の友達から以下のQUESTIONをされました。
● QUESTIONについて，あなたの考えとその<u>理由を2つ</u>英文で書きなさい。
● 語数の目安は25語～35語です。
● 解答は，解答用紙のB面にあるライティング解答欄に書きなさい。なお，解答欄の外に書かれたものは採点されません。
● 解答がQUESTIONに対応していないと判断された場合は，<u>0点と採点されること</u>があります。QUESTIONをよく読んでから答えてください。

QUESTION
Which do you like better, hot weather or cold weather?

（リスニングテストは次のページにあります。）

一次試験
リスニング

3級リスニングテストについて

1. このテストには，第1部から第3部まであります。
   ☆英文は第1部では一度だけ，第2部と第3部では二度，放送されます。
   第1部：イラストを参考にしながら対話と応答を聞き，最も適切な応答を 1, 2, 3 の中から一つ選びなさい。
   第2部：対話と質問を聞き，その答えとして最も適切なものを 1, 2, 3, 4 の中から一つ選びなさい。
   第3部：英文と質問を聞き，その答えとして最も適切なものを 1, 2, 3, 4 の中から一つ選びなさい。
2. No. 30 のあと，10秒すると試験終了の合図がありますので，筆記用具を置いてください。

第1部 ▶MP3 ▶アプリ ▶CD2 43〜53

〔例題〕

No. 1

No. 2

No. 3

No. 4

No. 5

No. 6

No. 7

No. 8

No. 9

No. 10

第2部 ◀)) ▶MP3 ▶アプリ ▶CD2 54～64

No. 11
1 One.
2 Three.
3 Nine.
4 Twelve.

No. 12
1 He can't see the stars tonight.
2 It will be cloudy tomorrow.
3 He can't find the newspaper.
4 His science homework is hard.

No. 13
1 A toy koala.
2 A map of Australia.
3 A necktie.
4 A T-shirt.

No. 14
1 The food is delicious.
2 It is too noisy.
3 The food is expensive.
4 It is too old.

No. 15
1 Write to her mother.
2 Order some food.
3 Read an e-mail.
4 Make a cake.

No. 16
1 A concert.
2 A baseball game.
3 Harry's birthday party.
4 Their favorite colors.

No. 17
1 At a driving school.
2 In the man's house.
3 At a bank.
4 In a car.

No. 18
1 On Saturday morning.
2 On Saturday afternoon.
3 On Sunday morning.
4 On Sunday afternoon.

No. 19
1 Scott.
2 Jason.
3 The woman.
4 The woman's husband.

No. 20
1 Return a book.
2 Take a tour of his city.
3 Go to the library at school.
4 Learn about the Internet.

第3部 ◀)) ▶MP3 ▶アプリ ▶CD2 65～75

No. 21
1 The woman.
2 The woman's husband.
3 The woman's friends.
4 The woman's brothers.

No. 22
1 Get ready for practice.
2 Take a shower.
3 Borrow her friend's book.
4 Call her basketball coach.

No. 23
1 At a zoo.
2 At a pet store.
3 At a clothes store.
4 At a restaurant.

No. 24
1 He gave his mother a calendar.
2 He made a Christmas card.
3 He bought some paints.
4 He made a calendar.

No. 25
1 Buy some orange juice.
2 Make pumpkin soup.
3 Cut an orange.
4 Meet her at the supermarket.

No. 26
1 For two months.
2 For three months.
3 For two years.
4 For three years.

No. 27

1 The woman's.
2 Scott's.
3 Peter's.
4 Simon's.

No. 28

1 In the ocean.
2 In a river.
3 In his friend's pool.
4 In the school pool.

No. 29

1 Collect stamps.
2 Learn Chinese.
3 Travel around Canada.
4 Take photos.

No. 30

1 She borrowed the wrong book.
2 The library was closed.
3 She saw a big spider.
4 The book was too difficult.

二次試験 面接

問題カード（A 日程） ▶MP3 ▶アプリ ▶CD 2 76〜80

Green Tea

People love the taste of green tea. Green tea is healthy and delicious, so it is enjoyed by people around the world. In Japan, a lot of green tea is grown in Shizuoka and Kagoshima.

Questions

No. 1   Please look at the passage. Why is green tea enjoyed by people around the world?

No. 2   Please look at the picture. Where is the hat?

No. 3   Please look at the woman. What is she going to do?

Now, Mr. / Ms. ——, please turn the card over.

No. 4   What are you planning to do next weekend?

No. 5   Are you a student?

          Yes. → What school subject is the most difficult for you?

          No. → What do you like to do in winter?

問題カード(B日程)

The Izu Islands

The Izu Islands are near Tokyo. People usually get to these islands by boat. The Izu Islands have beautiful nature and interesting activities for everyone, so they are popular places to visit in summer.

Questions

No. 1   Please look at the passage. Why are the Izu Islands popular places to visit in summer?

No. 2   Please look at the picture. How many people are there in the water?

No. 3   Please look at the boy wearing a cap. What is he going to do?

Now, Mr. / Ms. ——, please turn the card over.

No. 4   What did you do last Saturday?

No. 5   Have you ever been to a zoo?
                Yes. → Please tell me more.
                No. → What do you usually do on weekends?

2021-1

一次試験 2021.5.30実施
二次試験　A日程　2021.6.27実施
　　　　　B日程　2021.7.4 実施

Grade 3

試験時間

筆記：50分
リスニング：約25分

一次試験・筆記　　　　p.114〜124
一次試験・リスニング　p.126〜131
二次試験・面接　　　　p.132〜135

＊解答・解説は別冊p.149〜184にあります。
＊面接の流れは本書p.9にあります。

2021年度第1回　**Web特典「自動採点サービス」対応**
オンラインマークシート
※検定の回によって2次元コードが違います。
※筆記1〜3，リスニングの採点ができます。
※ PCからも利用できます（本書 p.8 参照）。

一次試験
筆 記

1 次の (1) から (15) までの ( ) に入れるのに最も適切なものを 1, 2, 3, 4 の中から一つ選び，その番号のマーク欄をぬりつぶしなさい。

(1) *A:* How do you make that potato dish?
B: First, you (   ) the potatoes, and then cut them in half and put butter on them.
1 boil　　　**2** care　　　**3** hurt　　　**4** eat

(2) Last summer, Hiroshi's family traveled around Japan.　This year they want to go (   ).
1 abroad　　**2** inside　　**3** other　　**4** similar

(3) Bob (   ) five friends to his party.
1 made　　　**2** visited　　**3** invited　　**4** spoke

(4) *A:* John, you should go to bed soon.　If you stay up too late, you'll (   ) and be late for school.
B: OK, Mom.
1 graduate　　**2** promise　　**3** return　　**4** oversleep

(5) *A:* Did you buy your father something special for his birthday?
B: Yes.　He loves to cook, so I got him a new (   ).
1 apron　　　**2** ring　　　**3** contact　　**4** field

(6) I bought a new T-shirt for my brother, but I bought the wrong size.　It was too (   ) for him.
1 heavy　　　**2** clear　　　**3** tight　　　**4** bright

(7) Sarah saw some flowers by the road while she was taking a walk.　She (   ) a few and took them home.
1 spent　　　**2** wished　　　**3** picked　　　**4** guessed

114

(8) Jenny saw her grandparents (   ) the first time in years. She missed them very much.

1 for   **2** from   **3** out   **4** over

(9) *A:* I told my mother that I would be home by 7:00. I don't want to (   ) my promise, so I have to go now.
B: OK.

1 pass   **2** sell   **3** break   **4** lend

(10) *A:* Don't say anything to Dad about the surprise party!
B: Don't worry. He won't find (   ) about it from me.

1 within   **2** through   **3** out   **4** near

(11) My little sister is (   ) of the dark, so she always sleeps with my parents.

1 brave   **2** true   **3** glad   **4** afraid

(12) Joseph lost his glasses again. He searched all (   ) the place, but he couldn't find them.

1 over   **2** under   **3** up   **4** down

(13) Last Saturday, my bicycle was (   ). I have to buy a new one.

1 steal   **2** stole   **3** stolen   **4** stealing

(14) *A:* Do you like (   ) in Japan, Mr. Kent?
B: Yes, I do.

1 live   **2** lived   **3** lives   **4** living

(15) *A:* Which shirt do you like?
B: I think the red one is (   ) than the blue one.

1 nice   **2** nicer   **3** nicest   **4** nicely

2 次の (16) から (20) までの会話について, ( ) に入れるのに最も適切なものを 1, 2, 3, 4 の中から一つ選び, その番号のマーク欄をぬりつぶしなさい。

(16) *Girl 1:* I'm having a party from one on Saturday. ( )
Girl 2: I'd love to. I'll bring a pie.

1 I hope you can come.   **2** I'd like that, please.
3 You missed it.   **4** Your bus comes soon.

(17) *Son:* ( ) Mom?
Mother: First, wash these potatoes. Then, cut them into small pieces.

1 What did you cook for dinner,
2 What did you buy at the store,
3 What time will we have lunch,
4 What do you want me to do,

(18) *Son:* Mom, will the zoo be open on New Year's Day?
Mother: ( ) Let's check on the Internet.

1 Have a great year.   **2** I'm not sure.
3 It happened yesterday.   **4** I did my best.

(19) *Man:* I'm going skiing this Sunday. ( ) you should come with me.
Woman: That sounds fun. I'd love to.

1 While you're at work,
2 Because your back hurts,
3 When you don't have time,
4 If you have no plans,

(20) *Man:* I went hiking in Nagano last Saturday.
Woman: That's pretty far from here. ( )
     Man: No, I came back to Tokyo that evening.

1 Do you know the way?
2 Did you take a map?
3 Do you want to go together?
4 Did you stay there?

116

（筆記試験の問題は次のページに続きます。）

3[A]

次の掲示の内容に関して，(21) と (22) の質問に対する答えとして最も適切なものを 1, 2, 3, 4 の中から一つ選び，その番号のマーク欄をぬりつぶしなさい。

Meet Some Japanese Rugby Players

The Tokyo Bats are a rugby team from Japan. In March, they'll play some games here in Canada, and they'll visit Dayton High School on March 22. We have planned some exciting events.

Rugby lesson: 10:00 to 12:00
This is a great chance to learn how to play rugby. All students have to take part in this lesson.

Japanese lesson: 13:00 to 15:00
The players will teach you many useful Japanese words. This lesson is only for members of the school's Japanese club.

Try Japanese snacks: 15:00 to 16:00
The team is going to bring some snacks for us to try. Everyone is welcome!

(21) What will happen in the morning on March 22?

1 The Tokyo Bats will study English.
2 The Tokyo Bats will leave Canada.
3 The students will fly to Japan.
4 The students will learn about playing rugby.

(22) Who can take part in a Japanese lesson?

1 Students who have been to Japan.
2 Students who bring some snacks.
3 Students who are in the Japanese club.
4 Students who are in the rugby club.

3[B]

次のＥメールの内容に関して，(23) から (25) までの質問に対する答えとして最も適切なもの，または文を完成させるのに最も適切なものを 1, 2, 3, 4 の中から一つ選び，その番号のマーク欄をぬりつぶしなさい。

From: Rose Keyser
To: Joe Keyser
Date: June 16
Subject: See you soon

Hi Joe,

How are you? I can't wait to see you when you come to Florida next month! I haven't seen you since last Christmas at Grandma's house. I had such a good time. I really enjoyed Grandpa's stories about our dads. And Grandma's dinner was so delicious! What do you want to do in Florida? We can go to the beach near my house, or we can go to an amusement park. Also, I really want to take you to Gator Park. We can ride on a boat and see some interesting animals there.

Your cousin,

Rose

From: Joe Keyser
To: Rose Keyser
Date: June 16
Subject: Gator Park

Hi Rose,

I'm excited to see you! You're so lucky. I want to live by the beach, too. As you know, I live in Iowa, and the ocean is really far from here. Will we have time to go surfing? Gator Park sounds fun, but my mom thinks it's too dangerous. She says I can't go. There is a nice aquarium in Florida, right? Can we go there?

Your cousin,

Joe

120

From: Rose Keyser
To: Joe Keyser
Date: June 16
Subject: Aquarium

Hi Joe,
I really wanted to take you to Gator Park. It's not dangerous, but you should listen to your mom. Yes, there's an aquarium near here. They have dolphins and many beautiful fish. It's on a small island south of Miami Beach. We can go there, and we can go surfing at Miami Beach, too. We'll be hungry after that, so let's have dinner at a restaurant near the beach. I'll take you to my favorite steakhouse! Write back soon,
Rose

(23) Next month, Joe will

    1 stay at his grandparents' house.
    2 look for some Christmas presents.
    3 visit Rose in Florida.
    4 move to Iowa.

(24) Why won't Joe go to Gator Park?

    1 His mother thinks it is a dangerous place.
    2 His mother thinks it is too far away.
    3 He thinks it is too boring.
    4 He has already been there with his mother.

(25) What will Rose and Joe do after they go surfing?

    1 Have a picnic on the beach.
    2 Eat dinner at a steakhouse.
    3 Visit a small island.
    4 Go swimming with dolphins.

3[C]

次の英文の内容に関して，(26) から (30) までの質問に対する答えとして最も適切なもの，または文を完成させるのに最も適切なものを 1, 2, 3, 4 の中から一つ選び，その番号のマーク欄をぬりつぶしなさい。

A Special Meal

Thailand is a country in Southeast Asia. It is a very popular place to visit for people from other countries. About 38 million people went there in 2018. Many people like to visit Thailand because it has a lot of beautiful beaches and temples. It has some interesting festivals, too. One is called the Monkey Buffet Festival in the city of Lopburi.

The Monkey Buffet Festival is not a traditional festival. Because of this, it is different from other festivals in Thailand. Lopburi started the festival because the city wanted more visitors. During this festival, a lot of fruit and vegetables are put on tables near an old temple. However, the food is not for visitors. It is for monkeys that live near the temple.

In Thailand, monkeys are a symbol of good luck. There is a traditional story in Thailand about a prince named Rama. In the story, Rama tries to save his wife from a demon king.* A monkey king named Hanuman and his monkeys help Rama. The people in Lopburi wanted to make a festival for visitors, but they wanted to thank Hanuman, too. To remember the monkey king, food is given to monkeys during the festival.

At the beginning of the festival, performers wear monkey costumes and dance. Then they uncover* the food, and over 2,000 monkeys from the area come to eat it. The visitors enjoy watching the monkeys. However, they should be careful because these monkeys sometimes take people's bags and other things.

*demon king：魔王
*uncover：〜から覆いを取る

(26) Why do many people from other countries visit Thailand?

1 There are many popular zoos there.
2 There are nice beaches and temples there.
3 They want to make food at the festivals there.
4 They want to learn to write traditional stories.

(27) The Monkey Buffet Festival is different from other festivals because

1 it is not a traditional one.
2 fruit is given to visitors in Lopburi.
3 it is celebrated in many cities in Thailand.
4 it is the only traditional festival in Thailand.

(28) Who was Rama in the traditional story?

1 The wife of Hanuman.
2 A demon king.
3 A monkey king.
4 A prince.

(29) How does the Monkey Buffet Festival start?

1 Some dancers with costumes perform.
2 Visitors wear monkey costumes.
3 People sing songs for the monkeys.
4 Monkeys are brought to the temple.

(30) What is this story about?

1 The oldest city in Southeast Asia.
2 The history of Thailand.
3 An interesting event in Thailand.
4 A temple built by monkeys.

ライティング

4
● あなたは，外国人の友達から以下のQUESTIONをされました。
● QUESTIONについて，あなたの考えとその理由を2つ英文で書きなさい。
● 語数の目安は25語～35語です。
● 解答は，解答用紙のＢ面にあるライティング解答欄に書きなさい。なお，解答欄の外に書かれたものは採点されません。
● 解答がQUESTIONに対応していないと判断された場合は，0点と採点されることがあります。QUESTIONをよく読んでから答えてください。

QUESTION
Where do you like to go shopping?

124

（リスニングテストは次のページにあります。）

一次試験
リスニング

３級リスニングテストについて

1　このテストには，第１部から第３部まであります。
　　☆英文は第１部では一度だけ，第２部と第３部では二度，放送されます。
　　第１部：イラストを参考にしながら対話と応答を聞き，最も適切な応答を 1, 2, 3 の中から一つ選びなさい。
　　第２部：対話と質問を聞き，その答えとして最も適切なものを 1, 2, 3, 4 の中から一つ選びなさい。
　　第３部：英文と質問を聞き，その答えとして最も適切なものを 1, 2, 3, 4 の中から一つ選びなさい。
2　No. 30 のあと，10 秒すると試験終了の合図がありますので，筆記用具を置いてください。

第１部　　▶MP3　▶アプリ　▶CD3 １〜11

〔例題〕

No. 1

No. 2

No. 3

No. 4

No. 5

No. 6

No. 7

No. 8

No. 9

No. 10

第2部　　　　　　　　　🔊 ▶MP3 ▶アプリ ▶CD3 **12**～**22**

No. 11
1 Sarah.
2 Sarah's brother.
3 Sarah's mother.
4 Sarah's father.

No. 12
1 He forgot to buy a present.
2 His mother caught a cold.
3 Mike can't come to his party.
4 No one liked his birthday cake.

No. 13
1 A computer.
2 A sweater.
3 A hat.
4 A calendar.

No. 14
1 Buy a drink.
2 Clean the table.
3 Pay for a sandwich.
4 Make breakfast.

No. 15
1 Find a hotel.
2 Buy a movie ticket.
3 Go to the bank.
4 Return a DVD.

No. 16
1 Two.
2 Twenty.
3 Twenty-five.
4 Fifty.

No. 17

1 On Monday morning.
2 On Monday afternoon.
3 On Sunday morning.
4 On Sunday afternoon.

No. 18

1 His bike broke.
2 He fell off his bike.
3 He has lost his key.
4 He will be late for school.

No. 19

1 A zoo.
2 A museum.
3 An art school.
4 An aquarium.

No. 20

1 Their school gym.
2 Their winter vacation.
3 Their teacher's house.
4 Their next P.E. lesson.

第3部　🔊 ▶MP3 ▶アプリ ▶CD 3 **23**～**33**

No. 21
1 He watched a movie.
2 He played basketball.
3 He went to a DVD store.
4 He watched a basketball game.

No. 22
1 On Tuesday.
2 On Wednesday.
3 On Thursday.
4 On Friday.

No. 23
1 A new hotel will open.
2 The man will buy a new house.
3 A restaurant will close.
4 The man will start a new job.

No. 24
1 To say thank you.
2 To ask him about America.
3 To tell him about a TV show.
4 To invite him to a zoo.

No. 25
1 A dog.
2 A rabbit.
3 A DVD.
4 A cake.

No. 26
1 Once a week.
2 Twice a week.
3 Three times a week.
4 Four times a week.

130

No. 27

1 The boy.
2 The boy's mother.
3 The boy's father.
4 The boy's sister.

No. 28

1 Milk.
2 Ice cream.
3 Vegetables.
4 Fruit.

No. 29

1 At one.
2 At seven.
3 At eight.
4 At nine.

No. 30

1 On the first floor.
2 On the second floor.
3 On the third floor.
4 On the tenth floor.

二次試験 面接

問題カード（A 日程）　　MP3　アプリ　CD3 34〜38

A Popular Hobby

Many people like to collect things. Some children enjoy collecting comic books or dolls, and some adults travel around the world to find interesting things. People can learn about different cultures by collecting things.

Questions

No. 1   Please look at the passage. What do some children enjoy doing?

No. 2   Please look at the picture. Where are the magazines?

No. 3   Please look at the boy. What is he doing?

Now, Mr. / Ms. ——, please turn the card over.

No. 4   Where do you want to live in the future?

No. 5   Have you ever had a pet?
　　　　　Yes. → Please tell me more.
　　　　　No. → What do you like to do when you are tired?

問題カード（B 日程）

Karate

Karate is popular in many countries. Now, many children and adults around the world take karate lessons. Some people want to do well in big tournaments, so they practice karate for many hours every day.

Questions

No. 1   Please look at the passage. Why do some people practice karate for many hours every day?

No. 2   Please look at the picture. Where is the calendar?

No. 3   Please look at the woman. What is she going to do?

Now, Mr. / Ms. ——, please turn the card over.

No. 4   What kind of movies do you like?

No. 5   Have you ever been to an aquarium?
                Yes. → Please tell me more.
                No. → What do you like to do in the evenings?

2020-3

一次試験　2021.1.24 実施
二次試験　A日程　2021.2.21 実施
　　　　　B日程　2021.2.28 実施

Grade 3

試験時間
筆記：50分
リスニング：約25分

一次試験・筆記　　　　p.138〜148
一次試験・リスニング p.150〜155
二次試験・面接　　　　p.156〜159

＊解答・解説は別冊p.185〜220にあります。
＊面接の流れは本書p.9にあります。

2020年度第3回　Web特典「自動採点サービス」対応
オンラインマークシート
※検定の回によって2次元コードが違います。
※筆記1〜3，リスニングの採点ができます。
※PCからも利用できます（本書p.8参照）。

一次試験
筆　記

1 次の (1) から (15) までの (　　) に入れるのに最も適切なものを 1, 2, 3, 4 の中から一つ選び，その番号のマーク欄をぬりつぶしなさい。

(1) I (　　) the music club at school, so I'm going to buy a guitar this week.
1 learned　　**2** put　　　　**3** joined　　　　**4** kept

(2) Kento is very good at sports.　He hopes to be a (　　) baseball player someday.
1 professional　　　　　**2** first
3 delicious　　　　　　　**4** traditional

(3) It will (　　) you 10 minutes to get to the station by taxi.
1 make　　**2** fall　　　**3** take　　　**4** forget

(4) *A:* That's a (　　) T-shirt, Keisuke.
B: Thanks, Fred.　I bought it at a concert last night.
1 cool　　**2** fast　　　**3** silent　　　**4** rich

(5) *A:* Tommy, turn off the TV and do your homework.
B: I've (　　) finished it, Mom.
1 always　　**2** anytime　　**3** already　　**4** along

(6) Ken enjoys reading about different (　　).　He hopes to travel to many countries in the future.
1 cultures　　**2** platforms　　**3** kitchens　　**4** purposes

(7) You may not use your phone (　　) class.　Please turn it off.
1 during　　**2** through　　**3** since　　**4** along

(8) The station was full (　　) people because the trains were late.
1 by　　**2** for　　　**3** of　　　**4** on

(9) *A:* How was your holiday, Steve?
B: Not so good. I wanted to go hiking, but it rained (   ) day.

1 any   **2** some   **3** all   **4** long

(10) Patricia is excited because she'll take part (   ) the school play this year.

1 on   **2** to   **3** at   **4** in

(11) Harry and Paul couldn't come (   ) with any good ideas for the science contest.

1 on   **2** in   **3** into   **4** up

(12) Our English teacher told us not to worry about making (   ) when we speak.

1 museums   **2** mistakes   **3** models   **4** meetings

(13) *A:* Do you like (   ) pictures, Mr. Fox?
B: Yes, I do.

1 take   **2** took   **3** takes   **4** taking

(14) Katie's neighbor has a noisy dog, so it is difficult for her (   ) at night.

1 sleeps   **2** to sleep   **3** slept   **4** sleep

(15) *A:* Do you have my book, Steve?
B: Sorry. I couldn't (   ) it all. I'll bring it on Monday.

1 read   **2** reads   **3** to read   **4** reading

2 次の (16) から (20) までの会話について，(　　　　) に入れるのに最も適切なものを 1, 2, 3, 4 の中から一つ選び，その番号のマーク欄をぬりつぶしなさい。

(16) *Brother:* Look!　I made this cake for Mom's birthday.　What do you think?
　　　Sister: (　　　) It looks delicious.
　　1 I'm sure she'll love it.　　　**2** I don't know where it is.
　　3 I'm afraid I can't.　　　**4** I'll tell her to call you.

(17) *Husband:* The kitchen is really dirty.
　　　Wife: (　　　) We need to clean it.
　　1 I haven't, either.　　　**2** There aren't any more.
　　3 I think so, too.　　　**4** That's a long time.

(18) *Girl 1:* My aunt is taking me to a musical tomorrow.　Would you like to come?
　　　Girl 2: Sorry, I can't, but (　　　)
　　1 thanks for asking.　　　**2** I wrote that song.
　　3 she saw you there.　　　**4** I don't know yet.

(19) *Boy:* You're an amazing swimmer, Jane.
　　　Girl: Thanks.　(　　　) but I practiced a lot.
　　1 I wasn't good at first,　　　**2** I was next to the pool,
　　3 You did it,　　　**4** You should come with me,

(20) *Husband:* Let's walk to the shopping mall this afternoon.
　　　Wife: OK.　What do you need to buy?
　　　Husband: (　　　)
　　1 There's a bag on my desk.
　　2 I usually go by bus.
　　3 Let's leave at three o'clock.
　　4 I want to look for a coat.

（筆記試験の問題は次のページに続きます。）

3[A]

次の掲示の内容に関して、(21) と (22) の質問に対する答えとして最も適切なもの、または文を完成させるのに最も適切なものを 1, 2, 3, 4 の中から一つ選び、その番号のマーク欄をぬりつぶしなさい。

Southbank Supermarket

Thank you for shopping at our store. We have some important information to share with you.

Online shopping

From September 12, you'll be able to use our website to buy your favorite foods. We'll take your order to your house on the same day for free!

Plastic bags

We think taking care of the environment is important. So, from October 2, we'll stop giving shoppers plastic bags for free. Please bring bags from your home when you shop at our store. If you need a plastic bag, large ones will cost ten cents and small ones will cost five cents.

Visit our website for more information.
www.southbanksupermarket.com

(21) What will Southbank Supermarket do in September?

    1 Buy new computers for its store.
    2 Give all shoppers a free gift.
    3 Begin selling food on its website.
    4 Open a new store in a large house.

(22) From October 2, people who shop at Southbank Supermarket won't be able to

    1 use five cent coins.
    2 receive plastic bags for free.
    3 bring bags into the store.
    4 buy small plastic bags.

3[B] 次のＥメールの内容に関して，(23) から (25) までの質問に対する答えとして最も適切なものを 1, 2, 3, 4 の中から一つ選び，その番号のマーク欄をぬりつぶしなさい。

From: Melissa Arnold
To: Paul Arnold
Date: January 25
Subject: Some good news

Hi Uncle Paul,
How are you? We had a lot of fun at your house on Christmas Day. The roast chicken was delicious. Can you teach me how to make it? You're such a good cook. Mom said you should open a restaurant on our farm. I think she was joking, but I think it's a great idea. You know I wanted a pet for my birthday, right? I was hoping for a dog, but guess what my parents got me. A pig! I was so surprised. He's really cute, and I named him Oliver. I thought pigs were only for eating, but Dad said they could also be great pets. He said they were smarter than dogs, too.
Write back soon,
Melissa

From: Paul Arnold
To: Melissa Arnold
Date: January 26
Subject: Happy birthday

Hi Melissa,
Thanks for your e-mail. I hope you had a great birthday. I'm going to your house this Saturday to do some farm work with your dad. After we're finished, I'll show you how to make roast chicken. We can have it for dinner. Maybe we'll be able to use one of the chickens from your farm. I have a birthday present for you, too. It's not as exciting as the present from your parents, but I think you'll like it. I can't wait to see Oliver. After you told me about him, I read a little about pet pigs on the Internet. Did you

144

know they like popcorn? But don't put salt on it because it's not good for them.

See you on Saturday,

Uncle Paul

(23) What did Melissa do on Christmas Day?

  1 She went to her uncle's house.
  2 She went to a restaurant.
  3 She played with her new pet.
  4 She visited a farm.

(24) Who is Oliver?

  1 Melissa's dog.
  2 Melissa's pig.
  3 Melissa's father.
  4 Melissa's uncle.

(25) What will Melissa do this Saturday?

  1 Learn how to cook roast chicken.
  2 Go shopping for a birthday present.
  3 Read about animals on the Internet.
  4 Make some popcorn for her parents.

20年度第3回 筆記

次の英文の内容に関して，(26) から (30) までの質問に対する答えとして最も
3[C] 適切なもの，または文を完成させるのに最も適切なものを 1, 2, 3, 4 の中から
一つ選び，その番号のマーク欄をぬりつぶしなさい。

Tom Longboat

Tom Longboat was a member of the First Nations* and a famous long-distance* runner. He was born in Ontario, Canada, on June 4, 1887. He grew up in a poor family on a farm, and his father died when Tom was five. When he was a child, he didn't like school. At that time, Canadian schools didn't want the First Nations people to speak their own languages.

In 1901, Tom heard about Bill Davis, a member of the First Nations who won second place in the Boston Marathon. Because of Bill, Tom started to run, too. In 1905, Tom ran his first race, and only two years later he won the Boston Marathon. He finished almost five minutes faster than anyone else.

Tom won many races in his life, so he was a very successful runner. However, in 1916, he decided to stop entering races and help Canada in World War I.* Tom was a strong runner, so he carried important messages for the army. His job was to carry them quickly between army posts* in France.

After the war ended in 1918, Tom went back to Canada and stopped running. He lived and worked in Toronto until 1944, and then he moved back to his hometown. He died in January 1949 when he was 61 years old. Six years later, Canada decided that Tom Longboat should become a member of Canada's Sports Hall of Fame. This is a special group of famous Canadian people in sports. Today, Tom Longboat is still remembered as Canada's best long-distance runner.

*First Nations：カナダ先住民
*long-distance：長距離の
*World War I：第一次世界大戦
*army post：駐屯地

146

(26) When Tom Longboat was a child, he

    1 moved to Boston.
    2 liked to learn English.
    3 won many running races.
    4 didn't enjoy school.

(27) What did Tom do in 1905?

    1 He started running in races.
    2 He wrote a book about the First Nations.
    3 He won the Boston Marathon.
    4 He met Bill Davis.

(28) Why did Tom stop running in races?

    1 To help Canada in a war.
    2 To find a better job.
    3 He lost a lot of races.
    4 He wanted to move to France.

(29) What did Tom do after World War I ended?

    1 He visited the Sports Hall of Fame.
    2 He planned a race for members of the army.
    3 He went to work in Toronto.
    4 He won a marathon in Ontario.

(30) What is this story about?

    1 A famous Canadian runner.
    2 A popular long-distance race in Canada.
    3 A group of Canadian people in the war.
    4 A special school for the First Nations people.

20年度第3回　筆記

ライティング

● あなたは，外国人の友達から以下のQUESTIONをされました。

● QUESTIONについて，あなたの考えとその理由を2つ英文で書きなさい。

4 ● 語数の目安は25語～35語です。

● 解答は，解答用紙のB面にあるライティング解答欄に書きなさい。なお，解答欄の外に書かれたものは採点されません。

● 解答がQUESTIONに対応していないと判断された場合は，0点と採点されることがあります。QUESTIONをよく読んでから答えてください。

QUESTION
Which do you like better, swimming or skiing?

148

（リスニングテストは次のページにあります。）

一次試験
リスニング

3級リスニングテストについて

1 このテストには，第1部から第3部まであります。
 ☆英文は第1部では一度だけ，第2部と第3部では二度，放送されます。
 第1部：イラストを参考にしながら対話と応答を聞き，最も適切な応答を 1, 2, 3 の中から一つ選びなさい。
 第2部：対話と質問を聞き，その答えとして最も適切なものを 1, 2, 3, 4 の中から一つ選びなさい。
 第3部：英文と質問を聞き，その答えとして最も適切なものを 1, 2, 3, 4 の中から一つ選びなさい。
2 No. 30のあと，10秒すると試験終了の合図がありますので，筆記用具を置いてください。

第1部

▶MP3 ▶アプリ ▶CD3 43〜53

〔例題〕

No. 1

No. 2

No. 3

No. 4

No. 5

No. 6

No. 7

No. 8

No. 9

No. 10

第2部 ▶MP3 ▶アプリ ▶CD3 54～64

No. 11
1 Tim's parents.
2 Tim's vacation.
3 Their future dreams.
4 Their pets.

No. 12
1 Go to a special party.
2 Clean Ted's house.
3 Watch a movie.
4 Stay home.

No. 13
1 She lost her watch.
2 She was late for class.
3 She couldn't find James.
4 She couldn't eat her lunch.

No. 14
1 Larry's.
2 Larry's sister's.
3 Larry's mother's.
4 Larry's father's.

No. 15
1 Do his homework after school.
2 Borrow a book from Ms. Barton.
3 Take a different class.
4 See the school nurse.

No. 16
1 Four.
2 Six.
3 Eight.
4 Ten.

No. 17　　1 In her bedroom.
　　　　　　2 In her mother's car.
　　　　　　3 By the front door.
　　　　　　4 Outside her mother's bedroom.

No. 18　　1 He went to the pool.
　　　　　　2 He bought a new car.
　　　　　　3 He got his driver's license.
　　　　　　4 He passed a swimming test.

No. 19　　1 In 15 minutes.
　　　　　　2 In 20 minutes.
　　　　　　3 In 30 minutes.
　　　　　　4 In 50 minutes.

No. 20　　1 Talk to his Spanish teacher.
　　　　　　2 Borrow Joanne's dictionary.
　　　　　　3 Walk to school.
　　　　　　4 Catch the bus with Joanne.

153

第3部　◀)) ▶MP3 ▶アプリ ▶CD3 65～75

No. 21
1 Sunny.
2 Rainy.
3 Cloudy.
4 Windy.

No. 22
1 Swimming.
2 Tennis.
3 Baseball.
4 Soccer.

No. 23
1 At 11:00.
2 At 12:00.
3 At 12:30.
4 At 1:00.

No. 24
1 For two weeks.
2 For three weeks.
3 For two months.
4 For three months.

No. 25
1 A mystery book.
2 An adventure book.
3 A history book.
4 A science book.

No. 26
1 She got a new bike.
2 Her father took her to school.
3 She got home early.
4 Her favorite store was open.

No. 27

1 On Monday morning.
2 On Monday evening.
3 On Tuesday morning.
4 On Tuesday evening.

No. 28

1 Hiroshi.
2 Robert.
3 Her grandfather.
4 Hiroshi's grandfather.

No. 29

1 On the Internet.
2 From his girlfriend.
3 At the stadium.
4 At the convenience store.

No. 30

1 Answer some math questions.
2 Read their English textbooks.
3 Finish their reports.
4 Study for a history test.

155

面 接

問題カード（A 日程）

Enjoying Seafood

Seafood is delicious and healthy. Fish can be cooked in many different ways, so it is used by many chefs at restaurants. Foreign visitors often enjoy trying seafood such as octopus at Japanese festivals.

Questions

No. 1   Please look at the passage. Why is fish used by many chefs at restaurants?

No. 2   Please look at the picture. Where is the dog?

No. 3   Please look at the woman wearing glasses. What is she going to do?

Now, Mr. / Ms. ———, please turn the card over.

No. 4   When did you start learning English?

No. 5   Have you ever been hiking?
Yes. → Please tell me more.
No. → What are you going to do this evening?

問題カード（B 日程）

Take-out Food

Take-out food is becoming more popular. Some people have no time to make dinner, so they order take-out food from restaurants. People can use the Internet to find different places to get meals.

Questions

No. 1   Please look at the passage. Why do some people order take-out food from restaurants?

No. 2   Please look at the picture. How many drinks is the woman carrying?

No. 3   Please look at the man. What is he doing?

Now, Mr. / Ms. ——, please turn the card over.

No. 4   What do you like to do when you are at home?

No. 5   Have you ever been fishing?
               Yes. → Please tell me more.
               No. → Where would you like to visit in Japan?

旺文社の英検®書

☆ **一発合格したいなら「全問＋パス単」！**
旺文社が自信を持っておすすめする王道の組み合わせです。

☆ **過去問集** 過去問で出題傾向をしっかりつかむ！
英検®過去6回全問題集 1～5級
[音声アプリ対応] [音声ダウンロード] [別売CDあり]

☆ **単熟語集** 過去問を徹底分析した「でる順」！
英検®でる順パス単 1～5級
[音声アプリ対応] [音声ダウンロード]

模試 本番形式の予想問題で総仕上げ！
7日間完成 英検®予想問題ドリル 1～5級
[CD付] [音声アプリ対応]

参考書 申し込みから面接まで英検のすべてがわかる！
英検®総合対策教本 1～5級
[CD付]

問題集 大問ごとに一次試験を集中攻略！
DAILY英検®集中ゼミ 1～5級
[CD付]

二次対策 動画で面接をリアルに体験！
英検®二次試験・面接完全予想問題 1～3級
[DVD+CD付] [音声アプリ対応]

このほかにも多数のラインナップを揃えております。

旺文社の英検®合格ナビゲーター https://eiken.obunsha.co.jp/
英検合格を目指す方のためのウェブサイト。
試験情報や級別学習法、おすすめの英検書を紹介しています。

※英検®は、公益財団法人 日本英語検定協会の登録商標です。

株式会社 旺文社　〒162-8680　東京都新宿区横寺町55
https://www.obunsha.co.jp/

2023年度版

文部科学省後援
英検®3級
過去6回全問題集

別冊解答

英検®は、公益財団法人 日本英語検定協会の登録商標です。

旺文社

2023年度版

文部科学省後援

英検®3級
過去6回全問題集

別冊解答

英検®は、公益財団法人 日本英語検定協会の登録商標です。　旺文社

もくじ

Contents

2022 年度	第 2 回検定　解答・解説	………………… 5
	第 1 回検定　解答・解説	………………… 41
2021 年度	第 3 回検定　解答・解説	………………… 77
	第 2 回検定　解答・解説	………………… 113
	第 1 回検定　解答・解説	………………… 149
2020 年度	第 3 回検定　解答・解説	………………… 185

正答率 ★75%以上 は，旺文社「英検®一次試験 解答速報サービス」において
回答者の正答率が 75%以上だった設問を示しています。

・2022 年度 第 2 回検定…全級合計約 2.4 万件の回答より
　　　　　　　　　　　　　　（2022 年 10 月 11 日以降の回答数）
・2022 年度 第 1 回検定…全級合計約 3.9 万件の回答より
　　　　　　　　　　　　　　（2022 年 6 月 6 日以降の回答数）
・2021 年度 第 3 回検定…全級合計約 4.8 万件の回答より
　　　　　　　　　　　　　　（2022 年 1 月 24 日以降の回答数）
・2021 年度 第 2 回検定…全級合計約 4.6 万件の回答より
　　　　　　　　　　　　　　（2021 年 10 月 10 日以降の回答数）
・2021 年度 第 1 回検定…全級合計約 4.0 万件の回答より
　　　　　　　　　　　　　　（2021 年 5 月 31 日以降の回答数）
・2020 年度 第 3 回検定…全級合計約 2.4 万件の回答より
　　　　　　　　　　　　　　（2021 年 1 月 22 日以降の回答数）

2022-2

一次試験
筆記解答・解説　　p.6～18

一次試験
リスニング解答・解説　　p.19～35

二次試験
面接解答・解説　　p.36～40

解答一覧

一次試験・筆記

1

(1)	3	(6)	1	(11)	3
(2)	2	(7)	3	(12)	3
(3)	1	(8)	4	(13)	2
(4)	4	(9)	2	(14)	4
(5)	1	(10)	1	(15)	1

2

(16)	4	(18)	2	(20)	4
(17)	3	(19)	1		

3 A / **3 B**

(21)	2	**3 B**	(23)	3
(22)	4		(24)	2
			(25)	1

3 C

(26)	1	(28)	1	(30)	1
(27)	4	(29)	3		

4　解答例は本文参照

一次試験・リスニング

第1部

No. 1	1	No. 5	1	No. 9	2
No. 2	1	No. 6	1	No.10	1
No. 3	3	No. 7	2		
No. 4	3	No. 8	2		

第2部

No.11	1	No.15	2	No.19	4
No.12	1	No.16	3	No.20	4
No.13	2	No.17	3		
No.14	4	No.18	4		

第3部

No.21	3	No.25	4	No.29	1
No.22	2	No.26	2	No.30	3
No.23	3	No.27	4		
No.24	1	No.28	2		

| 一次試験・筆記 | **1** | 問題編 p.18〜19 |

(1) 解答 **3**

訳　「校長先生はスピーチコンテストの入賞者に賞を与えた」

解説　gave は give「〜を与える」の過去形。the winners of the speech contest「スピーチコンテストの入賞者」に何を与えたかを考えて, prize「賞」の複数形 prizes を選ぶ。design(s)「デザイン」, mistake(s)「間違い, 誤り」, capital(s)「首都」。

(2) 解答 **2**

訳　A「すみません。ベーカーズタウンへはどうやって行けばいいですか」
B「この道をただまっすぐ 10 分ほど車で行ってください」

解説　How do I get to 〜? は, 行きたい場所への行き方を尋ねる表現。drive「車で行く」とのつながりから, straight「まっすぐに」が正解。suddenly「急に」, forever「永遠に」, finally「ついに」。

(3) 解答 **1**

訳　A「明日の夜は忙しい?」
B「ええ。夜遅くまでピアノを練習するわ。日曜日にピアノのコンクールに参加するの」

解説　空所の後の late at night「夜遅く」とのつながりを考えて, until「〜まで」を選ぶ。take part in 〜 は「〜に参加する」, piano competition は「ピアノのコンクール」という意味。over「〜の上に」, about「〜について」, since「〜以来」。

(4) 解答 **4**

訳　「カレンは今週末に仕事をしなければならないので, とても怒っている。彼女は日曜日にコンサートを見に行く予定があった」

解説　because 以下の she has to work this weekend というカレンの状況から, angry「怒って」が正解。had plans to 〜 は「〜する予定があった」という意味。useful「役に立つ」, bright「明るい」,

6

clean「きれいな」。

(5) 解答 **1**

訳 A「お母さん，ぼくはめがねが必要だと思う。黒板がはっきり見えないんだ」
B「わかったわ。来週，眼科医に診てもらいましょう」

解説 A は glasses「めがね」が必要だと思うと言っているので，I can't see the blackboard に続くのは clearly「はっきりと」。eye doctor は「眼科医」という意味。greatly「大いに」，quietly「静かに」，slowly「ゆっくり」。

(6) 解答 **1**　　　　　　　　　正答率 ★75%以上

訳 A「あなたにお会いできてよかったです。あなたの E メールアドレスを伺ってもよろしいですか」
B「もちろんです。私もちょうどあなたに同じことを聞こうとしていました」

解説 Could I ～?「～してもよろしいですか」はていねいに依頼する表現。空所の前の your e-mail とつながるのは address で，e-mail address は「E メールアドレス」という意味。ocean「海」，society「社会」，coat「コート」。

(7) 解答 **3**　　　　　　　　　正答率 ★75%以上

訳 A「書店で何か見つけた？」
B「うん，見つけたよ。音楽の歴史に関する本を買ったんだ」

解説 Did you find ～?「～を見つけましたか」の後に入る find の目的語であることと，B が買った本の説明をしていることから，anything「(疑問文で) 何か」が正解。nothing「何も～ない」，nobody「誰も～ない」，other「もう一方」。

(8) 解答 **4**

訳 「仕事の後，雨が激しく降っていたので，ジャネットの友だちはジャネットを家まで車で送った」

解説 空所の前にある gave her a に注目する。gave は give の過去形で，〈give＋(人)＋a ride〉で「(人) を車で送る」という意味の表

現になる。ここでの ride は「乗せること」という名詞。point「要点，得点」，star「星」，view「景色」。

(9) 解答 ②

訳 「学校の初日に，体育館は多くの新入生とその家族でいっぱいだった」

解説 空所前後に was と with があることと，with 以下の内容に注目して，be filled with ～「～でいっぱいである」という表現にする。1，3，4 はそれぞれ pull「～を引く」，order「～を注文する」，show「～を見せる」の過去形。

(10) 解答 ①

訳 A「昨夜あなたに電話してみたんだけど」
B「ごめん，姉[妹]と電話で話していたんだ」

解説 try ～ing は「～してみる」という意味で，A は B に昨夜電話してみた（けれどつながらなかった）ことを伝えている。空所前後の talking と the phone をつなぐのは on で，talk on the phone で「電話で話す」という意味。for「～のために」，as「～として」，of「～の」。

(11) 解答 ③

訳 「その幼い男の子は木にいる大きなクモを見たとき，母親のところへ大急ぎで逃げた」

解説 空所の後の away とつながるのは run の過去形 ran で，run away は「逃げる」という意味の表現。spider は「クモ」，quickly は「急いで」という意味。1，2，4 はそれぞれ sit「座る」，pick「摘み取る」，wash「洗う」の過去形。

(12) 解答 ③

訳 A「あなたとクリスはどうやって出会ったの？」
B「ぼくたちはカナダで一緒に育ったんだ。実際，ぼくたちは 30 年以上前に出会ったよ」

解説 空所の後の fact とのつながりを考えて，In fact「実際，実は」という表現にする。B は In fact 以下で，実際に何年前にクリスと

出会ったかを補足説明している。To「〜へ」，After「〜の後に」，Near「〜の近くに」。

(13) 解答 **2**

訳 「この野球のバットは，あるプロ野球の選手からぼくに与えられた」

解説 主語が This baseball bat「この野球のバット」で，空所の前に was があるので，〈be 動詞 + 動詞の過去分詞〉の受動態を作る。ここでは，give「〜を与える」の過去分詞 given を入れて，was given「与えられた」の形にする。

(14) 解答 **4**

訳 A「昨夜，テレビで最悪の映画を見たよ。とても退屈だった」
B「私も同じ映画を見たと思うわ」

解説 空所の前後に the と名詞の movie があるので，〈the + 形容詞の最上級 + 名詞〉の形にする。ここでは bad「悪い」の最上級 worst を使って the worst movie「最悪の映画」とする。**2** の worse は bad の比較級，**3** の badly は「悪く，ひどく」という意味の副詞。

(15) 解答 **1**

訳 A「リサ，赤ちゃんはまた泣いているの？」
B「ええ，マット。どうして寝つかないのかわからないわ」

解説 赤ちゃんが泣いているという状況。空所の前の I don't know「わからない」と，空所の後の she won't go to sleep「赤ちゃんが寝つかない」をつなぐのは，「どうして，なぜ」を意味する why。won't は will not の短縮形。

一次試験・筆記 **2** 問題編 p.20

(16) 解答 **4**

訳 男性「以前にイングランドへ行ったことはある？」
女性「実は，私はそこで生まれたの。私が 8 歳のとき，私の家族は日本へ引っ越したのよ」

9

解説 Have you been to ～ before? は「以前に～へ行ったことがありますか」という意味。女性が空所の前で Actually「実は」と言っていることと，空所の後の My family moved to Japan … とのつながりから，4 の I was born there. が正解。there は「イングランドで」ということ。

(17) 解答 ③ 　　　　　　　　　　　　　　　　　正答率 ★75%以上

訳 女性「すみません。この地域にパン屋さんはありますか」
男性「ごめんなさい，わかりません。私はここの出身ではありません」

解説 Is there ～? は「～はありますか」という意味で，女性はこの地域に bakery「パン屋」があるかどうか尋ねている。男性はわからないと答えているので，その後に続くのは 3 の I'm not from here. で，ここの出身（＝地元の人間）ではないということ。

(18) 解答 ②

訳 女の子1「日曜日に私と一緒に水族館へ行かない？」
女の子2「ぜひそうしたいわ。私は魚に本当に興味があるの」

解説 Do you want to ～? は「～しませんか」という意味で，女の子1は女の子2に aquarium「水族館」へ行こうと誘っている。女の子2の I'm really interested in fish. につながるのは 2 の I'd love to. で，「ぜひ一緒に水族館へ行きたい」ということ。

(19) 解答 ①

訳 兄[弟]「図書館へ行く準備はできた？」
妹[姉]「ううん。お母さんが私に先に皿を洗うように頼んだの。先に行ってて」
兄[弟]「わかった。向こうで会おう」

解説 wash the dishes は，母親が妹[姉]に図書館へ行く前にするように頼んだこと。兄[弟]の I'll see you there. から，兄[弟]が先に図書館へ行くことがわかるので，その前の妹[姉]の発話としては 1 の Please go ahead. が適切。go ahead は「先に行く」という意味。

10

(20) 解答 ④

訳
姉[妹]「お母さんの誕生日にケーキを買おうよ」
弟[兄]「**ぼくにもっといい考えがあるんだ。ケーキを作ろう！**」

解説
母親の誕生日に buy a cake「ケーキを買う」ことを提案した姉[妹]に対して，弟[兄]は最後に Let's make one!「1つ作ろう」と言っている。one は a cake のかわりに使われている。この流れから，ケーキを買うよりも a better idea「もっといい考え」があると言っている **4** が正解。

一次試験・筆記　**3A**　問題編 p.22～23

ポイント
書店内に新しくオープンするカフェを案内する掲示。カフェの営業開始日や場所，提供される飲食物に加えて，そこでどのような特典が受けられるかを読み取ろう。

全訳
レッドビル書店の新しいカフェ

11月1日から，レッドビル書店の新しいカフェで本を読むことができるようになります。カフェは書店内の2階にございます。ケーキとお飲み物を楽しみに来てください！

ケーキ
キャロットケーキ，ストロベリーケーキ，チョコレートケーキ

お飲み物
コーヒー，紅茶，ソフトドリンク

本を2冊ご購入いただくと，コーヒーまたは紅茶が1杯無料になります！

当書店では30,000冊以上の本からお選びいただけます。カレンダー，雑誌，新聞も販売しております。カフェは午前6時に開店しますので，お仕事へ行く前に入って新聞を読んでいってください。

語句
be able to ～「～することができる」，inside「～の中に」，floor「階」，receive「～をもらう，受け取る」，for free「無料で」，more than ～「～以上の」，choose「～を選ぶ」，calendar(s)

「カレンダー」，magazine(s)「雑誌」，〜 a.m.「午前〜時」，go to work「仕事に行く」

(21) 解答 2 　　　　　　　　　　　　　正答率 ★75%以上

質問の訳　「この掲示は何についてか」

選択肢の訳
1　11月1日に閉店する書店。
2　書店内に開業するカフェ。
3　カフェの所有者によって書かれた本。
4　多くのレシピが載っている雑誌。

解 説　掲示の1文目の From November 1, you'll be able to read books in Leadville Bookstore's new café. から，レッドビル書店が新しいカフェを始めること，さらに2文目の The café will be inside the bookstore … から，そのカフェは書店の中にあることがわかる。

(22) 解答 4 　　　　　　　　　　　　　正答率 ★75%以上

質問の訳　「本を2冊買う人がもらえるのは」

選択肢の訳
1　無料の雑誌。　　　　　　　2　無料の新聞。
3　無料のケーキ。　　　　　　**4　無料の飲み物。**

解 説　People who buy two books「本を2冊買う人」が何をもらえるかについて，掲示には If you buy two books, you'll receive a cup of coffee or tea for free! と書かれている。a cup of coffee or tea のかわりに，正解の4では drink が使われている。

一次試験・筆記	**3B**	問題編 p.24〜25

ポイント　サラが祖母に送った手紙で，4段落構成の英文。サラのクリスマスはどうだったか，冬休みに誰とどこへ行って，そこで何をしたか，さらに，サラは夏に何をしたいと思っているかなどを読み取ろう。

全 訳　　　　　　　　　　　　　　　　　　　　　　　　1月3日

おばあちゃんへ，

　おばあちゃんとおじいちゃんは元気ですか。2人とも元気で，暖かくして過ごしているといいな。気候は今とても寒いです。今

12

年のクリスマスはおばあちゃんとおじいちゃんに会えなくて寂しかったです。きれいなカードとお金を送ってくれてありがとう。すてきな紙とペンを買うためにそのお金を使いました。その紙とペンを使うときは，いつも2人のことを思っています。

　私はとてもいい冬休みを過ごしました。私の友だちのミアを覚えていますか。おばあちゃんは昨年，彼女に会いましたね。そう，冬休みの間に，私はミアやミアの家族と一緒に山梨へスキーをしに行きました。私たちは大阪から山梨まで，車で行きました。途中，名古屋に立ち寄りました。私たちはそこで，名古屋城と鉄道博物館へ行きました。夜に，ミアのお母さんが私たちの夕食にうどんを買ってくれました。私のうどんは，中に炒めた牛肉が入っていました。とてもおいしかったです。

　私たちは名古屋で一泊して，それから山梨へ行きました。山梨での初日に，私はミアやミアの妹と一緒にスキーのレッスンを受けました。私たちは何度も転んだけど，とても楽しかったです。旅行が終わるまでには，私はスキーでとても速く山をすべり降りることができるようになりました。私たちは山梨で大みそかを過ごして，1月1日にそこのお寺へ行きました。

　クリスマスにおばあちゃんとおじいちゃんに会わなかったので，夏には2人に会いに行けたらいいなと思っています。そうできると思いますか。私は本当にそう願っています。
心を込めて，
サラ

語句　How are ～ doing?「～は元気ですか」, both「2人[両方]とも」, stay warm「暖かくして過ごす」, weather「気候」, miss「～がいないのを寂しく思う」, think of ～「～のことを思う[考える]」, travel「（乗り物などで）行く，移動する」, on the way「途中で」, castle「城」, noodle(s)「（うどん，そばなどの）めん類」, fried「炒めた，揚げた」, beef「牛肉」, fall over「転ぶ，倒れる」（fell は fall の過去形）, by the end of ～「～の終わりまでに」, spent<spend「～を過ごす」の過去形, New Year's Eve「大みそか」, temple「寺」

22年度第2回　筆記

13

(23) 解答 3
正答率 ★75%以上

質問の訳 「サラは祖父母からもらったお金をどのように使ったか」

選択肢の訳
1 休暇に出かけるために。
2 クリスマスケーキを買うために。
3 紙とペンを買うために。
4 友だちへのプレゼントを買うために。

解 説 サラは第1段落の5文目で，Thank you for sending a beautiful card and some money. とカードとお金をもらったことを祖父母に感謝している。さらに次の I used the money to buy some nice paper and pens. で，もらったお金の使い道を説明している。

(24) 解答 2
正答率 ★75%以上

質問の訳 「サラは山梨で何をしたか」

選択肢の訳
1 彼女は城へ行った。
2 彼女はスキーをしに行った。
3 彼女はうどんを食べた。
4 彼女は博物館へ行った。

解 説 第2段落で，サラは winter vacation「冬休み」に何をしたか書いている。その4文目に，Well, during the winter vacation, I went skiing in Yamanashi … と山梨へスキーをしに行ったことを説明している。1，3，4はいずれも，山梨へ向かう途中の名古屋でしたことなので不正解。

(25) 解答 1
正答率 ★75%以上

質問の訳 「サラは夏に何をしたいか」

選択肢の訳
1 祖父母を訪ねる。　　　　2 寺へ行く。
3 アルバイトの仕事を得る。　4 山梨へ戻る。

解 説 第4段落の1文目後半にある …, so I hope I can come and see you both in the summer がサラが夏にしたいと思っていること。I hope I can ～ は「～できたらいいなと思う」という意味。you both は文前半にある you and Grandpa を指していて，正解1の her grandparents「彼女の祖父母」のこと。

| 一次試験・筆記 | **3C** | 問題編 p.26〜27 |

ポイント 太平洋のマリアナ海溝の端にある,世界で最も低いチャレンジャー海淵に関する3段落構成の英文。複数の場所名やそれらの特徴などが書かれているので,それぞれ何の情報であるかに注意しながら読み進めよう。

全訳

チャレンジャー海淵

　たいていの人は世界で最も高い場所の名前を知っている。それはエベレスト山で,アジアのネパールとチベットの間にある山だ。しかし,世界で最も低い場所を知っている人は多くない。それはチャレンジャー海淵と呼ばれ,太平洋の海底にある。チャレンジャー海淵は,海底約10,984メートルの深さだ。それはマリアナ海溝と呼ばれる太平洋の一部で,日本の南方にある。海のこの部分は長さが約2,550キロメートル,幅が約69キロメートルある。チャレンジャー海淵はマリアナ海溝の端,グアムと呼ばれる島の近くにある。

　科学者たちはチャレンジャー海淵についてあまり知らない。たいていの潜水艦にとって水圧が高すぎるので,そこへ行くのは安全ではない。以前は,魚や他の動物がそのような場所で生きることはできないと科学者たちは考えていた。また,太陽の光が届かず,チャレンジャー海淵はとても冷たい。通常は,1℃から4℃の間だ。

　1960年に,2人の人が初めてチャレンジャー海淵へ探検しに行った。彼らは特殊な潜水艦でそこへ行った。この潜水艦は,高い水圧の場所で移動することができた。2人が海底へ着くまでに5時間かかったが,彼らはわずか20分ほどしかそこに滞在できなかった。そのとき,彼らは2種類の海洋動物を見た。現在,科学者たちは,動物がそのような深い場所で生きられることを知っている。

語句 the Challenger Deep「チャレンジャー海淵」, Mount Everest「エベレスト山」, lowest＜low「低い」の最上級, at the bottom of ～「～の底に」，meter(s)「メートル」，～ deep「～の深さで」，to the south of ～「～の南方に」，a part of ～「～の一部」，kilometer(s)「キロメートル」，～ long「～の長さで」，～ wide「～の幅で」，at the end of ～「～の端に」，island「島」，scientist(s)「科学者」，safe「安全な」，In the past「以前は」，such a ～「そのような～」，for the first time「初めて」，special「特殊な」，get to ～「～へ到着する」，minute(s)「分」，sea animal(s)「海洋動物」

(26) 解答 ①　　　　　　　　　　　　　　　　　　正答率 ★75%以上

質問の訳　「マリアナ海溝はどこにあるか」

選択肢の訳
1 太平洋に。
2 グアム島に。
3 ネパールとチベットの間に。
4 日本にある湖の底に。

解説　第1段落の6文目 It is to the south of Japan ... は，It が指し示す The Challenger Deep の場所を説明した文。その説明の中にある in a part of the Pacific Ocean called the Mariana Trench「マリアナ海溝と呼ばれる太平洋の一部」から，1 が正解。

(27) 解答 ④　　　　　　　　　　　　　　　　　　正答率 ★75%以上

質問の訳　「マリアナ海溝の幅はどれくらいあるか」

選択肢の訳
1 約2,550メートル。　　　2 約10,984メートル。
3 約20キロメートル。　　　4 約69キロメートル。

解説　第1段落の7文目に，This part of the ocean is about 2,550 kilometers long and 69 kilometers wide. とある。This part of the ocean は，前文に出ている the Mariana Trench のこと。～ kilometers wide は「～キロメートルの幅で」という意味。

(28) 解答 ①　　　　　　　　　　　　　　　　　　正答率 ★75%以上

質問の訳　「チャレンジャー海淵はなぜ人にとって危険なのか」

選択肢の訳
1 水圧がとても高い。
2 危険な動物や魚がそこに住んでいる。

16

3 光が目に明るすぎる。

4 海水が人にとっては熱すぎる。

解説 第2段落の2文目は It isn't safe to go there で始まっていて，It は to go there「そこへ行くこと」，there は the Challenger Deep を指している。チャレンジャー海淵へ行くことが安全ではない理由が，その後の because the water pressure is too high for most submarines と説明されている。

(29) 解答 ③　　　　　　　　　　　　　正答率 ★75%以上

質問の訳　「1960年に，2人の人が」

選択肢の訳
1 特殊な潜水艦を失った。
2 海底の地図を描いた。
3 チャレンジャー海淵へ行った。
4 海中で山を発見した。

解説 1960年に起こったことについては，第3段落の1文目に，In 1960, two people traveled to the Challenger Deep for the first time. と書かれている。正解の **3** では，traveled のかわりに went が使われている。

(30) 解答 ①

質問の訳　「この話は何についてか」

選択肢の訳
1 海中の暗くてとても深い場所。
2 潜水艦の歴史。
3 特別でとてもおいしい魚の一種。
4 アジアでハイキングに行くべき場所。

解説 タイトルにもある通り，The Challenger Deep に関する英文。そのチャレンジャー海淵について，第1段落の3文目の the lowest place in the world や5文目の The Challenger Deep is about 10,984 meters deep in the ocean. から，海底深くにあること，第2段落の4文目 Also, there is no light from the sun から dark「暗い」場所であることがわかる。

17

一次試験・筆記 4 問題編 p.28

質問の訳　「あなたは公園で食事することが好きですか」

解答例　Yes, I do. I have two reasons. First, I like eating while I look at beautiful flowers. Second, food tastes better when I eat it outside on sunny days.

解答例の訳　「はい，好きです。2つ理由があります。第1に，私(わたし)はきれいな花を見ながら食事することが好きです。第2に，晴れた日に外で食べると，食べ物がよりおいしいです」

解説　最初に，eating in parks「公園で食事すること」が好きかどうかを Yes, I do. / No, I don't. の形で書く。この後に，公園で食事をすることが好きな理由または好きではない理由を2つあげる。解答例(かいとうれい)は，(1文目) 自分の考え：公園で食事することが好き→(3文目) 1つ目の理由：きれいな花を見ながら食事することが好き→(4文目) 2つ目の理由：晴れた日に外で食べるとよりおいしい，という構成(こうせい)になっている。解答例(かいとうれい)のように，I have two reasons. と2つの理由があることを説明した後で，その2つの理由を First, ~. Second, ...「第1に~。第2に…」の形で書くとわかりやすい構成(こうせい)になる。全体で25語~35語程度(ていど)の分量になっているかにも注意しよう。

語句　reason(s)「理由」, like ~ing「~することが好き」, while「~しながら，~する間」, taste(s)「~の味がする」, outside「外で」, sunny「晴れた」

| 一次試験・リスニング | 第**1**部 | 問題編 p.30〜31 | 🔊 | ▶MP3 ▶アプリ ▶CD 1 **1**〜**11** |

22年度第2回 リスニング

例題　解答 ③

放送文
★：I'm hungry, Annie.
☆：Me, too. Let's make something.
★：How about pancakes?
　1 On the weekend.　　**2** For my friends.
　3 That's a good idea.

放送文の訳
★：「おなかがすいたよ，アニー」
☆：「私もよ。何か作りましょう」
★：「パンケーキはどう？」
　1 週末に。　　**2** 私の友だちに。
　3 それはいい考えね。

No.**1**　解答 ①

放送文
★：I like the book you lent me.
☆：Did you finish it?
★：No. Can I keep it longer?
　1 Sure. Give it back to me next week.
　2 Yes. I always study hard.
　3 OK. It was five dollars.

放送文の訳
★：「君がぼくに貸してくれた本を気に入っているよ」
☆：「読み終えたの？」
★：「ううん。もっと長く持っていてもいい？」
　1 いいわよ。来週，私に返してね。
　2 ええ。私はいつも一生懸命勉強するわ。
　3 わかった。それは5ドルだったわ。

解説
Can I keep it longer? の Can I 〜? は，「〜してもいいですか」と許可を求める表現。it は男の子が女の子から借りた本を指している。借りた本を longer「もっと長く」持っていていいかどうか尋ねた質問に対応しているのは **1** で，Sure. の後に，いつ本を返してほしいか伝えている。

19

No. 2　解答 ①　　　　　　　　　　　　　　　　正答率 ★75%以上

放送文　★：How did you do on the science test?

☆：I did well.

★：Did you study for a long time?

1 For about five hours.

2 It was difficult.

3 Math is my favorite subject.

放送文の訳　★：「理科のテストはどうだった？」

☆：「よくできたわ」

★：「長い時間勉強したの？」

1 5時間ぐらい。

2 それは難しかったわ。

3 数学は私の大好きな科目よ。

解説　the science test「理科のテスト」が話題。男の子の Did you study for a long time? は，女の子が理科のテスト勉強を長い時間したかどうかを尋ねた質問。具体的に勉強した時間を答えている **1** が正解。

No. 3　解答 ③

放送文　☆：Excuse me.

★：Yes, ma'am?

☆：Where are the lockers in this station?

1 For 200 yen a day.

2 To Kyoto and Osaka.

3 Beside the ticket machines.

放送文の訳　☆：「すみません」

★：「はい，何でしょうか」

☆：「この駅のロッカーはどこにありますか」

1 1日200円で。

2 京都と大阪へ。

3 券売機の横です。

解説　Where は「どこに」という意味で，女性は駅員に lockers「ロッカー」の場所を尋ねている。ロッカーがどこにあるかを答えてい

20

るのは **3** で，Beside ～は「～のそば[横]に」，ticket machine(s)
は「券売機」という意味。

No. 4　解答 **3**　　　　　　　　　　　　　　　　正答率 ★**75%以上**

放送文　☆：When did you get this computer, Grandpa?

★：In December.

☆：Was it a Christmas present?

　1　No, I'm still learning.

　2　No, this one's fine.

　3　No, I bought it myself.

放送文の訳　☆：「このコンピューターをいつ手に入れたの，おじいちゃん？」

★：「12月だよ」

☆：「クリスマスプレゼントだったの？」

　1　ううん，まだ学習中だよ。

　2　ううん，これで十分だよ。

　3　ううん，自分で買ったんだ。

解　説　Was it a Christmas present? の it は，女の子が見ている this
computer を指している。クリスマスプレゼントではなく，I
bought it myself「それを自分で買った」と言っている **3** が正解。
bought は buy「～を買う」の過去形で，myself は「自分自身で」
という意味。

No. 5　解答 **1**

放送文　☆：Look at all these leaves.

★：Yeah.　There are a lot.

☆：I'll need another bag.

　1　I'll get you one.

　2　It was last weekend.

　3　You're welcome.

放送文の訳　☆：「これらの葉っぱを見て」

★：「うん。たくさんあるね」

☆：「もう1袋必要だわ」

　1　1枚取ってきてあげるよ。

　2　それは先週末だったよ。

21

3 どういたしまして。

解説　leaves は leaf「葉」の複数形。葉っぱを集めている女性は another bag「もう1袋」が必要だと言っている。この後の男性の発話として自然な流れになるのは1で，〈get＋（人）＋（物）〉は「（人）に（物）を取ってくる」という意味。one は a bag のかわりに使われている。

No. 6　解答 ①

放送文　★：Has Grandma seen the photos from our trip yet?

☆：No. Let's e-mail them to her.

★：I don't know how.

1 I'll show you.

2 It's over here.

3 She has some.

放送文の訳　★：「おばあちゃんはもうぼくたちの旅行の写真を見たの？」

☆：「ううん。おばあちゃんに写真を E メールで送りましょう」

★：「やり方がわからないよ」

1 あなたに教えてあげるわ。

2 それはこっちにあるわ。

3 おばあちゃんはいくらか持っているわ。

解説　男の子の I don't know how. は，女性の Let's e-mail them to her. を受けて，写真を E メールで送る方法がわからないということ。これに対して，I'll show you. とその方法を教えると言っている **1** が正解。

No. 7　解答 ②

放送文　☆：I have to make a speech tomorrow.

★：Good luck.

☆：I hope my classmates like it.

1 I took one, too.

2 I'm sure they will.

3 You're very early.

放送文の訳　☆：「明日，スピーチをしなければならないの」

★：「がんばってね」

22

☆：「私のクラスメートたちが気に入ってくれるといいんだけど」

1 ぼくも１つ取ったよ。

2 きっとそうなると思うよ。

3 君はとても早いね。

解　説　I hope my classmates like it. の it は，女の子が明日するスピーチのこと。これに対応した発話になっているのは **2** で，I'm sure ～ は「きっと～だと思う」という意味。they will の後に，like it 「それ（＝スピーチ）を気に入る」が省略されている。

No.8　解答 ②　　　　　　　　　　　　正答率 ★75%以上

放送文　★：Can I help you, ma'am?

☆：Yes. Do you sell badminton rackets?

★：Sorry. We don't.

1 Yes, I'm on the team.

2 OK, thanks anyway.

3 Well, I'll think about it.

放送文の訳　★：「何かお探しですか，お客さま」

☆：「はい。バドミントンのラケットは売っていますか」

★：「すみません。当店では販売しておりません」

1 はい，私はチームに入っています。

2 わかりました，とにかくありがとうございました。

3 そうですね，それについて考えてみます。

解　説　店員からバドミントンのラケットは売っていないことを伝えられた女性客の発話として適切なのは **2** で，ここでの thanks anyway は，自分がほしい品物は売っていなかったが店員の対応に感謝の気持ちを伝える表現。

No.9　解答 ②　　　　　　　　　　　　正答率 ★75%以上

放送文　☆：I'm going ice-skating on Saturday.

★：Great.

☆：Do you want to go with me?

1 I like your jacket.

2 Sorry, but I'm busy then.

3 I don't have any.

23

放送文の訳　☆：「私は土曜日にアイススケートをしに行くの」

★：「それはいいね」

☆：「私と一緒に行かない？」

1 君のジャケットが好きだよ。

2 悪いけど，そのときは忙しいんだ。

3 ぼくはまったく持ってないよ。

解　説　Do you want to ～? は「～しませんか」という意味で，女の子は男の子をアイススケートに誘っている。Yes / No で始まる選択肢はないが，誘いを断るのに Sorry と謝った後，行けない理由を busy「忙しい」と伝えている **2** が正解。

No.10 解答 ① ━━━━━━━━━━ 正答率 ★75%以上

放送文　★：We missed the train!

☆：Don't worry about it.

★：When's the next one?

1 It'll arrive in 10 minutes.

2 I lost my ticket.

3 I went by bus.

放送文の訳　★：「電車に乗り遅れちゃった！」

☆：「心配はいらないわ」

★：「次の電車はいつ？」

1 10分後に到着するわ。

2 私は切符をなくしちゃったわ。

3 私はバスで行ったわ。

解　説　missed the train は「電車に乗り遅れた」という意味。When's the next one? の one は train のことで，次の電車があとどれくらいで到着するかを答えている **1** が正解。in ～ minute(s) は「～分後に」という意味。

24

| 一次試験・
リスニング | 第**2**部 | 問題編 p.32～33 | ▶MP3 ▶アプリ
▶CD 1 **12**～**22** |

22年度第2回 リスニング

No.11 解答 ①

放送文 ☆：Do you want to go to a movie?

★：Sure, Mom. Can we eat lunch first? I'm hungry.

☆：OK. I'll make sandwiches.

★：Great.

Question: What is the boy's mother going to do now?

放送文の訳 ☆：「映画を見に行かない？」

★：「いいよ，お母さん。先に昼食を食べられる？　おなかがすいてるんだ」

☆：「いいわよ。サンドイッチを作るわね」

★：「やった」

質問の訳 「男の子の母親は今から何をするか」

選択肢の訳 **1** 昼食を作る。 **2** レストランで食事する。
3 映画を見に行く。 **4** サンドイッチを買う。

解　説 男の子の Can we eat lunch first? は，go to a movie の前に昼食を食べられるかどうかを尋ねた質問。母親は，OK. I'll make sandwiches. と言っているので，映画へ行く前に，昼食にサンドイッチを作ることになる。

No.12 解答 ①

放送文 ★：Excuse me. Is that your dog?

☆：Yes.

★：Sorry, but you can't bring dogs into this park.

☆：Oh, I didn't know that. I'll get him and leave right away.

Question: What will the woman do next?

放送文の訳 ★：「すみません。あれはあなたの犬ですか」

☆：「はい」

★：「申し訳ありませんが，この公園に犬を連れてくることはできません」

☆：「あら，それは知りませんでした。すぐに犬をつかまえて出て行き

25

ます」

質問の訳 「女性は次に何をするか」

選択肢の訳 **1** 犬と一緒に公園を出る。
2 男性の犬を探す。
3 男性に公園を案内する。
4 新しいペットを手に入れる。

解　説 最後の I'll get him and leave right away. が女性が次にすること。him は女性が公園に連れてきている犬を指している。ここでの leave は「（公園を）出る」，right away は「すぐに」という意味。

No. 13 解答 ②

放送文 ☆ : When does the next bus to Madison leave?

★ : In five minutes. The one after that comes in two hours.

☆ : OK. Three tickets for the next bus, please.

★ : That'll be $12.

Question: How many tickets does the woman want to buy?

放送文の訳 ☆ :「マディソン行きの次のバスはいつ出発しますか」

★ :「5分後です。その後のバスは2時間後に来ます」

☆ :「わかりました。次のバスの切符を3枚お願いします」

★ :「12ドルになります」

質問の訳 「女性は切符を何枚買いたいか」

選択肢の訳 **1** 2枚。　　　**2** 3枚。　　　**3** 5枚。　　　**4** 12枚。

解　説 Three tickets for the next bus, please. から，女性は次に来るバスの切符を3枚買いたいことがわかる。数が複数出てくるが，それぞれの後の minutes「分」，hours「時間」，tickets「切符」，dollars「ドル」に注意しよう。

No. 14 解答 ④

放送文 ☆ : Have you ever been to Hokkaido?

★ : Yes. My sister and I went there last year to visit our aunt.

☆ : Did you go hiking or skiing?

★ : No, we didn't have time.

Question: Why did the boy go to Hokkaido last year?

放送文の訳	☆：「北海道へ行ったことはある？」
	★：「うん。姉[妹]とぼくは，おばを訪ねるために昨年そこへ行ったよ」
	☆：「ハイキングかスキーをしに行った？」
	★：「ううん，時間がなかったんだ」
質問の訳	「男の子は昨年，なぜ北海道へ行ったか」
選択肢の訳	1 スキーをしに行くため。
	2 ハイキングをしに行くため。
	3 彼の姉[妹]に会うため。
	4 彼のおばに会うため。

解　説　男の子の My sister and I went there last year to visit our aunt. に正解が含まれている。to visit ～は「～を訪ねるために」という意味で，目的を表している。正解の 4 では，visit のかわりに see が使われている。

No. 15 解答 ②

放送文	★：When does band practice start on Saturday? At 9:30?
	☆：At nine. My dad's driving me. Do you want to ride with us?
	★：Yes, please.
	☆：OK. We'll pick you up at 8:30.
	Question: What time will they meet on Saturday?
放送文の訳	★：「土曜日のバンドの練習はいつ始まるの？ 9 時 30 分？」
	☆：「9 時よ。私のお父さんが私を車で送ってくれるわ。私たちと一緒に乗って行く？」
	★：「うん，お願い」
	☆：「わかったわ。8 時 30 分に迎えに行くわね」
質問の訳	「彼らは土曜日，何時に会うか」
選択肢の訳	1 8 時に。 　　　　　　　　　2 8 時 30 分に。
	3 9 時に。 　　　　　　　　　4 9 時 30 分に。

解　説　女の子の We'll pick you up at 8:30. の聞き取りがポイント。pick ～ up は「～を車で迎えに行く」という意味。8 時 30 分に迎えに行くということから，この時間に会うことがわかる。3 の 9:00 は，土曜日の band practice「バンドの練習」が始まる時間。

27

No. 16 解答 ③

正答率 ★75%以上

放送文
★：Did you give Ms. Clark your social studies report?
☆：Yes, Dad.
★：Good. Do you have any homework tonight?
☆：I need to draw a picture of a flower for art class.
　　Question: What does the girl have to do tonight?

放送文の訳
★：「クラーク先生に社会科のレポートを提出した？」
☆：「うん，お父さん」
★：「よかった。今夜は何か宿題はあるの？」
☆：「美術の授業のために花の絵を描く必要があるわ」

質問の訳
「女の子は今夜，何をしなければならないか」

選択肢の訳
1　レポートを書く。　　　　　　2　社会科を勉強する。
3　絵を描く。　　　　　　　　　4　花を買う。

解　説
父親の Do you have any homework tonight? に対して，女の子は I need to draw a picture of a flower for art class. と答えているので，**3** が正解。need to ～「～する必要がある」は，質問の have to ～「～しなければならない」とほぼ同じ意味で使われている。

No. 17 解答 ③

放送文
★：We need some drinks for tomorrow night's party.
☆：I've already bought some juice.
★：Really?
☆：Yeah. I got some this morning. I'll buy some cola this afternoon.
　　Question: When did the woman buy some juice?

放送文の訳
★：「明日の夜のパーティー用に飲み物が必要だね」
☆：「ジュースをもう買ってあるわ」
★：「本当？」
☆：「ええ。今日の午前に買ったの。今日の午後にコーラを買うわ」

質問の訳
「女性はいつジュースを買ったか」

選択肢の訳
1　昨日の午前。　　　　　　　　2　昨夜。
3　今日の午前。　　　　　　　　4　今日の午後。

| 解　説 | 女性は I've already bought some juice. と言った後，I got some this morning. でいつ買ったか説明している。ここでの some は some juice のことなので，**3** が正解。コーラを買う this afternoon と混同しないように注意する。 |

No. 18 解答 ④

正答率 ★75%以上

放送文
☆：How was your weekend?
★：Good. I went to the mall on Saturday.
☆：Great.
★：Yesterday, I took some photos of trees at the park.
　　Question: Where did the boy go yesterday?

放送文の訳
☆：「週末はどうだった？」
★：「よかったよ。土曜日にショッピングモールへ行ったんだ」
☆：「いいわね」
★：「昨日は，公園で木の写真を撮ったよ」

質問の訳 「男の子は昨日，どこへ行ったか」

選択肢の訳
1 ショッピングモールへ。　　**2** 女の子の家へ。
3 園芸店へ。　　　　　　　　**4** 公園へ。

| 解　説 | 男の子の Yesterday, I took some photos of trees at the park. から，昨日は公園で木の写真を撮ったことがわかる。**1** の mall「ショッピングモール」へ行ったのは，昨日ではなく土曜日のこと。 |

No. 19 解答 ④

放送文
☆：Are you taller than your father, Jason?
★：Yes, Grandma. He's 170 centimeters, and I'm 175 centimeters.
☆：I'm only 160 centimeters.
★：You're taller than Mom.
　　Question: How tall is Jason?

放送文の訳
☆：「あなたはお父さんより背が高いの，ジェイソン？」
★：「うん，おばあちゃん。お父さんは170センチで，ぼくは175センチだよ」
☆：「私は160センチしかないわ」
★：「おばあちゃんはお母さんより背が高いよ」

質問の訳	「ジェイソンの身長はどれくらいか」

選択肢の訳	1 160 センチメートル。	2 165 センチメートル。
	3 170 センチメートル。	4 175 センチメートル。

解 説　ジェイソンが He's 170 centimeters, and I'm 175 centimeters. と言っているので，4 が正解。175 は one hundred and seventy-five と読む。3 の 170 centimeters. はジェイソンの父親の身長。

No.20 解答 ④

放送文　★：You can speak French well, Olivia.

☆：Thanks, Ben.

★：Were you born in France?

☆：No, but my older brother was.

Question: Who was born in France?

放送文の訳　★：「君はフランス語をじょうずに話せるね，オリビア」

☆：「ありがとう，ベン」

★：「フランス生まれなの？」

☆：「ううん，でも私の兄はそうよ」

質問の訳	「誰がフランスで生まれたか」

選択肢の訳	1 ベン。	2 ベンの兄[弟]。
	3 オリビア。	4 オリビアの兄。

解 説　ベンの Were you born in France? にオリビアは No と答えているので，3 は不正解。その後の but my older brother was から，4 が正解。was の後に，born in France が省略されている。

一次試験・リスニング	第3部	問題編 p.34〜35	🔊	▶MP3 ▶アプリ ▶CD 1 23〜33

No.21 解答 ③

正答率 ★75%以上

放送文　I can't swim at all, so I decided to take lessons.　In the future, I want to take my son to Hawaii and swim with him in the sea.　He loves swimming.

Question: What did the woman decide to do?

放送文の訳　「私はまったく泳げないので，レッスンを受けることにした。将

来，私は息子をハワイへ連れて行って，息子と一緒に海で泳ぎたい。息子は泳ぐことが大好きだ」

質問の訳　「女性は何をすることにしたか」

選択肢の訳
1　海のそばに家を買う。
2　ハワイへ引っ越す。
3　水泳のレッスンを受ける。
4　息子に泳ぎ方を教える。

解説　最初の I can't swim at all, so I decided to take lessons. の聞き取りがポイント。decide to 〜は「〜することに決める」，take lessons は「レッスンを受ける」という意味で，まったく泳げないということから，女性が受けることにしたのは正解 3 にある swimming lessons のこと。

No. 22　解答 ②

放送文　Last night, I had a party in my apartment. After the party, I cleaned my living room, but I was too tired to wash the dishes. I have to do that this morning.

Question: What does the man need to do this morning?

放送文の訳　「昨夜，ぼくは自分のアパートでパーティーをした。パーティーの後，ぼくは居間を掃除したが，疲れすぎていて皿を洗うことができなかった。今朝，それをしなければならない」

質問の訳　「男性は今朝，何をする必要があるか」

選択肢の訳
1　居間を掃除する。
2　皿を洗う。
3　パーティー用の食べ物を買う。
4　新しいアパートを探す。

解説　男性は I have to do that this morning. と言っていて，do that はその前の wash the dishes を指している。too 〜 to ... は「あまりに〜で…できない」という意味で，男性はパーティーの後，疲れすぎていて皿を洗えなかったということ。

No. 23　解答 ③

放送文　Yesterday, my school had a speech contest. My friends' speeches were really good. Jenny's and Sara's speeches were both about their hobbies. Donna's was about her mother. It was my favorite one.

Question: Whose speech did the boy like the best?

放送文の訳 「昨日，ぼくの学校でスピーチコンテストがあった。ぼくの友人たちのスピーチはとてもよかった。ジェニーとサラのスピーチはどちらも自分の趣味についてだった。ドナのスピーチはお母さんについてだった。それはぼくがいちばん気に入ったスピーチだった」

質問の訳 「男の子は誰のスピーチをいちばん気に入ったか」

選択肢の訳 1 ジェニーの（スピーチ）。

2 サラの（スピーチ）。

3 ドナの（スピーチ）。

4 彼の母親の（スピーチ）。

解 説 学校で行われた a speech contest「スピーチコンテスト」が話題。最後に It was my favorite one. と言っていて，It はその前の Donna's「ドナの（スピーチ）」を指している。放送文では質問の like the best ではなく，favorite「いちばん好きな，お気に入りの」が使われていることに注意する。

No. 24 解答 1

放送文 Paul went to the library to study after school today. When he got home, his mother was angry. She said he should always call her if he goes somewhere after school.

Question: Why was Paul's mother angry?

放送文の訳 「ポールは今日の放課後，勉強するために図書館へ行った。帰宅したとき，彼の母親は怒っていた。母親は，ポールが放課後にどこかへ行くなら必ず自分に電話しなくてはいけないと言った」

質問の訳 「ポールの母親はなぜ怒っていたか」

選択肢の訳 1 ポールが彼女に電話をしなかった。

2 ポールが一生懸命に勉強しなかった。

3 ポールが図書館カードをなくした。

4 ポールが学校に遅刻した。

解 説 When he got home, his mother was angry. の理由は，次の文の She said he should always call her ... で示されている。つま

り，ポールは放課後に図書館へ行ったにもかかわらず母親に電話で伝えなかったことが，母親が怒っていた理由。

No. 25 解答 ④

放送文
Greg's favorite holiday is Christmas. This year, he got a bicycle, and his sister Peggy got a dress. Greg's mother gave his father a new computer. He was very happy.
Question: Who got a computer for Christmas?

放送文の訳
「グレッグの大好きな休暇はクリスマスだ。今年，彼は自転車をもらって，彼の姉[妹]のペギーはドレスをもらった。グレッグの母はグレッグの父に新しいコンピューターをあげた。父はとても喜んだ」

質問の訳
「誰がクリスマスにコンピューターをもらったか」

選択肢の訳
1 グレッグ。
2 グレッグの姉[妹]。
3 グレッグの母親。
4 グレッグの父親。

解説
Greg's mother gave his father a new computer. から，グレッグの父親がグレッグの母親からコンピューターをもらったことがわかる。gave は give の過去形で，〈give＋(人)＋(物)〉で「(人)に (物) をあげる」という意味。

No. 26 解答 ②　　　　　　　　　　正答率 ★75%以上

放送文
I played rugby this afternoon, and now my leg hurts. My mom will take me to the doctor tomorrow morning. My next rugby game is on Saturday. I hope I can play.
Question: When will the boy go to the doctor?

放送文の訳
「ぼくは今日の午後にラグビーをして，今，脚が痛い。明日の朝，お母さんがぼくを医者へ連れて行ってくれる。次のラグビーの試合は土曜日だ。プレーできることを願っている」

質問の訳
「男の子はいつ医者へ行くか」

選択肢の訳
1 今日の午後。
2 明日の朝。
3 明日の午後。
4 次の土曜日。

解説
My mom will take me to the doctor tomorrow morning. と言っているので，2 が正解。ラグビーをした this afternoon，次のラグビーの試合がある Saturday などの情報と混同しないよう

33

No. 27 解答 ④　　　　　　　　　　　正答率 ★75%以上

放送文
My mom loves vegetables. She loves eating potatoes and lettuce, and she grows onions in our garden. I think carrots are delicious, but I don't like other kinds of vegetables.

Question: What vegetable does the girl like?

放送文の訳
「私のお母さんは野菜が大好きだ。お母さんはジャガイモとレタスを食べることが大好きで，家の庭でタマネギを育てている。私は，ニンジンはとてもおいしいと思うが，他の種類の野菜は好きではない」

質問の訳
「女の子は何の野菜が好きか」

選択肢の訳
1　ジャガイモ。　　　　　　　2　レタス。
3　タマネギ。　　　　　　　　4　ニンジン。

解説
質問では女の子の母親ではなく，女の子が好きな vegetable「野菜」が何かを尋ねている。女の子は I think carrots are delicious と言っているので，**4** が正解。potatoes と lettuce は母親が食べることが大好きな野菜，onions は母親が庭で育てている野菜。

No. 28 解答 ②

放送文
I love art. I draw pictures every day, and I take an art class every Monday. I also take my two daughters to an art museum once a month.

Question: How often does the woman take an art class?

放送文の訳
「私は美術が大好きだ。毎日絵を描いていて，毎週月曜日には美術教室に通っている。また，月に1回，2人の娘を美術館へ連れて行っている」

質問の訳
「女性はどれくらいの頻度で美術教室に通っているか」

選択肢の訳
1　毎日。　　2　週に1回。　　3　週に2回。　　4　月に1回。

解説
質問の How often ～? は頻度を尋ねる表現。I take an art class every Monday の聞き取りがポイントで，every Monday「毎週月曜日に」から，女性が an art class を受けているのは週に1回だとわかる。

No. 29 解答 ①

放送文
Henry always gives his family books for Christmas. Last year, he got a book about gardening for his wife and one about animals for his daughter. This year, he'll give them books about traveling.

Question: What did Henry give his daughter for Christmas last year?

放送文の訳
「ヘンリーはいつもクリスマスに，家族に本をあげる。昨年，彼(かれ)は妻(つま)に園芸に関する本を，娘(むすめ)に動物に関する本を買った。今年，彼(かれ)は2人に旅行に関する本をあげるつもりだ」

質問の訳
「ヘンリーは昨年のクリスマスに，娘(むすめ)に何をあげたか」

選択肢の訳
1 動物に関する本。　　　2 園芸に関する本。
3 旅行に関する本。　　　4 クリスマスに関する本。

解説
Last year, he got a book about gardening for his wife and one about animals for his daughter. から，昨年娘(むすめ)にあげたのは one about animals だとわかる。one は a book のかわりに使われている。

No. 30 解答 ③

放送文
Welcome to Dirkby Department Store. Today, we have some special events. There will be a piano concert at two on the fourth floor. And on the fifth floor, we have a sale on clothes.

Question: Where will the piano concert be held?

放送文の訳
「ダークビー百貨店へようこそ。本日，当店では特別イベントがあります。2時に，4階でピアノのコンサートがあります。また5階では，洋服のセールを行います」

質問の訳
「ピアノのコンサートはどこで開かれるか」

選択肢の訳
1 2階で。　　2 3階で。　　3 4階で。　　4 5階で。

解説
質問(しつもん)の held は hold「(イベントなど)を開く[催(もよお)す]」の過去分詞(かこぶんし)。There will be a piano concert at two on the fourth floor. から，ピアノのコンサートは2時に the fourth floor「4階」で開かれることがわかる。

22年度第2回 リスニング

| 二次試験・面接 | 問題カード 日程 | 問題編 p.36〜37 |  |

全訳

中華料理のレストラン

日本には中華料理のレストランがたくさんある。そこではたいてい，めん類や他の人気のある中華料理を売っている。家でとてもおいしい中華料理を食べたいと思う人たちもいて，彼らは中華料理のレストランで持ち帰り用の料理を注文する。

質問の訳

No.1　パッセージを見てください。なぜ中華料理のレストランで持ち帰り用の料理を注文する人たちがいますか。

No.2　イラストを見てください。何人の人がカップを持っていますか。

No.3　めがねをかけた男性を見てください。彼は何をしようとしていますか。

さて，〜さん，カードを裏返しにしてください。

No.4　あなたは普段，朝何時に起きますか。

No.5　あなたは海辺へ行ったことがありますか。
　　　はい。　→　もっと説明してください。
　　　いいえ。→　あなたは今夜，何をする予定ですか。

No.1

解答例
Because they want to eat delicious Chinese meals at home.

解答例の訳
「家でとてもおいしい中華料理を食べたいからです」

解説
orderは「〜を注文する」，take-out foodは「持ち帰り用の料理」という意味。Why 〜? の質問には〈Because＋主語＋動詞〜〉で答える。3文目に正解が含まれているが，解答する際，①質問の主語と重なるSome peopleを3人称複数の代名詞theyに置き換える，②文の後半so they order take-out food from Chinese restaurants「だから，彼らは中華料理のレストランで持ち帰り用の料理を注文する」は質問と重なる内容なので省く，という2点に注意する。

No.2

解答例
Two people are holding cups.

解答例の訳
「2人の人がカップを持っています」

解説 〈How many ＋ 複数名詞〉は数を尋ねる表現。hold「～を手に持つ」が現在進行形で使われていて，cups「カップ」を持っている人数を尋ねている。イラストでカップを持っているのは 2 人だが，単に Two. や Two people. と答えるのではなく，質問の現在進行形に合わせて Two people are holding cups. と答える。

No.3

解答例 He's going to close the window.

解答例の訳 「彼は窓を閉めようとしています」

解説 イラスト中の the man wearing glasses「めがねをかけた男性」に関する質問。be going to ～ は「～しようとしている」という意味で，男性がこれからとる行動は吹き出しの中に描かれている。質問に合わせて，He's [He is] going to ～（動詞の原形）の形で答える。「窓を閉める」は close the window と表現する。window「窓」と door「ドア」を混同しないように注意する。

No.4

解答例 I get up at six.

解答例の訳 「私は 6 時に起きます」

解説 What time ～? は「何時に～」，get up は「起床する」という意味。自分が普段朝何時に起きるかを，I (usually) get up at ～（時刻）の形で答える。時刻は，例えば 6 時 45 分であれば，時→分の順で six forty-five と表現する。

No.5

解答例 Yes. → Please tell me more.
　　　　— I went to the beach near my house.
　　　　No. → What are you going to do this evening?
　　　　— I'm going to watch a movie.

解答例の訳 「はい」 → もっと説明してください。
　　　　—「私は家の近くの海辺へ行きました」
　　　　「いいえ」 → あなたは今夜，何をする予定ですか。
　　　　—「私は映画を見る予定です」

解説 最初の質問の Have you ever been to ～? は「～へ行ったことがありますか」という意味で，beach「海辺，ビーチ」へ行ったことがあるかどうかを Yes(, I have). / No(, I haven't). で答える。

Yesの場合の2番目の質問 Please tell me more. には，いつ，誰と，どこの海辺へ行ったかなどを答えればよい。Noの場合の2番目の質問 What are you going to do this evening? には，this evening「今夜」何をする予定かを I'm going to ～（動詞の原形）の形で答える。解答例の他に，（Yesの場合）Every summer, I go to the beach with my family.「毎年夏に，私は家族と一緒に海辺へ行きます」，（Noの場合）I'm going to do my homework.「私は宿題をする予定です」のような解答も考えられる。

二次試験・面接　問題カード 日程　問題編 p.38～39　

全訳

　　　　　　　　　　ビーチバレー

ビーチバレーはわくわくするスポーツだ。暑い夏の日にプレーするのは楽しい。多くの人は自分たちのお気に入りの選手を見ることが好きなので，プロのビーチバレーの大会へ行くのを楽しんでいる。

質問の訳

No.1　パッセージを見てください。なぜ多くの人はプロのビーチバレーの大会へ行くのを楽しんでいますか。

No.2　イラストを見てください。何人の人がサングラスをかけていますか。

No.3　長い髪の女の子を見てください。彼女は何をしようとしていますか。

さて，～さん，カードを裏返しにしてください。

No.4　あなたはどのような種類のテレビ番組が好きですか。

No.5　あなたは冬休みの予定が何かありますか。

　　　　はい。　→　もっと説明してください。

　　　　いいえ。→　あなたは普段，週末に何時に起きますか。

No.1

解答例　Because they like seeing their favorite players.

解答例の訳　「自分たちのお気に入りの選手を見ることが好きだからです」

解説　enjoy ～ing は「～して楽しむ」，professional は「プロの」という意味。Why ～? の質問には〈Because＋主語＋動詞～〉で答え

38

る。3文目に正解が含まれているが，解答する際，①質問の主語と重なる Many people を3人称複数の代名詞 they に置き換える，②文の後半 so they enjoy going to professional beach volleyball tournaments「だから，彼らはプロのビーチバレーの大会へ行くのを楽しんでいる」は質問と重なる内容なので省く，という2点に注意する。

No. 2

解答例　Two people are wearing sunglasses.

解答例の訳　「2人の人がサングラスをかけています」

解　説　〈How many＋複数名詞〉は数を尋ねる表現。wear「～を身につける」が現在進行形で使われていて，sunglasses「サングラス」をかけている人数を尋ねている。イラストでサングラスをかけているのは2人だが，単に Two. や Two people. と答えるのではなく，質問の現在進行形に合わせて Two people are wearing sunglasses. と答える。

No. 3

解答例　She's going to wash her hands.

解答例の訳　「彼女は手を洗おうとしています」

解　説　イラスト中の the girl with long hair「長い髪の女の子」に関する質問。be going to ～は「～しようとしている」という意味で，女の子がこれからとる行動は吹き出しの中に描かれている。質問に合わせて，She's [She is] going to ～（動詞の原形）の形で答える。「手を洗う」は wash *one's* hands で，ここでは wash her hands とする。hands と複数形で答えることにも注意する。

No. 4

解答例　I like quiz shows.

解答例の訳　「私はクイズ番組が好きです」

解　説　What kind of ～? は「どのような種類の～」という意味。自分が好きな TV programs「テレビ番組」のジャンルを，I like ～ の形で答える。解答例の他に，news「ニュース」，music shows「音楽番組」，comedy shows「お笑い番組」などを使うこともできる。好きなテレビ番組のジャンルを尋ねられているので，特定の番組名を答えないように注意する。

No. 5

解答例

Yes. → Please tell me more.
 — I'm going to visit Kobe.
No. → What time do you usually get up on weekends?
 — I get up at eight.

解答例の訳

「はい」→ もっと説明してください。
 —「私は神戸へ行く予定です」
「いいえ」→ あなたは普段，週末に何時に起きますか。
 —「私は8時に起きます」

解 説

最初の質問の plans for ～は「～の予定[計画]」という意味で，the winter vacation「冬休み」に何か予定があるかどうかを Yes(, I do). / No(, I don't). で答える。Yes の場合の2番目の質問 Please tell me more. には，具体的にどのような予定，例えばどこへ行くかなどを I'm going to ～（動詞の原形）などの形で答える。No の場合の2番目の質問 What time do you usually get up on weekends? には，普段週末に何時に起きるかを，I (usually) get up at ～ などの形で答える。解答例の他に，（Yes の場合）I'm planning to go skiing with my family.「私は家族と一緒にスキーをしに行く予定です」，（No の場合）I usually get up around seven.「私は普段7時頃に起きます」のような解答も考えられる。

40

2022-1

一次試験
筆記解答・解説　p.42〜54

一次試験
リスニング解答・解説　p.55〜71

二次試験
面接解答・解説　p.72〜76

解答一覧

一次試験・筆記

1

(1)	3	(6)	3	(11)	3
(2)	3	(7)	2	(12)	1
(3)	2	(8)	2	(13)	4
(4)	1	(9)	3	(14)	2
(5)	3	(10)	4	(15)	2

2

(16)	3	(18)	2	(20)	2
(17)	1	(19)	4		

3 A

(21)	1
(22)	4

3 B

(23)	3
(24)	1
(25)	3

3 C

(26)	1	(28)	1	(30)	4
(27)	3	(29)	2		

4　解答例は本文参照

一次試験・リスニング

第1部

No. 1	2	No. 5	3	No. 9	3
No. 2	2	No. 6	1	No.10	1
No. 3	1	No. 7	2		
No. 4	1	No. 8	1		

第2部

No.11	2	No.15	1	No.19	3
No.12	4	No.16	3	No.20	4
No.13	4	No.17	2		
No.14	1	No.18	3		

第3部

No.21	2	No.25	2	No.29	4
No.22	2	No.26	1	No.30	4
No.23	1	No.27	3		
No.24	3	No.28	3		

一次試験・筆記 1 | 問題編 p.42〜43

(1) 解答 ③ 　　　　　　　　　　　　　　　　　正答率 ★75%以上

訳　A「どこへ行くの、お母さん？」
B「新鮮な野菜を買いに市場へよ。それらはどれも地元の農家によって栽培されたものなの」

解説　They were all grown の They は fresh vegetables「新鮮な野菜」を指していて、grown は grow「〜を栽培する、育てる」の過去分詞。by 以下は野菜を栽培した人を表すので、farmers「農家」が正解。1，2，4 はそれぞれ doctor「医者」，pilot「パイロット」，musician「音楽家」の複数形。

(2) 解答 ③

訳　「夏に、私は暗くなる直前によく走りに行く。日中は暑すぎて走れない」

解説　too 〜 to … は「〜すぎて…できない」，during the day は「日中に」という意味。日中は暑すぎて走れないということから、走りに行くのは just before it gets dark「暗くなる直前に」。young「若い」，quiet「静かな」，real「本物の」。

(3) 解答 ② 　　　　　　　　　　　　　　　　　正答率 ★75%以上

訳　「日本では、ドラッグストアは薬、食べ物、飲み物を売っているので便利だ」

解説　medicine, food, and drinks「薬、食べ物、飲み物」を売っているのはどこかを考えて、drugstores「ドラッグストア」を選ぶ。useful は「便利な、役に立つ」という意味。1，3，4 はそれぞれ church「教会」，library「図書館」，post office「郵便局」の複数形。

(4) 解答 ①

訳　A「私はこのビーチが大好きよ。ここにずっといたいわ」
B「ぼくもだよ。でも、ぼくたちは明日出発しないといけないね」

42

解説 A の here は the beach「（今いる）ビーチ，海辺」を指している。I want to stay here「ここにいたい[留まりたい]」とのつながりから，forever「ずっと，永遠に」が正解。nearly「ほとんど」，straight「まっすぐに」，exactly「正確に」。

(5) 解答 ③

正答率 ★75%以上

訳 「リュウジの夢は有名なすし職人になることだ」

解説 Ryuji's dream「リュウジの夢」が to become ～「～になること」の形で説明されている。sushi「すし」とつながるのは chef「料理人，シェフ」で，sushi chef は「すし職人」ということ。carpenter「大工」，dentist「歯医者」，singer「歌手」。

(6) 解答 ③

訳 「英語の授業のために，ケンジは彼自身について 5 つの文を書かなければならない。明日，彼はクラスの前でそれを読む」

解説 five ( ) は write の目的語になるので，sentences「文」が正解。2 文目の them は five sentences about himself「彼自身に関する 5 つの文」を指している。1，2，4 はそれぞれ storm「嵐」，calendar「カレンダー」，century「世紀」の複数形。

(7) 解答 ②

訳 A「スミス先生。この問題の正しい答えを私に教えていただけませんか」

B「いいよ，デイビッド。見せてごらん」

解説 Could you tell me ～? は「私に～を教えていただけませんか」という意味。空所後の answer につながるのは correct「正しい」。Let me see it. は「それ（＝問題）を見せてください」ということ。narrow「（幅が）狭い」，weak「弱い」，quiet「静かな」。

(8) 解答 ②

訳 A「春が待ちきれないよ」

B「私もよ。この雪と寒い天気にはうんざりだわ」

解説 can't wait for ～ は「～が待ちきれない[待ち遠しい]」，Me, neither. は否定文を受けて「私も～ない」という意味。B は自分

43

も春が待ちきれないと言っているので，this snow and cold weather の前は I'm tired of ～「～にはうんざりだ」が適切。upset「動揺して」，silent「黙って」，wrong「まちがった」。

(9)　解答 ③

訳　「私はニューヨークからのフライトでは眠れなかったけど，今朝はずっと気分がいい。昨夜は本当によく眠った」

解説　空所の後の much better に注目する。feel better で「(以前より)気分がいい」という意味の表現で，much「ずっと」は比較級の better を強調している。cover「～を覆う」，brush「～にブラシをかける，～を磨く」，share「～を共有する」。

(10)　解答 ④

訳　A「土曜日は一日中雪が降るよ」
B「それはいいわ。今週末にスキーをしに行くの」

解説　A の snow は「雪が降る」という動詞。空所の後の day とつながるのは all で，all day で「一日中」という意味。any「どの～も」，more「より多くの」，much「たくさんの」。

(11)　解答 ③

訳　「来週，デイブの兄[弟]が結婚する。デイブは結婚式でスピーチをする」

解説　2 文目の文末に at the wedding「結婚式で」とあるので，get married「結婚する」という表現にする。問題文では，… is getting married と近い未来を表す現在進行形になっている。collected「集まった」，raised「持ち上げた」，crowded「混雑した」。

(12)　解答 ①　　　　　　　　　　　　　　　　正答率 ★75%以上

訳　A「ピーター，どこにいたの？　あなたのことを心配してたのよ！」
B「ごめん，お母さん。放課後に図書館へ行ったんだ」

解説　母親が Peter, where were you? と聞いている状況と，空所の後に about があることから，be worried about ～「～のことを心

44

配している」という表現にする。excited「わくわくした」，surprised「驚いた」，interested「興味を持った」。

(13) 解答 4

訳 A「お母さんはもう仕事へ行った？」
B「うん，今日は早く出かけたよ。お母さんは大切な打ち合わせがあるんだ」

解説 A の文が Has で始まっていることに注目する。現在完了形〈have [has]＋動詞の過去分詞〉の疑問文で，go の過去分詞 gone が正解。has already gone to ～で「もう～へ行った」という完了を表す。

(14) 解答 2

訳 A「聞いて！　ポスターのコンテストで2位を取ったよ」
B「それはすごいわね。あなたのことをとても誇りに思うわ」

解説 Guess what! は話を切り出したり，相手の注意を引いたりするときの表現。B の That's great. から，A が the poster contest「ポスターのコンテスト」で second prize「2位」を取ったと報告している場面だとわかるので，win「～を獲得する，勝ち取る」の過去形 won が正解。be proud of ～は「～を誇りに思う」という意味。

(15) 解答 2

訳 A「犬は猫より賢いと思う？」
B「わからないわ」

解説 空所の後に than があるので，dogs と cats を比較した文であることがわかる。smart「賢い」を比較級にして，smarter than ～「～より賢い」とする。3 の smartest は smart の最上級。

一次試験・筆記 **2** | 問題編 p.44

---

(16) 解答 3

訳 女性1「私はよくツリートップ・カフェで昼食を食べるの」

45

女性2「私もよ。いつか一緒にそこへ行きましょうか」
女性1「いいわよ」

解説 女性2の I do, too. は，「私も（よくツリートップ・カフェで昼食を食べる）」ということ。女性1の OK. につながるのは 3 で，Shall we ～?「～しましょうか」の表現で一緒にツリートップ・カフェへ行こうと誘っている。

(17) 解答 ①

訳 母親「私はチキンカレーを注文するわ。あなたは，フレッド？」
息子「同じものにするよ。それはとてもおいしそうだね」

解説 母親の I'm going to order ～「私は～を注文する」の後の What about you, Fred? は，フレッドは何を注文するのか尋ねた質問。これに対して，the same「（母親と）同じもの」，つまり the chicken curry「チキンカレー」を注文すると言っている 1 が正解。

(18) 解答 ②

訳 男の子「昨夜君に電話したんだけど，電話に出なかったね」
女の子「ごめん，レポートを書いていたの。今日，英語の先生にそれを提出しなくちゃいけないの」

解説 男の子から you didn't answer the phone と言われた女の子が，電話に出なかった理由を説明している。空所の後に I have to give it to my English teacher today. とあるので，何を英語の先生に提出する必要があるのかを考えて，a report「レポート」を含む 2 を選ぶ。

(19) 解答 ④

訳 祖母「テレビが聞こえないわ，トニー。音がとても小さいの。私のために音量を上げてくれる？」
孫息子「わかった，おばあちゃん。すぐにそうするね」

解説 I can't hear the TV, Tony. It's very quiet. から，祖母はテレビの音が quiet「（音が）静かな」，つまり小さくて聞こえない状況だとわかる。この後の発話として適切なのは 4 で，Can you ～ (for me)? は「（私のために）～してくれませんか」，turn ～ up は「（音

46

量など）を上げる」という意味。

(20) 解答 ②　　　　　　　　　　　　　正答率 ★75%以上

訳　娘　「明日，服を買いに行ける？」
父親「また今度ね。今週はとても忙しいんだ」

解説　女の子の Can we go shopping ～? という質問に，父親は空所の後で I'm really busy this week. と言っている。この直前の発話として適切なのは **2** の Maybe some other time. で，busy「忙しい」ので「また別のときに［また今度ね］」ということ。

一次試験・筆記　**3A**　問題編 p.46～47

ポイント　学校で行われるダンスコンテストを案内する掲示。掲示の目的に加えて，複数出てくる人名とそれぞれの人に関する情報を的確に理解しよう。

全訳

ステージへ踊りに来てください！

踊ることが好きなら，学校のダンスコンテストに参加してください。1人で，または友だちと一緒に踊ってください。

日時：10月21日の午後3時から

場所：学校の体育館

演技は約2分で，どんな種類のダンスでも踊ることができます。私たちの体育の先生であるリー先生は，若いときにプロのヒップホップダンサーでした。先生はコンテストで，校長先生であるシャープ先生と一緒に特別に演技をされます。シャープ先生はこれまでステージで踊ったことがないので，とてもわくわくされています！

もし興味があれば，10月10日までにマシューズ先生に会ってください。踊ることは楽しいので，心配しないで申し込んでくださいね！

語句　come and ～「～をしに来る」，enter「～に参加［出場］する」，by *one*self「1人で」，～ p.m.「午後～時」，performance「演

47

技」，〜 minute(s) long「〜分の長さで」，any kind of 〜「どんな種類の〜も」，professional「プロの」，hip-hop「ヒップホップの」，principal「校長」，nervous「緊張[心配]して」，sign up「申し込む，登録する」

(21) 解答 ①

正答率 ★75%以上

質問の訳 「この掲示は何についてか」

選択肢の訳
1 学校でのコンテスト。　　　2 先生のためのパーティー。
3 新しい学校のクラブ。　　　4 無料のダンスレッスン。

解説 1文目の If you like dancing, please enter the school dance contest. から，学校で行われるダンスコンテストへの参加者募集に関する掲示だとわかる。the school dance contest が，正解の1では A contest at a school. と表現されている。

(22) 解答 ④

質問の訳 「シャープ先生がするのは」

選択肢の訳
1 リー先生と一緒に体育の授業を教える。
2 10月10日にダンスの演技を見る。
3 マシューズ先生と一緒に音楽祭へ行く。
4 10月21日に学校の体育館で踊る。

解説 Mr. Lee で始まる段落の2文目の He'll do a special performance at the contest with our principal, Mr. Sharp. から，リー先生がシャープ校長先生と一緒にコンテストで a special performance をすることがわかる。さらに，When: や Where: からコンテストは10月21日に学校の体育館で行われることがわかるので，4が正解。

一次試験・筆記 **3B** 問題編 p.48〜49

ポイント 自分たちの日本語の先生がぎっくり腰で学校に来られなくなってしまったことについて，3人の生徒が E メールでやり取りしている。先生に起こったことや，各生徒が先生のために何をしようと提案しているかを中心に読み取ろう。

全訳 送信者：リチャード・カイザー

48

受信者：ケリー・ピーターソン，ジョー・ロジャーズ

日付：9月18日

件名：タナガワ先生

やあ，ケリーとジョー，

日本語の先生のタナガワ先生のことを聞いた？　先生はぼくの家の通りに住んでいて，ぼくのお母さんが今日，先生の奥さんと話したんだ。タナガワ先生が腰を痛めたことをお母さんが聞いたんだよ。先生は木曜日の午後に庭で作業をしていて，ぎっくり腰になったって。先生は水曜日まで学校に来られないんだ。先生のために何かしようよ。今日は土曜日だから，この週末に先生に何か買えるかもね。花とカードを贈るのがいいかな？

友より，

リチャード

送信者：ケリー・ピーターソン

受信者：リチャード・カイザー，ジョー・ロジャーズ

日付：9月18日

件名：まあ，大変！

こんにちは，リチャードとジョー，

タナガワ先生のことを聞いて悲しいわ。花はいいアイディアね。先生はひまわりが好きだと思うわ。カードもいいわね。私に考えがあるの！　先生に日本語でカードを作りましょう。クラスメート全員が月曜日の午後の授業後に，それに名前を書けるわ。その後，リチャードがタナガワ先生にそのカードを持っていけるわね。私は明日の夜にコンピューターでそれを作って，月曜日の朝に学校に持っていくわ。どう思う？

それじゃ，

ケリー

送信者：ジョー・ロジャーズ

受信者：リチャード・カイザー，ケリー・ピーターソン

日付：9月19日

件名：いい考えだね

49

やあ，

それはすばらしいアイディアだよ，ケリー。ぼくのおじが花屋を経営しているから，おじに花のことを尋ねたんだ。おじはぼくたちにひまわりをくれるよ。月曜日の放課後におじの店で花をもらって，それから，リチャードの家へそれを持っていくよ。リチャードは火曜日の朝，学校が始まる前にタナガワ先生にカードと花を渡せるね。それと，先生が学校に戻ってきたときに，先生のために何か計画しよう。「お帰りなさい，タナガワ先生！」と書いた張り紙を作れるよ。

また明日，

ジョー

──────

語句　heard＜hear「～を聞く」の過去形，hurt＜hurt「～を痛める」（過去形も同じ形），back「(腰の部分を含む) 背中」，until「～まで」，sunflower(s)「ひまわり」，sign「～に名前を書く，署名する」，own「～を所有する，経営する」，plan「～を計画する」，sign「張り紙，表示」，say「(紙などに) ～と書いてある」，Welcome back「お帰りなさい」

(23) 解答 3　　　　　　　　　　　　　　　正答率 ★75%以上

質問の訳　「タナガワ先生はいつ腰を痛めたか」

選択肢の訳　1 月曜日に。　2 水曜日に。　3 木曜日に。　4 土曜日に。

解説　最初のEメールの3文目に，Mom heard that Mr. Tanagawa hurt his back. とある。さらに次の文の He was working in his garden on Thursday afternoon, and he got a strained back. から，タナガワ先生が腰を痛めたのは木曜日だとわかる。

(24) 解答 1　　　　　　　　　　　　　　　正答率 ★75%以上

質問の訳　「ケリーは明日の夜に何をするか」

選択肢の訳　1 カードを作る。　　　　　2 贈り物を買う。
　　　　　　　　3 タナガワ先生に電話する。　4 日本語の授業を受ける。

解説　ケリーが書いたのは2番目のEメール。ケリーが tomorrow night に何をするかは，9文目に，I'll make it on my computer

tomorrow night … とある。it は，その前の文にある the card
「（タナガワ先生にあげる）カード」を指している。

(25) 解答 ③

質問の訳　「誰がひまわりをリチャードの家へ持っていくか」

選択肢の訳
1　リチャード。　　　　　　　2　リチャードの母親。
3　ジョー。　　　　　　　　　4　ジョーのおじ。

解説　ジョーが書いた3番目のEメールの3文目に，He'll give us
some sunflowers. とあり，さらに4文目の後半で，… and then,
I'll take them to Richard's house. と書いている。He はジョーの
おじのことで，them はジョーのおじがくれる some sunflowers
を指しているので，ひまわりをリチャードの家に持っていくのは
ジョー。

一次試験・筆記　**3C**　問題編 p.50～51

ポイント　インスタントカメラを発明したアメリカの科学者エドウィン・ラ
ンドに関する4段落構成の英文。時を表す表現などに注意しなが
ら，ランドがインスタントカメラを作るまでにどのようないきさ
つがあったかを中心に読み取ろう。

全訳

エドウィン・ランド

　多くの人は写真を撮ることが好きだ。近頃，人々はたいていス
マートフォンやデジタルカメラで写真を撮るので，写真をすぐに
見ることができる。デジタル写真以前は，人々はたいてい写真を
見るのに待たなければならなかった。フィルムに写真を撮って，
そのフィルムを店に届けた。それから，誰かがフィルムを現像し
て，写真を紙に印刷した。これには通常，数日かかった。しかし
当時，写真をもっとずっと早く手に入れる方法が1つあった。人々
はインスタントカメラを使うことができたのだ。

　エドウィン・ランドという名前の科学者が最初のインスタント
カメラを作った。ランドは1909年に，アメリカ合衆国のコネチ
カット州で生まれた。子どもの頃，彼はラジオや時計などで遊ん
で楽しんだ。ランドは物がどのようにして動くのかを理解するこ

51

とが好きだったので，ハーバード大学で科学を勉強した。1932年に，彼はジョージ・ウィールライトとともに会社を設立し，彼らはその会社をランド・ウィールライト研究所と名付けた。1937年，その会社の名前はポラロイドに変更された。

ある日，ランドは家族と一緒に休暇を過ごしていた。彼は娘の写真を撮った。娘は彼に，「どうして今，写真を見られないの？」と尋ねた。このことが彼にあるアイディアを思いつかせた。ランドは1947年にインスタントカメラを作り上げた。それは1分もかからずに写真を現像して印刷した。

ランドの会社は，1948年に60台のインスタントカメラを作った。そのカメラはとても人気があって，1日で売り切れた。会社はもっと多くのインスタントカメラを作り，アメリカ合衆国じゅうの客がそれを買った。その後，人々は写真をすぐに見ることができるようになった。

(語 句)　these days「近頃」，smartphone(s)「スマートフォン」，right away「すぐに」，sent＜send「～を送る[届ける]」の過去形，print「～を印刷する」，in those days「当時」，things like ～「～のようなもの，～など」，understand「～を理解する」，company「会社」，call A B「AをBと名付ける」，on vacation「休暇で」，built＜build「～を作り上げる」の過去形，less than ～「～未満の」，be sold out「売り切れる」，customer(s)「客」，all around ～「～じゅうの」，be able to ～「～することができる」

(26) 解答 ① ──────────── 正答率 ★75%以上

質問の訳　「エドウィン・ランドは子どもの頃，何をすることが好きだったか」

選択肢の訳　**1 ラジオや時計で遊ぶ。**
2 紙で物を作る。
3 会社を設立することを夢見る。
4 いい学校へ入学するために勉強する。

解 説　質問の when he was a child に注目する。同じ表現で始まる第2段落の3文目に，When he was a child, he enjoyed playing

52

with things like radios and clocks. とあるので, **1** が正解。
enjoy 〜ing は「〜して楽しむ」, play with 〜 は「〜で[〜を使って]遊ぶ」という意味。

(27) 解答 3 　　　　　　　　　　　　　　　　　正答率 ★75%以上

質問の訳 「1937年に何が起こったか」

選択肢の訳
1 ランドがハーバード大学に入学した。
2 ランドがジョージ・ウィールライトに出会った。
3 ランド・ウィールライト研究所が名前を変えた。
4 ポラロイド社が新しい種類のカメラを作り上げた。

解説 第2段落の最後に, In 1937, the company name was changed to Polaroid. と書かれている。the company name「その会社の名前」は, 前文の Land-Wheelwright Laboratories を指していて, 会社名が Polaroid に変更されたということ。

(28) 解答 1 　　　　　　　　　　　　　　　　　正答率 ★75%以上

質問の訳 「誰がランドにインスタントカメラのアイディアを与えたか」

選択肢の訳 **1** 彼の娘。　　**2** 彼の妻。　　**3** ある客。　　**4** ある友だち。

解説 第3段落の4〜5文目に, This gave him an idea. Land built an instant camera in 1947. とある。This の内容は, 3文目の She asked him, "Why can't I see the photo now?" を受けていて, ランドが娘の写真を撮ったときに娘がランドに言ったことがインスタントカメラを作るきっかけになったということ。

(29) 解答 2

質問の訳 「最初のインスタントカメラは」

選択肢の訳
1 値段が高すぎた。
2 あっという間にすべて売れた。
3 1日しか使用することができなかった。
4 写真を印刷するのに数分かかった。

解説 第4段落の2文目に, The cameras were very popular, and they were sold out in one day. とある。The cameras と they は, 前文の 60 instant cameras のこと。were sold out in one day「1日で売り切れた」を, 正解の **2** では were all sold very quickly「あっという間にすべて売れた」と表現している。

(30) 解答 ④

質問の訳　「この話は何についてか」
選択肢の訳
1 デジタルカメラの歴史。
2 有名な写真集。
3 最初のカメラ付きスマートフォン。
4 特別なカメラを作り上げた男性。

解説　タイトルにある通り Edwin Land に関する英文。第2段落の1文目の A scientist named Edwin Land made the first instant camera. から，最初のインスタントカメラを作り上げた人物だとわかる。正解の4では instant camera のかわりに，a special camera「特別なカメラ」と表現している。

一次試験・筆記　4　問題編 p.52

質問の訳　「あなたは夏に祭りに行くことが好きですか」
解答例　No, I don't.　First, it's too hot in summer, so I don't want to go to festivals.　Second, festivals are often very crowded.　I don't like going to crowded places.
解答例の訳　「いいえ，好きではありません。第1に，夏は暑すぎるので，私は祭りに行きたいとは思いません。第2に，祭りはよく大変混雑しています。私は混雑した場所へ行くのが好きではありません」
解説　最初に，going to festivals in summer「夏に祭りに行くこと」が好きかどうかを，Yes または No を使って書く。続けて，その理由を2つ説明する。解答例では，1文目：自分の考え（好きではない），2文目：1つ目の理由（夏は暑すぎるので祭りに行きたくない），3文目：2つ目の理由（祭りはよく大変混雑している），4文目：2つ目の理由の補足（混雑した場所へ行くのが好きではない）という構成になっている。2つの理由を列挙する First, 〜「第1に，〜」と Second, 〜「第2に，〜」の使い方に慣れよう。
語句　too 〜「〜すぎる，あまりに〜」，crowded「混雑した」，don't like 〜ing「〜するのが好きではない」

例題 解答 ③

放送文
★：I'm hungry, Annie.
☆：Me, too. Let's make something.
★：How about pancakes?
　　1 On the weekend.　　**2** For my friends.
　　3 That's a good idea.

放送文の訳
★：「おなかがすいたよ，アニー」
☆：「私もよ。何か作りましょう」
★：「パンケーキはどう？」
　　1 週末に。　　**2** 私の友だちに。
　　3 それはいい考えね。

No. 1 解答 ②

放送文
★：I want to go to China.
☆：I've been there.
★：Really? When did you go?
　　1 The food was good.
　　2 When I was 19.
　　3 Not at all.

放送文の訳
★：「ぼくは中国へ行きたいんだ」
☆：「私はそこへ行ったことがあるわ」
★：「本当？　いつ行ったの？」
　　1 食べ物がおいしかったわ。
　　2 私が19歳のときよ。
　　3 いいえ，少しも。

解説　男性の When did you go? は，女性がいつ China「中国」へ行ったのかを尋ねた質問。この質問への答えになっているのは **2** の When I was 19. で，19 は 19 years old「19歳」ということ。

No. 2　解答 2

放送文　★：I'd like to send this package to Toronto.

☆：Sure.

★：How long will it take to get there?

　　1　Yesterday afternoon.　　**2**　Two or three days.

　　3　About ten dollars.

放送文の訳　★：「この小包をトロントへ送りたいのですが」

☆：「かしこまりました」

★：「到着するのにどれくらいかかりますか」

　　1　昨日の午後です。　　　　　**2**　2〜3日です。

　　3　約10ドルです。

解　説　男性が package「小包，荷物」を送ろうとしている場面。How long 〜? は「〜の期間［時間］はどれくらいですか」という意味で，to get there は「そこ（＝トロント）へ到着するのに」ということ。小包が届くまでの所要日数を〜 days「〜日」を使って答えている **2** が正解。

No. 3　解答 1

放送文　★：I heard you joined the softball club.

☆：Yeah.　We had our first game yesterday.

★：How was it?

　　1　We lost, but it was fun.

　　2　No, but we will next time.

　　3　Every Sunday at two o'clock.

放送文の訳　★：「君がソフトボールクラブに入ったって聞いたよ」

☆：「そうよ。昨日，最初の試合があったの」

★：「どうだった？」

　　1　負けたけど，楽しかったわ。

　　2　ううん，でも今度はそうするわ。

　　3　毎週日曜日の2時よ。

解　説　How was it? の it は，女の子が言った our first game「私たち（＝ソフトボールクラブ）の最初の試合」を指していて，その試合がどうだったか尋ねている。これに対応しているのは **1** で，We lost と結果を伝えた後で，but it was fun と感想を述べている。lost は lose「負ける」の過去形。

No.4　解答 ①

放送文　★：I'll cook dinner tonight.

☆：Thanks.

★：What do you want to have?

1　Anything is OK.　　　**2**　In about an hour.

3　I haven't started.

放送文の訳　★：「今夜はぼくが夕食を作るよ」

☆：「ありがとう」

★：「何を食べたい？」

1　何でもいいわよ。　　　**2**　約1時間後よ。

3　私は始めてないわ。

解説　男性は最初に I'll cook dinner tonight. と言っているので，What do you want to have? は，女性に夕食に何を食べたいかを尋ねた質問。具体的な食べ物を答えている選択肢はないが，Anything is OK.「何でもいいわよ」と伝えている **1** が正解。

No.5　解答 ③

放送文　☆：Which university did you go to?

★：Linwood.

☆：Did you have a good experience there?

1　It's next to the bridge.

2　I'll go tomorrow.

3　I enjoyed it a lot.

放送文の訳　☆：「あなたはどこの大学へ行ったの？」

★：「リンウッドだよ」

☆：「そこではいい経験をした？」

1　それは橋の隣だよ。

2　ぼくは明日行くよ。

3　とても楽しんだよ。

解説　Did you have a good experience there? の experience は「経験」という意味で，there は男性が通った大学である Linwood を

57

指している。この質問に対して Yes / No で答えている選択肢はないが，enjoyed「～を楽しんだ」を使って答えている **3** が正解。

No.6　解答 ①

放送文
★：Do you want to go hiking tomorrow?
☆：OK.　When do you want to meet?
★：Around seven.　Is it too early?
　1　Not at all.
　2　In the mountains.
　3　For a while.

放送文の訳
★：「明日，ハイキングに行かない？」
☆：「いいわよ。いつ会う？」
★：「7時頃。それだと早すぎる？」
　1　全然そんなことないわ。
　2　山中に。
　3　しばらくの間。

解説
Is it too early? は直前の Around seven. を受けて，7時頃に会うのは早すぎるかどうか尋ねた質問。適切な応答になっているのは **1** で，ここでの Not at all. は強い否定を表し，7時頃に会うのは全然早すぎはしないということ。

No.7　解答 ②

放送文
★：Here's a gift from Hawaii.
☆：Thanks!　How was your trip?
★：It rained all week.
　1　I'm OK, thanks.
　2　That's too bad.
　3　It's my first time.

放送文の訳
★：「これ，ハワイのおみやげだよ」
☆：「ありがとう！　旅行はどうだった？」
★：「1週間ずっと雨が降ってたよ」
　1　私は大丈夫よ，ありがとう。
　2　それは残念だったわね。
　3　私は初めてだわ。

58

解説 女性から How was your trip? とハワイ旅行の様子を尋ねられた男性は，It rained all week. と答えている。all week は「1週間ずっと」という意味。ハワイではずっと雨だったと聞いた女性の応答としては，同情する気持ちなどを表す That's too bad. が適切。

No.8 解答 **1**　　　　　　　　　　　　　　　　正答率 ★**75%以上**

放送文 ☆：Oh no! I left my history textbook at home!

★：You can borrow mine.

☆：Really?

1　Yeah, I don't need it today.

2　No, it's easier than science.

3　Yes, you should become a teacher.

放送文の訳 ☆：「困ったわ！　歴史の教科書を家に置いてきちゃった！」

★：「ぼくのを借りていいよ」

☆：「本当？」

1　うん，ぼくは今日それが必要ないよ。

2　ううん，それは理科より簡単だよ。

3　うん，君は先生になったほうがいいよ。

解説 left は leave「～を置き忘れる」の過去形。my history textbook「歴史の教科書」を家に置いてきてしまったという女の子に，男の子は You can borrow mine (＝my history textbook). と言っている。女の子が歴史の教科書を借りてもいい理由を I don't need it today と説明している **1** が正解。

No.9 解答 **3**　　　　　　　　　　　　　　　　正答率 ★**75%以上**

放送文 ☆：You can play the guitar well.

★：Thanks.

☆：How often do you practice?

1　I have two guitars.

2　Three years ago.

3　Every day after school.

放送文の訳 ☆：「あなたはギターを弾くのがじょうずね」

★：「ありがとう」

22年度第1回　リスニング

59

☆：「どれくらいの頻度で練習するの？」

1 ぼくはギターを２つ持っているよ。

2 ３年前に。

3 毎日放課後に。

解説 How often ～? は「どれくらいの頻度で～」，practice は「練習する」という意味で，女の子は男の子にギターを練習する頻度を尋ねている。この質問に対応しているのは**3**で，Every day は「毎日」，after school は「放課後に」という意味。

No. 10 解答 ①　　　　　　　　　　　　　　　　　正答率 ★75%以上

放送文 ☆：I bought some cookies today.

★：Great.

☆：Would you like some?

1 I'll just have one, thanks.

2 You're a good cook.

3 Let's make them together.

放送文の訳 ☆：「今日，クッキーを買ったわ」

★：「いいね」

☆：「少し食べる？」

1 １つだけ食べるよ，ありがとう。

2 君は料理がじょうずだね。

3 一緒にそれを作ろう。

解説 女性の Would you like ～? は「～はいかがですか」と物をすすめる表現で，some は some cookies のこと。買ってきたクッキーを食べるかどうか尋ねられているので，I'll just have one「1つだけ食べる」と答えている**1**が正解。

| 一次試験・リスニング | 第**2**部 | 問題編 p.56～57 | 🔊 | ▶MP3 ▶アプリ ▶CD 1 54～64 |

No. 11 解答 ②　　　　　　　　　　　　　　　　　正答率 ★75%以上

放送文 ☆：Are you going to start writing your history report tonight?

★：No, I'll start it tomorrow morning.

60

☆ : We need to finish it by Tuesday afternoon, right?

★ : Yeah.

Question: When will the boy start writing his report?

放送文の訳 ☆「歴史のレポートを今夜書き始めるの？」

★「ううん，明日の午前に始めるよ」

☆「火曜日の午後までにそれを仕上げる必要があるんだよね？」

★「そうだよ」

質問の訳 「男の子はいつレポートを書き始めるか」

選択肢の訳　**1** 今夜。　　　　　　　**2** 明日の午前。
　　　　　　　　3 火曜日の午後。　　　**4** 火曜日の夜。

解説　Are you going to start writing your history report tonight? に男の子は No と答えているので，1 を選ばないように注意する。その後の I'll start it tomorrow morning から，2 が正解。3 の Tuesday afternoon. は歴史のレポートの期限。

No. 12 解答 ④　　　　　　　　　　　　　　　　　正答率 ★75%以上

放送文 ☆ : I like your hat, Bob.

★ : Thanks. My mom's friend gave it to me.

☆ : Really?

★ : Yes. She bought it in Toronto.

Question: Who gave the hat to Bob?

放送文の訳 ☆「あなたの帽子はいいわね，ボブ」

★「ありがとう。お母さんの友だちがぼくにくれたんだ」

☆「そうなの？」

★「うん。彼女はトロントでそれを買ったんだ」

質問の訳 「誰がボブに帽子をあげたか」

選択肢の訳　**1** ボブの父親。　　　　**2** ボブの友だち。
　　　　　　　　3 ボブの母親。　　　　**4** ボブの母親の友だち。

解説　I like your hat, Bob. から，ボブの帽子が話題だとわかる。ボブは My mom's friend gave it to me. と言っているので，4 が正解。gave は give「～をあげる」の過去形で，〈give＋(物)＋to＋(人)〉で「(物) を (人) にあげる」の形で使われている。

61

No. 13 解答 ④ 正答率 ★75%以上

放送文
☆：How was your trip to the mountains?
★：We couldn't ski. There wasn't enough snow.
☆：Oh no! What did you do?
★：We went hiking.
Question: Why couldn't the man go skiing?

放送文の訳
☆：「山への旅行はどうだった？」
★：「ぼくたちはスキーができなかったよ。十分な雪がなかったんだ」
☆：「あら，まあ！　何をしたの？」
★：「ハイキングに行ったよ」

質問の訳
「男性はなぜスキーに行くことができなかったか」

選択肢の訳
1　料金が高すぎた。
2　彼は山から遠く離れたところにいた。
3　彼はひどい頭痛がした。
4　十分な雪がなかった。

解説
女性から your trip to the mountains がどうだったか尋ねられた男性は，We couldn't ski. と答え，続けてその理由を There wasn't enough snow. と言っている。There wasn't enough 〜は「十分な〜がなかった」という意味。

No. 14 解答 ① 正答率 ★75%以上

放送文
☆：I didn't see you in the office last week.
★：I just got back from Japan, Alice.
☆：Was it a business trip?
★：Yeah, but I did some sightseeing, too.
Question: What did the man do last week?

放送文の訳
☆：「先週はオフィスであなたを見なかったわね」
★：「日本から戻ってきたばかりなんだ，アリス」
☆：「それは出張だったの？」
★：「そうだよ，でも少し観光もしたよ」

質問の訳
「男性は先週，何をしたか」

選択肢の訳
1　彼は出張に行った。
2　彼は日本語の教科書を買った。

3 彼はアリスの家族を訪ねた。

4 彼は新しいオフィスを探した。

> **解説** 男性は先週いなかった理由として，I just got back from Japan, Alice. と言っている。これに対して，女性は Was it a business trip? と尋ねていて，business trip は「出張」という意味。男性は Yeah と答えているので，**1** が正解。

No. 15 解答 ①

放送文
★：Where's Sam?

☆：He's still at his friend's house. I have to go and pick him up at six.

★：I'll make dinner, then.

☆：Thanks, honey.

Question: What does the woman need to do?

放送文の訳
★：「サムはどこにいるの？」

☆：「まだ友だちの家にいるわ。6 時に車で迎えに行かなければならないの」

★：「それなら，ぼくが夕食を作るよ」

☆：「ありがとう，あなた」

質問の訳 「女性は何をする必要があるか」

選択肢の訳　**1** サムを車で迎えに行く。　**2** 家を掃除する。

3 夕食を買う。　**4** 友だちに電話をする。

> **解説** サムがどこにいるのか尋ねられた女性は，サムがまだ his friend's house にいることを伝えた後，I have to go and pick him up at six. と言っている。go and ～ は「～をしに行く」，pick ～ up は「～を（車で）迎えに行く」という意味。

No. 16 解答 ③

正答率 ★75%以上

放送文
★：Excuse me.

☆：Yes. May I help you?

★：Yes. Do you have any books about China?

☆：We have one, but someone is borrowing it at the moment.

Question: Where are they talking?

放送文の訳
★：「すみません」

63

☆:「はい。ご用件をお伺いしましょうか」

★:「はい。中国に関する本は何かありますか」

☆:「1冊ありますが，今は誰かが借りています」

質問の訳　「彼らはどこで話しているか」

選択肢の訳　1 スーパーマーケットで。　　2 銀行で。

3 図書館で。　　　　　　　4 空港で。

解説　男性の Do you have any books about China? から，男性は中国に関する本を探していることがわかる。また，女性の We have one, but someone is borrowing it at the moment. から，女性は図書館のスタッフだと推測できる。borrow は「～を借りる」，at the moment は「現在，今は」という意味。

No. 17 解答 ②　　　　　　　　　　　　正答率 ★75%以上

放送文　☆:Dad, can you get me some apples at the store? I need three.

★:Sure. Anything else?

☆:Two bananas, please.

★:OK. I'll be back by 4:30.

Question: How many apples does the girl need?

放送文の訳　☆:「お父さん，店で私にリンゴを買ってきてくれない？　3個必要なの」

★:「いいよ。何か他には？」

☆:「バナナを2本お願い」

★:「わかった。4時30分までに戻るよ」

質問の訳　「女の子はいくつのリンゴが必要か」

選択肢の訳　1 2個。　　2 3個。　　3 4個。　　4 5個。

解説　女の子は父親に，Dad, can you get me some apples at the store? とリンゴを買ってきてくれるように頼んでいる。その後の I need three. で，必要なリンゴの数を伝えている。Two bananas や 4:30（four thirty）を聞いて 1 や 3 を選ばないように注意する。

No. 18 解答 ③

放送文　☆:This math homework is hard.

★:Yeah. Shall we ask Mr. Kim about it this afternoon?

☆：Let's ask Meg first. She's good at math.

★：OK.

Question: What will they do first?

放送文の訳 ☆：「この数学の宿題は難しいわ」

★：「そうだね。今日の午後，キム先生にそれについて尋ねようか」

☆：「まずはメグに尋ねましょう。彼女は数学が得意よ」

★：「わかった」

質問の訳 「彼らは最初に何をするか」

選択肢の訳 1 キム先生に E メールを送る。

2 数学のテストを受ける。

3 宿題についてメグに尋ねる。

4 彼らの教科書を探す。

解　説 math homework「数学の宿題」が話題。男の子の Shall we ask Mr. Kim about it this afternoon? に，女の子は Let's ask Meg first. と提案している。これに男の子は OK. と言っているので，数学の宿題についてメグに尋ねるのが最初にすること。

No. 19 解答 ③ ━━━━━━ 正答率 ★75%以上

放送文 ☆：How was the food at today's picnic?

★：Delicious, Mom. I liked the potato salad the best.

☆：Were there any sandwiches?

★：Yes, and there was vegetable pizza, too.

Question: What was the boy's favorite food at the picnic?

放送文の訳 ☆：「今日のピクニックでの食べ物はどうだった？」

★：「とてもおいしかったよ，お母さん。ぼくはポテトサラダがいちばん気に入った」

☆：「サンドイッチはあったの？」

★：「うん，それと野菜ピザもあったよ」

質問の訳 「ピクニックで男の子が気に入った食べ物は何だったか」

選択肢の訳 1 ピザ。 2 サンドイッチ。

3 ポテトサラダ。 4 野菜スープ。

解　説 質問の the boy's favorite food at the picnic「ピクニックで男の子が気に入った食べ物」については，男の子の I liked the potato

65

salad the best. に正解が含まれている。like ~ the best は「~がいちばん好き」という意味。

No. 20 解答 4

放送文 ★：Are you going to give Christmas cards to your friends this year?

☆：Yes, Dad.

★：Shall I buy some for you at the bookstore?

☆：No, I'm going to make them tonight.

Question: What is the girl going to do tonight?

放送文の訳 ★：「今年は友だちにクリスマスカードをあげるの？」

☆：「うん，お父さん」

★：「書店で何枚か買ってきてあげようか」

☆：「ううん，今夜それを作るの」

質問の訳 「女の子は今夜，何をするか」

選択肢の訳 **1** 書店で働く。

2 友だちと買い物に行く。

3 クリスマスのプレゼントを買う。

4 カードを作る。

解　説 女の子が今夜何をするかについては，最後の I'm going to make them tonight の聞き取りがポイント。them は友だちにあげる Christmas cards「クリスマスカード」を指している。Shall I ~? は「(私が)~しましょうか」，bookstore は「書店」。

一次試験・リスニング	第**3**部	問題編 p.58~59	🔊	▶MP3 ▶アプリ ▶CD 1 65~75

No. 21 解答 2

放送文 Attention, shoppers. Today is the first day of our 10-day sale. Large chairs are only $25, and small ones are only $14. They've never been so cheap!

Question: How much are small chairs today?

放送文の訳 「お客さまにご案内いたします。本日は当店の 10 日間セールの初

66

日です。大きな椅子はたった 25 ドルで，小さな椅子はたった 14 ドルです。これほど安くなったことは一度もありません！」

質問の訳 「小さな椅子は今日いくらか」

選択肢の訳 **1** 10 ドル。　**2** 14 ドル。　**3** 25 ドル。　**4** 40 ドル。

解説 shoppers「買い物客」への案内放送。質問では small chairs の値段を尋ねていることに注意する。Large chairs are only $25 に続いて，and small ones are only $14 と言っているので，**2** が正解。**3** の $25 は Large chairs の値段。

No. 22 解答 ②

放送文 Kenji is from Japan, but now he lives in the United States. He studies English at a university there. In winter, he often visits Canada to go skiing.

Question: Where does Kenji go to university?

放送文の訳 「ケンジは日本の出身だが，現在はアメリカ合衆国に住んでいる。彼は現地の大学で英語を勉強している。冬に，彼はスキーをしによくカナダを訪れる」

質問の訳 「ケンジはどこで大学に通っているか」

選択肢の訳 **1** カナダで。　　　　　　　　**2** アメリカ合衆国で。

3 日本で。　　　　　　　　　　**4** イングランドで。

解説 now he lives in the United States から，現在ケンジはアメリカ合衆国に住んでいることがわかる。次の He studies English at a university there. の there は，the United States を指しているので，**2** が正解。

No. 23 解答 ①

放送文 There's a big park near my office. I go there after work every Wednesday and run for an hour. Sometimes my friends from work join me.

Question: What does the man do every Wednesday?

放送文の訳 「ぼくのオフィスの近くに大きな公園がある。ぼくは毎週水曜日の仕事の後にそこへ行って，1 時間走る。ときどき，職場の友だちがぼくに付き合う」

質問の訳 「男性は毎週水曜日に何をするか」

67

選択肢の訳	**1** 彼は公園で走る。	**2** 彼は友だちに電話をする。
	3 彼は遅くまで働く。	**4** 彼はオフィスまで歩いていく。

解　説	2文目の I go there after work every Wednesday and run for an hour. の聞き取りがポイント。there は，1文目の a big park を指している。この内容を He runs in a park. と短くまとめている **1** が正解。

No. 24 解答 ③

| 放送文 | Yesterday afternoon, Keith and his sister Julia were sitting on the beach. Suddenly, a dolphin jumped out of the water. They were very excited and ran home to tell their parents.

Question: Why were Keith and Julia excited? |
|---|---|

放送文の訳	「昨日の午後，キースと彼の姉［妹］のジュリアは海辺に座っていた。突然，1頭のイルカが海から跳び出した。2人はとても興奮して，両親に話すために走って家へ帰った」

質問の訳	「キースとジュリアはなぜ興奮したか」

選択肢の訳	**1** 水が温かかった。
	2 彼らは有名な水泳選手に会った。
	3 彼らはイルカを見た。
	4 彼らは新しいペットを手に入れた。

解　説	3文目に They were very excited とあり，2人が興奮した理由は，その前の Suddenly, a dolphin jumped out of the water. にある。dolphin は「イルカ」，jump out of 〜 は「〜から跳び出す」という意味。この内容が，正解の **3** では They saw a dolphin. という表現になっている。

No. 25 解答 ②

| 放送文 | I'm good at remembering people's faces, but I often forget their names. Now, when I meet people for the first time, I write their names in a small notebook. I hope it helps.

Question: What is the man's problem? |
|---|---|

放送文の訳	「私は人の顔を覚えることが得意だが，名前をよく忘れる。今は，人に初めて会ったときに，小さなノートにその人の名前を書く。

68

それが役立てばいいなと思っている」

質問の訳 「男性の問題は何か」

選択肢の訳
1 彼はノートをなくした。
2 彼は人の名前を忘れる。
3 彼のノートが小さすぎる。
4 彼は書くことが得意ではない。

解説 I'm good at remembering people's faces は得意なことの説明だが，その後の I often forget their names が男性の problem「問題」。forget は「〜を忘れる」という意味で，their は people's「人々の」を指している。

No.26 解答 ①

放送文 Pamela will go to Mexico in July. She'll buy her tickets this weekend because there will be a sale on tickets to Mexico then. She already has a passport, and she'll use her friend's suitcase.

Question: What will Pamela do this weekend?

放送文の訳 「パメラは7月にメキシコへ行く。今週末にメキシコ行きのチケットのセールがあるので，そのときにチケットを買うつもりだ。彼女はすでにパスポートを持っていて，友だちのスーツケースを使う予定だ」

質問の訳 「パメラは今週末に何をするか」

選択肢の訳
1 チケットを買う。
2 メキシコへ行く。
3 パスポートを手に入れる。
4 スーツケースをきれいにする。

解説 質問ではパメラが this weekend「今週末」に何をするかを尋ねている。2文目の She'll buy her tickets this weekend から，1 が正解。2 の Go to Mexico. は in July のことで，3 の a passport については She already has a passport とあるので，いずれも不正解。

No.27 解答 ③ 　　　　　　　　　　正答率 ★75%以上

放送文 John went camping last weekend. He took a warm blanket

69

and a jacket, but he forgot to take a hat. Luckily, he could buy one at a store near the camping area.

Question: What did John forget to take?

放送文の訳 「ジョンは先週末にキャンプに行った。温かい毛布とジャケットを持っていったが，帽子を持っていくのを忘れた。幸い，彼はキャンプ場近くの店で帽子を買うことができた」

質問の訳 「ジョンは何を持っていくのを忘れたか」

選択肢の訳
1 テント。　　　　　　　　　　2 ジャケット。
3 帽子。　　　　　　　　　　　4 毛布。

解 説 2文目の but 以降で he forgot to take a hat と言っているので，3が正解。forgot は forget の過去形で，forget to ～は「～し忘れる」という意味。He took a warm blanket and a jacket とあるので，2や4を選ばないように注意する。

No. 28 解答 ③ 　　　　　　　　　　　　　　　　正答率 ★75%以上

放送文 I'm going to make curry and rice tonight. I'll go to the supermarket and get some meat this afternoon. I already have lots of vegetables, and I bought some rice yesterday.

Question: What will the man buy this afternoon?

放送文の訳 「今夜，ぼくはカレーライスを作るつもりだ。今日の午後，スーパーマーケットへ行って肉を買う。野菜はすでにたくさんあって，お米は昨日買った」

質問の訳 「男性は今日の午後に何を買うか」

選択肢の訳
1 米。　　　　2 カレー。　　　3 肉。　　　4 野菜。

解 説 2文目の I'll go to the supermarket and get some meat this afternoon. から，3が正解。ここでの get は，質問の buy と同じ意味で使われている。1の Rice. は昨日買ったもの，4の Vegetables. はすでにたくさんあるので，いずれも不正解。

No. 29 解答 ④ 　　　　　　　　　　　　　　　　正答率 ★75%以上

放送文 My best friend is Ken. I first met him at my brother's birthday party. They are in the same rock band. After I met Ken, I started listening to rock music, too.

Question: Where did the girl meet Ken?

放送文の訳	「私のいちばんの親友はケンだ。私は兄[弟]の誕生日パーティーで初めて彼に会った。2人は同じロックバンドに入っている。ケンに出会った後，私もロック音楽を聴き始めた」
質問の訳	「女の子はどこでケンに会ったか」
選択肢の訳	1 ロックコンサートで。　　　2 音楽店で。 3 彼女の兄[弟]の学校で。　　4 誕生日パーティーで。
解 説	My best friend is Ken. と自分のいちばんの親友を紹介した後で，I first met him at my brother's birthday party. と言っているので，4が正解。met は meet「~に会う」の過去形。him は Ken を指している。

22年度第1回　リスニング

No.30 解答 4

放送文	Mark got up early twice this week. On Tuesday night, he couldn't do all of his homework, so he finished it early on Wednesday morning. And on Friday, he went for a walk before breakfast. Question: When did Mark go for a walk?
放送文の訳	「マークは今週，2回早起きした。火曜日の夜，彼は宿題を全部やることができなかったので，水曜日の朝早くにそれを終えた。そして金曜日には，朝食前に散歩に行った」
質問の訳	「マークはいつ散歩に行ったか」
選択肢の訳	1 火曜日の夜に。　　　　　2 水曜日の朝に。 3 木曜日の夜に。　　　　　4 金曜日の朝に。
解 説	go for a walk は「散歩に行く」の意味で，質問ではマークがいつ散歩に行ったかを尋ねている。最後の And on Friday, he went for a walk before breakfast. から，4が正解。1の On Tuesday night. は宿題が終わらなかったとき，2の On Wednesday morning. は宿題を終えたときなので，いずれも不正解。

71

二次試験・面接 問題編 p.60〜61

全訳

アイスクリーム

アイスクリームは人気のあるデザートだ。多くの人は夏の暑い日に外でそれを食べる。人々はよくスーパーマーケットでアイスクリームを買い，いろいろな種類のアイスクリームを家で作ることが好きな人たちもいる。

質問の訳

No.1 パッセージを見てください。家で何をすることが好きな人たちがいますか。

No.2 イラストを見てください。何人の人が帽子をかぶっていますか。

No.3 女性を見てください。彼女は何をしようとしていますか。

さて，〜さん，カードを裏返しにしてください。

No.4 あなたは今日，どうやってここに来ましたか。

No.5 あなたは自由な時間があるときに買い物に行くことを楽しみますか。

はい。 → もっと説明してください。

いいえ。→ あなたは次の週末にどこへ行きたいですか。

No.1

解答例
They like to make different kinds of ice cream.

解答例の訳
「彼らはいろいろな種類のアイスクリームを作ることが好きです」

解説
質問では some people が at home「家で」何をすることが好きかを尋ねている。3文目の and 以降に正解が含まれているが，①質問の主語と重なる some people を3人称複数の代名詞 They に置き換える，②文の前半 People often buy ice cream at supermarkets「人々はよくスーパーマーケットでアイスクリームを買う」は質問に直接関係しない内容なので省く，という2点に注意する。

No.2

解答例
Two people are wearing caps.

解答例の訳
「2人の人が帽子をかぶっています」

解説
〈How many + 複数名詞〉は数を尋ねる表現。wear「〜を着る，

かぶる」が現在進行形で使われていて，caps「帽子」をかぶっている人数を尋ねている。イラストで帽子をかぶっているのは2人だが，単に Two. や Two people. と答えるのではなく，質問の現在進行形に合わせて Two people are wearing caps. と答える。

No. 3

解答例
She's going to sit.

解答例の訳
「彼女は座ろうとしています」

解　説
イラスト中の女性に関する質問。be going to ～は「～しようとしている」という意味で，女性がこれからとる行動は吹き出しの中に描かれている。質問に合わせて，She's [She is] going to ～（動詞の原形）の形で答え，to の後に，「座る」を意味する sit を続ける。sit on the bench「ベンチに座る」や sit next to the boy「男の子の隣に座る」などでもよい。

No. 4

解答例
I walked.

解答例の訳
「私は歩いてきました」

解　説
How は「どのようにして」を意味する疑問詞で，受験会場まで自分がどのような手段で来たかを，I で始めて答える。動詞は過去形を使う。解答例の他に，I came here by bus.「バスでここへ来ました」や My mother drove me here.「母がここまで車で送ってくれました」などの解答も考えられる。

No. 5

解答例
Yes. → Please tell me more.
　　— I like to buy clothes.
No. → Where would you like to go next weekend?
　　— I'd like to go to a museum.

解答例の訳
「はい」→ もっと説明してください。
　　—「私は服を買うことが好きです」
「いいえ」→ あなたは次の週末にどこへ行きたいですか。
　　—「私は博物館へ行きたいです」

解　説
最初の質問の enjoy ～ing は「～することを楽しむ」，in one's free time は「自由な時間があるときに」という意味で，時間があるときに going shopping「買い物に行くこと」を楽しむかどうか

をYes(, I do). / No(, I don't). で答える。Yesの場合の2番目の質問Please tell me more. には，どこで，何を買うことが好きかなどを答えればよい。Noの場合の2番目の質問Where would you like to go next weekend? には，next weekend「次の週末」にどこへ行きたいかを質問に合わせてI'd like to go to ~ やI'd like to visit ~ の形で答える。解答例の他に，(Yesの場合) I often go shopping with my friends on the weekend.「私はよく週末に友だちと買い物に行きます」，(Noの場合) I'd like to go to see a movie.「私は映画を見に行きたいです」のような解答も考えられる。

| 二次試験・面接 | 問題カード 日程 | 問題編 p.62〜63 | 🔊 | ▶MP3 ▶アプリ ▶CD 1  |

全 訳　　　　　　　　　　山登り

山登りはわくわくすることがある。多くの人は自然の写真を撮ることが好きなので，山に登るときにカメラを一緒に持っていく。人々は地図と温かい服もいつも持っていったほうがいい。

質問の訳
No.1　パッセージを見てください。多くの人は山に登るときになぜカメラを一緒に持っていきますか。
No.2　イラストを見てください。何羽の鳥が飛んでいますか。
No.3　長い髪の女性を見てください。彼女は何をしようとしていますか。
さて，〜さん，カードを裏返しにしてください。
No.4　あなたはこの夏に何をしたいですか。
No.5　あなたはレストランで食事をすることが好きですか。
　　　はい。→ もっと説明してください。
　　　いいえ。→ なぜですか。

No.1

解答例　Because they like taking photos of nature.
解答例の訳「彼らは自然の写真を撮ることが好きだからです」
解 説　質問はWhyで始まっていて，多くの人が山に登るときにcarry a camera「カメラを持っていく」理由を尋ねている。2文目に正解

が含まれているが，解答する際，①質問の主語と重なる Many people を 3 人称複数の代名詞 they に置き換える，②文の後半 so they carry a camera with them when they climb mountains「だから，彼らは山に登るときにカメラを一緒に持っていく」は質問と重なる内容なので省く，という 2 点に注意する。

No. 2

解答例
Three birds are flying.

解答例の訳
「3 羽の鳥が飛んでいます」

解　説
〈How many＋複数名詞〉は数を尋ねる表現。fly「飛ぶ」が現在進行形で使われていて，何羽の birds「鳥」が飛んでいるかを尋ねている。イラストでは 3 羽の鳥が飛んでいるが，単に Three. や Three birds. と答えるのではなく，質問の現在進行形に合わせて Three birds are flying. と答える。

No. 3

解答例
She's going to eat.

解答例の訳
「彼女は食べようとしています」

解　説
イラスト中の the woman with long hair「長い髪の女性」に関する質問。be going to ～は「～しようとしている」という意味で，女性がこれからとる行動は吹き出しの中に描かれている。質問に合わせて，She's [She is] going to ～（動詞の原形）の形で答え，to の後に，「食べる」を意味する eat を続ける。eat a sandwich「サンドイッチを食べる」などでもよい。

No. 4

解答例
I want to visit my grandparents.

解答例の訳
「私は祖父母を訪ねたいです」

解　説
want to ～ は「～したい」という意味。this summer「この夏」に自分がしたいことを，質問に合わせて I want to ～（動詞の原形）の形で答える。解答例の他に，I want to go swimming in the sea.「私は海に泳ぎに行きたいです」のような解答も考えられる。

No. 5

解答例
Yes. → Please tell me more.
　　— I like to go to Chinese restaurants.
No. → Why not?

22年度第1回　面接

75

— I like to eat at home.

解答例の訳

「はい」 → もっと説明してください。
— 「私は中華料理のレストランへ行くことが好きです」
「いいえ」 → なぜですか。
— 「私は家で食べることが好きです」

解 説

最初の質問は Do you like to ～?「～することが好きですか」で始まっていて, eat at restaurants「レストランで食事する」ことが好きかどうかを Yes(, I do). / No(, I don't). で答える。Yes の場合の2番目の質問 Please tell me more. には, どのような料理を, 誰と食べることが好きかなどを答えればよい。No の場合の2番目の質問 Why not? には, レストランで食事することが好きではない理由を説明する。解答例の他に,（Yes の場合）I can eat different kinds of food at restaurants.「私はレストランでいろいろな種類の食べ物を食べることができます」,（No の場合）There aren't many restaurants near my house.「私の家の近くにはあまりたくさんのレストランがありません」のような解答も考えられる。

2021-3

一次試験
筆記解答・解説 p.78〜91

一次試験
リスニング解答・解説 p.91〜108

二次試験
面接解答・解説 p.108〜112

解答一覧

一次試験・筆記

1

(1)	4	(6)	3	(11)	2
(2)	4	(7)	3	(12)	2
(3)	3	(8)	2	(13)	3
(4)	1	(9)	4	(14)	1
(5)	3	(10)	2	(15)	1

2

(16)	2	(18)	1	(20)	2
(17)	4	(19)	4		

3 A ／ **3 B**

(21)	3			(23)	2
(22)	4			(24)	4
				(25)	1

3 C

(26)	2	(28)	3	(30)	1
(27)	2	(29)	4		

4 解答例は本文参照

一次試験・リスニング

第1部

No. 1	1	No. 5	1	No. 9	3
No. 2	1	No. 6	3	No.10	3
No. 3	2	No. 7	2		
No. 4	1	No. 8	2		

第2部

No.11	1	No.15	1	No.19	3
No.12	4	No.16	3	No.20	1
No.13	4	No.17	2		
No.14	4	No.18	2		

第3部

No.21	2	No.25	3	No.29	1
No.22	4	No.26	2	No.30	4
No.23	4	No.27	1		
No.24	4	No.28	1		

| 一次試験・筆記 | **1** | 問題編 p.66〜67 |

(1) 解答 **4**

訳
A「お母さん，見て！ シロにドアを開けることを教えたよ」
B「すごいわ。とても<ruby>賢<rt>かしこ</rt></ruby>い犬だわね」

解説
taught は teach の<ruby>過去形<rt>かこけい</rt></ruby>で，ここでの teach 〜 to … は「〜に…することを教える」という意味。open the door「ドアを開ける」ことができるようになった犬の説明として<ruby>適切<rt>てきせつ</rt></ruby>なのは clever「<ruby>賢<rt>かしこ</rt></ruby>い」。correct「正しい」，careless「不注意な」，clear「<ruby>澄<rt>す</rt></ruby>んだ」。

(2) 解答 **4**

訳
A「<ruby>私<rt>わたし</rt></ruby>は野球についてあまりよく知らないの。<ruby>私<rt>わたし</rt></ruby>にルールを説明してくれる？」
B「いいよ。<ruby>簡単<rt>かんたん</rt></ruby>だよ」

解説
don't know much about 〜 は「〜についてあまりよく知らない[<ruby>詳<rt>くわ</rt></ruby>しくない]」という意味。野球についてあまりよく知らないので，explain the rules「そのルールを説明する」ように<ruby>頼<rt>たの</rt></ruby>んでいる。〈explain 〜 to +（人）〉「（人）に〜を説明する」の形で覚えよう。sell「〜を売る」，save「〜を<ruby>救<rt>すく</rt></ruby>う」，happen「起こる」。

(3) 解答 **3**

訳
A「このパンケーキはおいしいね，お母さん。もう１つ食べてもいい？」
B「ええ，はいどうぞ」

解説
pancakes「パンケーキ」がおいしいと言っていることと，空所の後の one とのつながりから，another「もう１つの」が<ruby>正解<rt>せいかい</rt></ruby>。one は pancake のかわりに用いられている。other「他の」，all「すべての」，anything「何か」。

(4) 解答 **1**

正答率 ★75%以上

訳
A「明日は何か予定があるの？」
B「ええ。<ruby>渋谷<rt>しぶや</rt></ruby>へ買い物に行くわ」

78

解説 B の I'm going shopping in Shibuya. から，A は B に明日の plans「予定」が何かあるかどうかを尋ねていることがわかる。plans for ～ で「～の予定」という意味。**2**，**3**，**4** はそれぞれ symbol「象徴」，kind「種類」，voice「声」の複数形。

(5) 解答 ③

訳 A「ブライアン，ジャネットはどこ？」
B「彼女はたぶん図書館にいるよ。数学のテストのために勉強をしなくちゃいけないって言ってた」

解説 B のブライアンは，ジャネットがどこにいるかを尋ねられている。She said she had to ～「彼女は～しなければならないと言っていた」から，その前の発話として自然なのは She's probably at ～「彼女はたぶん～にいる」。slowly「ゆっくりと」，widely「広く」，cheaply「安く」。

(6) 解答 ③ 　正答率 ★75%以上

訳 A「新しいフランス料理のレストランはどうだった？」
B「すばらしかったわ。料理は見た目がきれいで，味もよかったわ」

解説 空所の前の it は，文前半の主語 The food「その（レストランの）料理」を指しているので，taste「～の味がする」の過去形 tasted が正解。taste nice は「味がいい，おいしい」という意味。**1**，**2**，**4** はそれぞれ grow「成長する」，hold「～を開催する，～を（手に）持つ」，join「～に参加する」の過去形。

(7) 解答 ③

訳「アメリカ合衆国では，7月4日に花火を見ることは伝統である」

解説 it's a ( ) の it は，to watch fireworks on the Fourth of July「7月4日に花火を見ること」を指している。このことが何であるかを考えて，tradition「伝統」を入れる。voice「声」，surprise「驚き」，meaning「意味」。7月4日はアメリカ合衆国の独立記念日。

(8) 解答 **2** 　　　　　　　　　　　　　　　　　　　　　正答率 ★75%以上

訳 A「ボブ，手を貸してくれる？　この机を動かさなくちゃいけないの」

B「わかった」

解説 Could you ～? は「～してくれませんか」と相手に依頼する表現。空所の前の give me a とつながるのは hand で，give ～ a hand は「～に手を貸す，～を手伝う」という意味。face「顔」，finger「指」，head「頭」。

(9) 解答 **4** 　　　　　　　　　　　　　　　　　　　　　正答率 ★75%以上

訳 A「このジャケットは私には少し大きいです。もっと小さいものを試着してもいいですか」

B「かしこまりました，お客さま。こちらはいかがでしょうか」

解説 Can I ～?「～してもいいですか」は許可を求める表現。空所の後の on，さらに a smaller one「もっと小さいもの（＝ジャケット）」とのつながりから，try on ～「～を試着する」とする。hit「～を打つ」，make「～を作る」，enter「～に入る」。

(10) 解答 **2** 　　　　　　　　　　　　　　　　　　　　　正答率 ★75%以上

訳 「ローラの母親は就寝時に，ローラに悲しくなる本を読み聞かせていた。物語の最後で，ローラは泣いてしまった」

解説 ローラの母親がローラに a sad book「悲しくなる本」を読み聞かせていたという状況と，空所前後にある At the と of とのつながりから，At the end of ～「～の最後で」という表現にする。back「後ろ」，page「ページ」，letter「手紙」。

(11) 解答 **2** 　　　　　　　　　　　　　　　　　　　　　正答率 ★75%以上

訳 A「ピアノのコンサートの準備はできてる，ポーラ？」

B「うん。今週は毎日3時間練習したわ」

解説 空所の後に for your piano concert があることと，ポーラが I practiced「私は練習した」と言っていることから，be ready for ～「～の準備ができている」を疑問文にして Are you ready for ～? とする。late「遅い」，near「近い」，dark「暗い」。

80

(12) 解答 ②

訳 「そのアイススケート選手は1つもミスをしなかった。彼女は美しくスケートをしたので，高得点を獲得した」

解説 mistakes「間違い」を目的語に取ることができる make が正解。問題文では，make mistakes「間違い[ミス]をする」が否定文の didn't make any mistakes「1つもミスをしなかった」の形になっている。meet「～に会う」，move「～を動かす」，miss「～を逃す」。

(13) 解答 ③

訳 A「どこでジャックに出会ったの？」
B「ぼくたちは高校で出会ったから，ぼくは彼のことを20年以上知っているよ」

解説 I've は I have の短縮形。ジャックとは in high school「高校で」出会ってからの知り合いなので，現在完了形〈have＋過去分詞〉を使って have known とする。〈have known＋（人）＋for ～ years〉は「（人）を～年間知っている」，つまり「（人）とは～年前からの知り合い」ということ。

(14) 解答 ①

訳 「ピーターは物語を書くことがとても得意だ。彼の英語の先生は，彼は作家になったほうがいいと言っている」

解説 be good at ～ は「～が得意である」ということ。at は前置詞なので，この後は動詞の write を名詞の働きをする動名詞 writing「～を書くこと」にする必要がある。be good at ～ing「～することが得意である」の形で覚えておこう。writer は「作家」という意味。

(15) 解答 ①

訳 A「ジェイコブの誕生日に何か買ってあげたいわ」
B「彼が何をほしいか知ってるよ。一緒に買い物に行こう」

解説 A はジェイコブの誕生日に何かを買ってあげたいと言っている。それに対して B は I know ～「～を知っている」と応答している

ので，B が知っているのは what he wants「彼（＝ジェイコブ）が何をほしいか」。what は「何を」という意味の疑問詞。

一次試験・筆記 **2** | 問題編 p.68

(16) 解答 2

訳
兄[弟]「何を探しているの？」
妹[姉]「私の赤いスカーフよ。それを見なかった？」
兄[弟]「ううん，今日は見てないよ」

解説
look for ～ は「～を探す」という意味。妹[姉]が自分の red scarf「赤いスカーフ」を探している場面であることと，兄[弟]の No, not today. とのつながりから，スカーフを見たかどうかを尋ねる Have you seen it? が正解。seen は see「～を見る」の過去分詞。

(17) 解答 4 　　　　　　　　　正答率 ★75%以上

訳
息子「どうしてお母さんは今夜一緒に夕食を食べないの？」
父親「お母さんはひどい腹痛がするので，寝たんだ」

解説
母親が今夜一緒に夕食を食べていない理由を説明しているのは 4 で，has a bad stomachache は「ひどい腹痛がする」という意味。so she went to bed「だからお母さんは寝た」とのつながりもヒントになる。

(18) 解答 1

訳
妻「今日はコーヒーを何杯飲んだの？」
夫「これが 4 杯目だよ」
妻「うわー，それは多いわね」

解説
〈How many＋名詞の複数形〉「いくつの～」は数を尋ねる表現。ここでは妻が夫に How many cups of coffee「何杯のコーヒー」を飲んだか尋ねている。正解 1 の my fourth one は my fourth cup of coffee のことで，「4 杯目のコーヒー」という意味。

(19) 解答 ④

訳
男性1「明日，ジム・クラークと一緒に釣りに行くんだ。彼のことを知ってる？」
男性2「うん，ぼくたちは友だちだよ。ぼくのかわりに彼によろしく伝えてね」
男性1「そうするよ」

解説
最後に男性1は I will.「そうする」と応答しているので，男性2は，ジム・クラークと一緒に釣りに行くという男性1に何かをするように言ったことがわかる。この流れに合うのは4で，say hello to ～ (for me) は「（私のかわりに）～によろしくと伝える」という意味。

(20) 解答 ②

正答率 ★75%以上

訳
女の子「映画は20分後に始まるわ。遅れちゃうかしら？」
男の子「心配しないで。時間通りに着くよ」

解説
女の子の Are we going to be late? に男の子は Don't worry.「心配しないで」と答えていることから，その後の発話としては，on time「時間通りに」を使って映画の開始時刻に間に合うことを伝えている2が適切。

一次試験・筆記	**3A**	問題編 p.70～71

ポイント
ピザ店のアルバイト募集に関する掲示。仕事の内容や応募条件について，時刻，金額，年齢などの数字に注意して，どのような情報が書かれているかを理解しよう。

全訳

スタッフ募集

アルバイトに興味はありますか？　自転車に乗ることが好きですか？　ペリーズ・ピザ・プレイスでは，当店のピザを自転車で家々に配達する新しいスタッフを募集しています。

勤務時間：毎週金曜日の午後5時から午後8時までと，毎週土曜日の午前11時から午後6時まで

給料：時給10ドル

21年度第3回　筆記

83

この仕事をするには 18 歳以上である必要があります。当店の自転車のうちの 1 台を使えますので，自分の自転車は必要ありません。この仕事では，調理や掃除をする必要はありません。

この仕事に関心があれば，当店の店長ペリー・ピティーノ（pitino@pizzaplace.com）へ E メールを送ってください。

> **語 句** staff member「スタッフ，職員」，〜 wanted「〜の募集」，be interested in 〜「〜に興味[関心]がある」，part-time job「アルバイト，非常勤の仕事」，by bike「自転車で」，〜 p.m.「午後〜時」，〜 a.m.「午前〜時」，pay「給料」，〜 an hour「1 時間につき〜」，send「〜を送る」，manager「店長，経営者」

(21) 解答 ③ 　　　　　　　　　　　　　　　　　　正答率 ★75%以上

> **質問の訳** 「新しいスタッフは毎週土曜日は何時に仕事を終えるか」
> **選択肢の訳** 1 午前 11 時に。　　　　　2 午後 5 時に。
> 3 午後 6 時に。　　　　　4 午後 8 時に。

> **解 説** 勤務時間については，掲示の Hours「勤務時間」のところに書かれている。Saturdays 11 a.m. to 6 p.m. から，毎週土曜日の finish work「仕事を終える」時刻は 6 p.m.「午後 6 時」。4 の 8 p.m. は Fridays「毎週金曜日」の仕事を終える時刻。

(22) 解答 ④

> **質問の訳** 「人々がこの仕事ができないのは，彼らが」
> **選択肢の訳** 1 とてもおいしいピザを作れない場合。
> 2 自分の自転車を持っていない場合。
> 3 金曜日の午前中が忙しい場合。
> 4 17 歳以下の場合。

> **解 説** アルバイトの応募条件として，You need to be 18 or older to do this job. と書かれている。18 or older は「18 歳かそれより年上」，つまり「18 歳以上」ということ。質問の People can't do this job if they は「もし〜ならこの仕事ができない」という意味なので，4 の are 17 years old or younger.「17 歳以下である」が正解。

84

| 一次試験・筆記 | **3B** | 問題編 p.72〜73 |

ポイント

購入した家の前に花を植えたいと思っているサンドラ・ノーブルとガーデンセンターの店長との E メールでのやり取り。サンドラの質問に店長はどう答えているかに加えて，サンドラがいつ何をしたか[するか]を中心に読み取ろう。

全 訳

送信者：サンドラ・ノーブル

受信者：スミスビル・ガーデンセンター

日付：3 月 25 日

件名：お花

こんにちは,

私の名前はサンドラ・ノーブルです。私の友だちがそちらのガーデンセンターはいちばんいいと言ったのですが，私の家からは遠いのです。アドバイスをいただきたいと思っていて，来週そちらのガーデンセンターへ行こうかなと思っています。夫と私は 1 月に，スミスビルで家を購入しました。この春，私たちは自宅の前に花を植えたいと思っています。毎年ガーデニングをする時間があまりないので，1 〜 2 年よりも長く生きる花がほしいです。どんな種類の花がいいでしょうか。

よろしくお願いします,

サンドラ・ノーブル

送信者：スミスビル・ガーデンセンター

受信者：サンドラ・ノーブル

日付：3 月 25 日

件名：私からのアドバイス

ノーブルさま,

E メールをありがとうございます。2 年よりも長く生きる花は多年生植物と呼ばれます。スミスビル・ガーデンセンターには，たくさんの多年生植物があります。それらの多くは世話をするのが簡単ですが，花によって必要なことが違ってきます。たくさんの日光を必要とする花もあれば，そうでない花もあります。乾燥し

21
年度第
3
回
筆記

85

た土を好む花もあります。ご自宅の前に花を植えたいと書かれていましたね。その場所は，何時間日光があたりますか。土は乾燥していますか。どんな色がお好みでしょうか。私は来週，毎日8時から正午までセンターにおります。

それでは，

ゲーリー・ローガン

スミスビル・ガーデンセンター店長

送信者：サンドラ・ノーブル

受信者：スミスビル・ガーデンセンター

日付：3月26日

件名：ありがとうございます

こんにちは，ローガンさま，

私の家の前庭には何本か大きな木があるので，夏はあまり日光があたりません。土は少し湿気があります。私はピンクか青色の花が咲くものがほしいです。来週の水曜日，ガーデンセンターへお伺いして，あなたとお話ししたいと思います。

よろしくお願いします，

サンドラ・ノーブル

語句 far from ～「～から遠い」，advice「アドバイス，助言」，in front of ～「～の前に」，gardening「ガーデニング，園芸」，longer than ～「～より長く」，Sincerely,「敬具，よろしくお願いします」，perennial(s)「多年生植物」，lots of ～「たくさんの～」，take care of ～「～の世話をする」，sun「日光」，area「場所，区域」，Best wishes,「それでは」，front yard「前庭」，come and visit ～「～を訪れに来る」

(23) 解答 ②

質問の訳 「サンドラ・ノーブルは1月に何をしたか」

選択肢の訳 1 彼女は結婚した。

2 彼女は新しい家を手に入れた。

3 彼女は友だちにアドバイスを求めた。

86

4 彼女はガーデンセンターに行った。

| 解 説 |

サンドラ・ノーブルが1月に何をしたかは，彼女が書いた最初の Eメールの4文目に，My husband and I bought a house in Smithville in January. とある。bought は buy「〜を買う」の過去形で，正解の2ではかわりに got が使われている。

(24) 解答 ④

| 質問の訳 |

「ゲーリー・ローガンは，多年生植物と呼ばれる花について何と言っているか」

| 選択肢の訳 |

1 彼のガーデンセンターではそれらを販売していない。
2 それらは日光をまったく必要としない。
3 それらは値段が高すぎて買えない。
4 それらは2年よりも長く生きる。

| 解 説 |

ゲーリー・ローガンは2番目のEメールの2文目に，Flowers that live longer than two years are called perennials. と書いている。Flowers that live longer than two years「2年よりも長く生きる花」が正解の4と一致する。選択肢1〜4の them と They は perennials「多年生植物」を指す。perennials の意味を知らなくても，A are called B「A は B と呼ばれる」という文から考える。

(25) 解答 ①

| 質問の訳 |

「サンドラ・ノーブルは来週，何をするか」

| 選択肢の訳 |

1 ゲーリー・ローガンに会う。
2 土を買う。
3 自分の家の前に木を植える。
4 ガーデンセンターで働き始める。

| 解 説 |

サンドラ・ノーブルは来週何をするかについて，3番目のEメールの4文目に，I'll come and visit your garden center and speak to you next Wednesday. と書いている。サンドラはガーデンセンターを訪れたうえで，speak to you「あなたと話す」と書いているので，つまりガーデンセンターのゲーリー・ローガンと会って話すということ。

| 一次試験・筆記 | **3C** | 問題編 p.74〜75 |

ポイント　ニュージーランド生まれの競走馬であるファーラップに関する4段落構成の英文。ファーラップが若いときの状態や戦績，初勝利を挙げてからの活躍，登場人物とファーラップとの関係など，何年に何があったかに注意しながら読み取ろう。

全訳

ファーラップ

　世界中で，多くの人が競馬を見ることが大好きだ。毎年，何千頭もの馬がレースに参加する。ほとんどの馬は勝利しないが，ときとして有名になる馬もいる。そういった馬の一頭にニュージーランド生まれがいて，名前はファーラップだった。

　ファーラップは1926年に生まれた。父馬が優勝馬だったので，ファーラップの馬主たちはファーラップも速く走るだろうと思った。しかし，若い頃，ファーラップはやせていて弱く，参加したすべてのレースで負けた。馬主たちはファーラップに不満だったので，1928年にデビッド・J・デイビスという名のアメリカ人実業家にファーラップを売却した。ファーラップの調教師は，ハリー・テルフォードという名のオーストラリア出身の男性だった。

　テルフォードが初めてファーラップに会ったとき，ファーラップの健康状態の悪さを見て驚いた。しかし，彼はファーラップが競走馬として成功できると思ったので，一緒にとても厳しい訓練をし始めた。ファーラップはより強くなり，体高は174センチに成長した。ファーラップは，オーストラリアで最初の数レースに負けたものの，1929年4月，ローズヒル競馬場で行われた未勝利ハンデキャップ競走でついに初勝利を挙げた。

　その後，ファーラップは人々の間ではるかに人気になった。1929年から1931年の間に，大勢の人たちがオーストラリアや他の国々でのファーラップのレースを見にやってきた。この間，ファーラップは参加した41レース中36レースで勝利した。多くの世界新記録も樹立した。このために，ファーラップは競馬の歴史においてすばらしい競走馬としていつまでも記憶に残るだろう。

88

| 語 句 | horse racing「競馬」, thousands of ～「何千もの～」, take part in ～「～に参加する」, race(s)「レース」, champion「優勝者」, racehorse「競走馬」, owner(s)「所有者」, thin「やせた, 細い」, lost<lose「～で負ける」の過去形, sold<sell「～を売る」の過去形, businessman「実業家」, named ～「～という名の」, for the first time「初めて」, however「しかし」, successful「成功した」, training<train「訓練する」の～ing形, grew<grow「成長する」の過去形, finally「ついに」, won<win「～で勝つ」の過去形, because of ～「～のために」, be remembered as ～「～として記憶に残る」, history「歴史」 |

(26) 解答 ②

| 質問の訳 | 「ファーラップはいつ売却されたか」 |

| 選択肢の訳 | **1** 1926年に。 | **2** 1928年に。 |
| | **3** 1929年に。 | **4** 1931年に。 |

| 解 説 | 第2段落の4文目に, His owners weren't happy with him, so they sold him to an American … in 1928. と書かれている。His と him は, この段落の最初にある Phar Lap を指している。ここから, ファーラップは1928年に馬主たちによって売却されたことがわかる。 |

(27) 解答 ②

| 質問の訳 | 「ハリー・テルフォードとは誰だったか」 |

選択肢の訳	**1** オーストラリア人の騎手。
	2 オーストラリア人の馬の調教師。
	3 アメリカ人の実業家。
	4 アメリカ人の走者。

| 解 説 | ハリー・テルフォードについては, 第2段落最後の文で, The trainer for Phar Lap was a man from Australia named Harry Telford. と説明されている。ここでの from ～は「～出身の」という意味。 |

(28) 解答 ③   正答率 ★75%以上

| 質問の訳 | 「1929年4月に, オーストラリアで何が起こったか」 |

選択肢の訳	**1** テルフォードが大金を勝ち取った。
	2 テルフォードが初めてファーラップに会った。
	3 ファーラップが初めてレースで勝利した。
	4 ファーラップがレースに参加し始めた。

解　説	April 1929 については，第3段落最後の文に，... in April 1929, he finally won his first race, the Maiden Juvenile Handicap in Rosehill. と書かれている。he は前文の最初にある Phar Lap のこと。正解の **3** では won a race for the first time「初めてレースで勝利した」という表現になっている。the Maiden Juvenile Handicap は競馬のレースの種類の1つ。

(29) 解答 **4**　　　　　　　正答率 ★**75%以上**

質問の訳	「人々がファーラップを決して忘れることがないのは，ファーラップが」

選択肢の訳	**1** 競馬で一度も負けなかったから。
	2 オーストラリアのすべてのレースに出走したから。
	3 競馬で最も小さな馬だったから。
	4 多くの世界新記録を樹立したから。

解　説	will never forget ～ は「～を決して忘れない」という意味。第4段落最後の文に，Because of this, Phar Lap will always be remembered ...「このために，ファーラップはいつまでも記憶に残るだろう」とある。this は，前文の He also made many new world records. を指しているので，**4** が正解。

(30) 解答 **1**　　　　　　　正答率 ★**75%以上**

質問の訳	「この話は何についてか」

選択肢の訳	**1** 有名な競走馬。
	2 いろいろな種類の競馬。
	3 馬の調教方法。
	4 ペット所有者に人気のある場所。

解　説	タイトルにある通り，Phar Lap に関する英文。その Phar Lap について，第1段落の3文目後半の ..., but sometimes there are horses that become famous. と，4文目の One of these horses

was …, and his name was Phar Lap. から，有名になった競走馬であることがわかる。

| 一次試験・筆記 | **4** | 問題編 p.76 |

質問の訳 「あなたは週末に何をして楽しみますか」

解答例 I enjoy going to the park near my house on weekends. First, I can play soccer with my friends there. Second, I like taking pictures of the beautiful flowers and trees in the park.

解答例の訳 「私は週末に家の近くの公園へ行って楽しみます。第1に，私はそこで友だちと一緒にサッカーをすることができます。第2に，私は公園のきれいな花や木の写真を撮ることが好きです」

解 説 最初に，on weekends「週末に」何をして楽しむかを，I enjoy ～ing「私は～をして楽しみます」や I like ～ing「私は～することが好きです」の形で書く。続けて，その理由を2つ説明する。解答例では，1文目：自分の考え（家の近くの公園へ行って楽しむ），2文目：1つ目の理由（公園で友だちとサッカーができる），3文目：2つ目の理由（公園のきれいな花や木の写真を撮ることが好き）という構成になっている。2つの理由を列挙する First, ～「第1に，～」や Second, ～「第2に，～」の使い方に慣れよう。

語 句 near ～「～の近くの」，take pictures「写真を撮る」

| 一次試験・リスニング | 第**1**部 | 問題編 p.78〜79 | 🔊 ▶MP3 ▶アプリ ▶CD 2 **1**〜**11** |

例題 解答 ③

放送文 ★：I'm hungry, Annie.
☆：Me, too. Let's make something.
★：How about pancakes?

1 On the weekend. **2** For my friends.
3 That's a good idea.

91

放送文の訳　★：「おなかがすいたよ，アニー」
　　　　　　☆：「私もよ。何か作りましょう」
　　　　　　★：「パンケーキはどう？」
　　　　　　　　1　週末に。　　　　　　　　　**2**　私の友だちに。
　　　　　　　　3　それはいい考えね。

No.1　解答 ①

放送文　★：It's raining.

☆：Yeah.　I forgot my umbrella.

★：Me, too.

　　1　Maybe we should buy one.

　　2　A few minutes ago.

　　3　That's kind of you.

放送文の訳　★：「雨が降っているよ」

☆：「そうね。カサを忘れちゃったわ」

★：「ぼくもだよ」

　　1　1本買ったほうがいいかもね。

　　2　数分前よ。

　　3　親切にありがとう。

解　説　女の子の I forgot my umbrella. の後に，男の子は Me, too. 「ぼく も（カサを忘れた）」と言っている。この後に続く女の子の発話 として適切なのは **1** で，Maybe は「～かもしれない」という意 味，buy one は buy an umbrella「カサを1本買う」ということ。

No.2　解答 ①

正答率 ★75%以上

放送文　★：Oh, no!　It's my turn next.

☆：Are you all right?

★：I'm really nervous.

　　1　You'll do fine.

　　2　It's my favorite.

　　3　They're for school.

放送文の訳　★：「うわー！　次がぼくの番だ」

☆：「大丈夫？」

★：「とても緊張してるよ」

92

1 うまくいくわよ。

2 それは私のお気に入りよ。

3 それらは学校用よ。

解説 　男の子は次が演奏する my turn「自分の番」で，I'm really nervous.「とても緊張している」と言っている。これに対して，You'll do fine.「あなたはうまくいく[うまくできる]」と励ましている **1** が正解。

No.3　解答 **2**　　　　　　　　　　　　　　正答率 ★75%以上

放送文　☆：Are you ready for your trip?

　　　　★：Yes, Mom.

　　　　☆：Do you have your passport?

　　　　　1 We'll leave soon.

　　　　　2 Yes, don't worry.

　　　　　3 I've already eaten, thanks.

放送文の訳　☆：「旅行の準備はできてる？」

　　　　★：「うん，お母さん」

　　　　☆：「パスポートを持ってる？」

　　　　　1 ぼくたちはもうすぐ出発するよ。

　　　　　2 うん，心配しないで。

　　　　　3 もう食べたよ，ありがとう。

解説 　Are you ready for ～? は「～の準備はできてる？」という意味で，男の子が trip「旅行」に出かける場面。母親は passport「パスポート」を持ったかどうか尋ねているので，Yes に続いて don't worry「（持ったので）心配しないで」と答えている **2** が正解。

No.4　解答 **1**

放送文　☆：When are you going to Japan?

　　　　★：Next month.

　　　　☆：What are you looking forward to the most?

　　　　　1 Climbing Mt. Fuji.

　　　　　2 For 10 days.

　　　　　3 On the Internet.

放送文の訳 ☆：「いつ日本へ行くの？」

★：「来月だよ」

☆：「何をいちばん楽しみにしているの？」

1 富士山に登ることだね。

2 10日間。

3 インターネットで。

解説 look forward to ～ は「～を楽しみにする」という意味で，最後の質問ではこれが現在進行形で使われている。日本に行っていちばん楽しみにしていることを答えている **1** が正解。Climbing は climb「～に登る」の動名詞で「～に登ること」という意味。

No.5 解答 ①

放送文 ★：You look tired.

☆：I just finished a big report.

★：How long did it take?

1 Most of the day.

2 Not yet.

3 For tomorrow's meeting.

放送文の訳 ★：「疲れているようだね」

☆：「大量の報告書を完成させたところなの」

★：「どれくらいの時間がかかったの？」

1 ほぼ丸1日よ。

2 まだよ。

3 明日の会議用よ。

解説 男性の How long did it take? は，女性が言った a big report「大量の報告書［レポート］」の作成にどれくらいの時間がかかったかを尋ねた質問。これに対応した応答は **1** で，Most of the day. は「ほぼ丸1日，1日の大半」という意味。

No.6 解答 ③

放送文 ★：Do you have any plans this weekend?

☆：I'm going skating.

★：Great. Who are you going with?

1 I bought some skates.

2 I'll go skiing, too.

3 Two of my classmates.

放送文の訳 ★：「今週末は何か予定があるのかい？」

☆：「スケートをしに行くわ」

★：「いいね。誰と行くの？」

　1 私はスケート靴を買ったわ。

　2 私もスキーをしに行くわ。

　3 クラスメートの２人よ。

解　説 Who ～ with? は「誰と一緒に～」という意味で，男性は I'm going skating. と言った女の子に誰とスケートをしに行くのか尋ねている。一緒に行く相手を答えているのは **3** で，classmates は classmate「クラスメート」の複数形。

No. 7　解答 **2**

放送文 ☆：You look sad.

★：I am. Luke is moving back to Canada.

☆：Will he live in Toronto?

　1 It was my first trip.

　2 I'm not sure.

　3 No problem.

放送文の訳 ☆：「悲しそうね」

★：「そうなんだ。ルークがカナダに戻っちゃうんだ」

☆：「彼はトロントに住むの？」

　1 それはぼくの最初の旅行だったよ。

　2 わからないんだ。

　3 問題ないよ。

解　説 move back to ～ は「～へ戻る[帰る]」という意味。カナダへ戻るルークについて，女の子は Will he live in Toronto? と住む場所を尋ねている。これに対して Yes / No で始まる選択肢はないが，I'm not sure.「わからない」と答えている **2** が正解。

No. 8　解答 **2**　　　　　　　　　　正答率 ★75%以上

放送文 ★：I can't go to your basketball game today, Sally.

☆：Why not?

21年度第3回　リスニング

95

★：I'm too busy with work. I'm sorry.

   1 Well done.

   2 That's OK.

   3 I watched it.

放送文の訳 ★：「今日は君のバスケットボールの試合に行けないんだ，サリー」

☆：「どうして？」

★：「仕事が忙し過ぎるんだ。ごめんね」

   1 よくやったわね。

   2 大丈夫よ。

   3 私はそれを見たわ。

解　説　男性は I can't go to your basketball game today ということについて，女の子に I'm sorry. と謝っている。これに対応した応答は **2** の That's OK.「いいよ，大丈夫」。too ～ は「あまりに～，～すぎる」，be busy with ～ は「～で忙しい」という意味。

No. 9　解答 ③　　　　　　　　　　　　　正答率 ★75%以上

放送文 ★：I had a bad day.

☆：What happened?

★：I got a bad grade on my English test.

   1 Science is difficult.

   2 I'm happy for you.

   3 You'll do better next time.

放送文の訳 ★：「ひどい1日だったよ」

☆：「何があったの？」

★：「英語のテストで悪い点を取っちゃったんだ」

   1 理科は難しいわ。

   2 よかったわね。

   3 次はもっとうまくいくわよ。

解　説　I had a bad day. は「ひどい1日だった」という意味。男の子は英語のテストで a bad grade「悪い点」を取ったと言っているので，You'll do better next time.「次はもっとうまくいく」と励ましの言葉をかけている **3** が正解。

No. 10 解答 ③

放送文
★：Can you help me to study French?
☆：I think you should ask James.
★：Why?
　1　I hope you enjoy your trip.
　2　I think he's sick today.
　3　He's really good at French.

放送文の訳
★：「フランス語の勉強をするのを手伝ってくれない？」
☆：「ジェームズに頼んだほうがいいと思うわ」
★：「どうして？」
　1　旅行を楽しめるといいわね。
　2　彼は今日，具合が悪いと思うわ。
　3　彼はフランス語が本当に得意よ。

解説　最後の Why? は，女の子の I think you should ask James. を受けて，「どうしてジェームズに頼んだほうがいい（と思う）か」ということ。その理由になっているのは 3 で，be good at ～ は「～が得意だ」という意味。

一次試験・リスニング　第2部　問題編 p.80～81

No. 11 解答 ①

放送文
☆：Is something wrong, Bill?
★：Have you seen my ruler? I can't find it.
☆：Where did you see it last?
★：In my pencil case on my desk.
　Question: What is Bill doing?

放送文の訳
☆：「どうかしたの，ビル？」
★：「ぼくの定規を見なかった？　それが見つからないんだ」
☆：「最後にどこで見たの？」
★：「ぼくの机の上にある筆箱の中だよ」

質問の訳　「ビルは何をしているか」
選択肢の訳　1　彼の定規を探している。　　2　筆箱を買っている。

3 彼の机を掃除している。　　**4** 宿題をしている。

解説 　Is something wrong? は，困った様子の相手に「どうかしたの？」と尋ねる表現。Have you seen ～? は「～を見ましたか」という意味で，自分が探しているものを見なかったか尋ねる質問。ここではビルが自分の ruler「定規」を探している。

No. 12　解答 ④

放送文 ★：That's a nice necklace, Nancy.

　　　☆：Thanks, Dan.　I got it yesterday at the new store by the bank.

　　　★：It looks expensive.

　　　☆：It was only $20.

　　　　Question: What did Nancy do yesterday?

放送文の訳 ★：「それはすてきなネックレスだね，ナンシー」

　　　　☆：「ありがとう，ダン。銀行のそばの新しいお店で昨日買ったの」

　　　　★：「高そうだね」

　　　　☆：「たった 20 ドルだったわ」

質問の訳 　「ナンシーは昨日，何をしたか」

選択肢の訳 　**1** 彼女は自分の店を開いた。　　**2** 彼女はダンに電話をした。
　　　　　3 彼女は銀行へ行った。　　　　**4** 彼女はネックレスを買った。

解説 　ダンが That's a nice necklace, Nancy. と言ったのを受けて，ナンシーはお礼を言った後に I got it yesterday at the new store by the bank. と説明している。it は necklace「ネックレス」を指している。正解の 4 では，got のかわりに bought「～を買った」が使われている。

No. 13　解答 ④

放送文 ★：I fell asleep during the movie.

　　　☆：It was three hours long!

　　　★：Yeah.　Movies are usually one and a half or two hours long.

　　　☆：I know.

　　　　Question: How long was the movie?

放送文の訳 ★：「映画の間に寝ちゃったよ」

☆:「3 時間あったわね！」

★:「うん。映画はたいてい 1 時間半か 2 時間だよね」

☆:「そうよね」

質問の訳 「映画はどれくらいの長さだったか」

選択肢の訳 **1** 1 時間半。　**2** 2 時間。　**3** 2 時間半。　**4** 3 時間。

解　説 女性の It was three hours long! の It は the movie を指していて，映画の長さは 3 時間だったことがわかる。男性の one and a half or two hours long「1 時間半か 2 時間の長さ」は，今回見た映画ではなく，一般的な映画の長さを言っていることに注意する。

No. 14 解答 ④

正答率 ★75%以上

放送文 ★:When is your birthday, Linda?

☆:September 25th.

★:What a surprise! That's my birthday, too.

☆:Wow! We should have a party together.

　Question: Why are Linda and the boy surprised?

放送文の訳 ★:「君の誕生日はいつなの，リンダ？」

☆:「9 月 25 日よ」

★:「驚いたなあ！　その日はぼくも誕生日だよ」

☆:「うわー！　一緒にパーティーをしたほうがいいわね」

質問の訳 「リンダと男の子はなぜ驚いているか」

選択肢の訳 **1** 彼は彼女より年上である。

2 彼女は彼より背が高い。

3 彼らは誕生日プレゼントをもらった。

4 彼らは同じ誕生日である。

解　説 What a surprise! は驚いたときの表現。男の子が驚いた理由は，その後の That's my birthday, too. で説明されていて，リンダの誕生日である September 25th「9 月 25 日」は男の子と the same birthday「同じ誕生日」だということ。

No. 15 解答 ①

正答率 ★75%以上

放送文 ☆:Mark, I'm going to make a blueberry pie.

★:I love making pies. Can I help you?

☆:Sure. Can you wash these blueberries?

★：No problem.

Question: What does Mark like to do?

放送文の訳 ☆：「マーク，ブルーベリーパイを作ろうと思うの」

★：「ぼくはパイを作るのが大好きなんだ。手伝おうか？」

☆：「ええ。このブルーベリーを洗ってくれる？」

★：「わかった」

質問の訳 「マークは何をすることが好きか」

選択肢の訳 1 パイを作る。　　　　　　2 彼の祖母と話す。

3 ブルーベリーを食べる。　4 買い物に行く。

解　説 質問の like to ～ は「～することが好きだ」という意味。マークは これに近い表現 love ～ing「～することが大好きだ」を使って I love making pies. と言っているので，1 が正解。No problem. は「わかった，いいよ」という意味。

No.16 解答 ③　　　　　　　　　　　　　　　　　正答率 ★75%以上

放送文 ☆：Which club will you join this year?

★：Maybe the English club or the science club.

☆：You can play the piano well. You should join the music club.

★：Good idea.

Question: Which club does the girl tell the boy to join?

放送文の訳 ☆：「今年はどのクラブに入るの？」

★：「たぶん英語クラブか理科クラブだね」

☆：「あなたはピアノをじょうずに弾けるわ。音楽クラブに入ったほうがいいわよ」

★：「いい考えだね」

質問の訳 「女の子は男の子にどのクラブに入るように言っているか」

選択肢の訳 1 英語クラブ。　　　　　2 理科クラブ。

3 音楽クラブ。　　　　　4 演劇クラブ。

解　説 質問の 〈tell＋（人）＋to ～〉 は「（人）に～するように言う」という意味。今年どのクラブに入るかについて，男の子は Maybe the English club or the science club. と答えているが，女の子は You should join the music club. と言っていることに注意する。

You should ～ は「あなたは～したほうがいい」という提案の表現。

No. 17 解答 ②

放送文
☆：What's for dinner?
★：Let's go to a Japanese restaurant.
☆：No, we need to save money for our trip to Australia.
★：OK. I'll make curry.
Question: What does the woman want to do?

放送文の訳
☆：「夕食は何？」
★：「日本食のレストランへ行こう」
☆：「だめよ，オーストラリアへの旅行のためにお金を節約する必要があるわ」
★：「わかった。ぼくがカレーを作るよ」

質問の訳 「女性は何をしたいか」

選択肢の訳
1 レストランで食事する。　　2 旅行のためにお金を節約する。
3 日本へ旅行する。　　　　　4 カレーの作り方を習う。

解　説
男性の Let's go to a Japanese restaurant. という提案に，女性は No と答えた後，続けて we need to save money for our trip to Australia と言っている。save money for ～ は「～のためにお金を節約する」という意味。

No. 18 解答 ②　　　　　　　　　　　　　正答率 ★75%以上

放送文
★：Hi, Jenny. Is that your dog?
☆：No, it's my sister's. I'm just taking care of him for a week.
★：Did she go somewhere?
☆：Yeah. She's visiting friends in Boston.
Question: Whose dog is it?

放送文の訳
★：「やあ，ジェニー。それは君の犬なの？」
☆：「ううん，私の姉[妹]の犬よ。1週間世話をしているだけなの」
★：「お姉さん[妹さん]はどこかへ行ったの？」
☆：「ええ。ボストンの友だちのところへ行っているわ」

質問の訳 「それは誰の犬か」

21年度第3回　リスニング

101

選択肢の訳	**1** ジェニーの（犬）。
	2 ジェニーの姉[妹]の（犬）。
	3 ジェニーの友だちの（犬）。
	4 男性の（犬）。

解説 男性の Is that your dog? にジェニーは No と答えているので，**1** を選ばないように注意する。その後の it's my sister's に正解が含まれている。my sister's は my sister's dog ということ。take care of ~ は「~の世話をする」という意味。

No. 19 解答 ③

放送文 ☆：Have you finished the report, Carl?

★：Yes, Tracy. I put it on your desk.

☆：We need it for this meeting. Can you go and get it?

★：Sure.

Question: Where is the report now?

放送文の訳 ☆：「報告書は終わったの，カール？」

★：「うん，トレイシー。君の机の上に置いたよ」

☆：「この会議にそれが必要なの。取りに行ってくれる？」

★：「わかった」

質問の訳 「報告書は今どこにあるか」

選択肢の訳	**1** カールのオフィスに。	**2** 会議室に。
	3 トレイシーの机の上に。	**4** コピー機の上に。

解説 トレイシーの Have you finished the report, Carl? に，カールは Yes, Tracy. と答えた後，I put it on your desk. と言っている。it は the report「報告書」を指していて，your desk はトレイシーの机のこと。

No. 20 解答 ①

放送文 ☆：Your son is so busy.

★：Yeah. He has baseball practice twice a week and a violin lesson every Friday.

☆：Wow.

★：He does volunteer work once a month, too.

Question: How often does the man's son have a violin

102

lesson?」

放送文の訳
☆:「あなたの息子さんはとても忙しいわね」
★:「そうなんだ。週に2回の野球の練習と，毎週金曜日にはバイオリンのレッスンがあるんだ」
☆:「うわー」
★:「月に1回ボランティアの仕事もしてるよ」

質問の訳
「男性の息子はどれくらいの頻度でバイオリンのレッスンがあるか」

選択肢の訳
1 週に1回。　2 週に2回。　3 月に1回。　4 月に2回。

解説
男性は息子について，He has baseball practice twice a week and a violin lesson every Friday. と説明している。バイオリンのレッスンは every Friday「毎週金曜日」なので，週に1回ということになる。baseball practice の twice a week や，volunteer work の once a month と混同しないように注意する。

一次試験・リスニング　第**3**部　問題編 p.82〜83　

No.21 解答 **2**

放送文
Steve is having a party tonight. Yesterday, he made a cake. He needs drinks for the party, so he'll buy them this morning. This afternoon, he'll clean his apartment.
Question: What is Steve going to buy today?

放送文の訳
「スティーブは今夜，パーティーをする。昨日，彼はケーキを作った。パーティーに飲み物が必要なので，今日の午前にそれらを買う。今日の午後，彼はアパートの部屋を掃除する」

質問の訳
「スティーブは今日，何を買うか」

選択肢の訳
1 風船。　2 飲み物。　3 ケーキ。　4 プレゼント。

解説
スティーブのパーティーに向けた準備が話題。He needs drinks for the party, so he'll buy them this morning. の聞き取りがポイント。buy の後の them は drinks を指しているので，今日買う物は飲み物である。

No. 22 解答 ④ 　正答率 ★75%以上

放送文
Betty is in the school art club. On weekdays, she practices painting at school, but on Saturdays, she paints at home. On Sundays, she often goes to the park and paints there.
Question: Where does Betty paint on Saturdays?

放送文の訳
「ベティーは学校の美術部に入っている。平日は学校で絵を描く練習をするが，土曜日は家で絵を描く。日曜日はよく公園へ行って，そこで絵を描く」

質問の訳
「ベティーは土曜日にどこで絵を描くか」

選択肢の訳
1 学校で。　　　　　　　　　　2 友だちの家で。
3 公園で。　　　　　　　　　　4 家で。

解説
ベティーがどこで絵を描くかについて，それぞれ On weekdays「平日に」→ at school，on Saturdays「土曜日に」→ at home，On Sundays「日曜日に」→ goes to the park という情報を混同しないようにする。質問では on Saturdays について尋ねている。

No. 23 解答 ④

放送文
Mark's grandfather took him to the zoo. They saw many animals, such as birds, elephants, monkeys, and snakes. Mark liked the monkeys the best because they were cute. He didn't like the snakes.
Question: Which animals didn't Mark like?

放送文の訳
「マークの祖父はマークを動物園へ連れて行った。2人は鳥，ゾウ，サル，ヘビといったたくさんの動物を見た。マークはサルがかわいかったのでいちばん気に入った。ヘビは気に入らなかった」

質問の訳
「マークはどの動物が気に入らなかったか」

選択肢の訳
1 サル。　　2 ゾウ。　　3 鳥。　　4 ヘビ。

解説
birds, elephants, monkeys, snakes と動物名がたくさん出てくるが，最後の He didn't like the snakes. から，マークが気に入らなかったのは snakes「ヘビ」だとわかる。monkeys「サル」はマークがいちばん気に入った動物なので，1は不正解。

No. 24 解答 ④

放送文
Yesterday, during dinner, my dad told me about his job. After that, I told him about my baseball game. This morning, I talked to my mom about my class ski trip.
Question: What did the boy's father talk about last night?

放送文の訳
「昨日，夕食中に，お父さんはぼくに自分の仕事について話した。その後，ぼくはお父さんに自分の野球の試合について話した。今朝，ぼくはお母さんにぼくのクラスのスキー旅行について話した」

質問の訳
「男の子の父親は昨夜，何について話したか」

選択肢の訳
1 有名な野球選手。　　　　2 新しい野球場。
3 彼のスキー旅行。　　　　4 彼の仕事。

解説
最初の Yesterday, during dinner, my dad told me about his job. から，4 が正解。told は tell の過去形で，〈tell ＋（人）＋ about ～〉は「（人）に～について話す」という意味。男の子が父親に話した my baseball game や，母親に話した my class ski trip と混同しないように注意する。

No. 25 解答 ③

放送文
I had fun in Europe. In London, I took a bus tour and made some new friends. In Paris, I visited a beautiful church. I hope to go back again soon.
Question: What did the woman do in Paris?

放送文の訳
「私はヨーロッパで楽しんだ。ロンドンでは，バスツアーに参加して，新しい友だちをつくった。パリでは，美しい教会を訪れた。また近いうちに戻りたいと思っている」

質問の訳
「女性はパリで何をしたか」

選択肢の訳
1 彼女はバスツアーに参加した。
2 彼女は新しい友だちをつくった。
3 彼女は教会へ行った。
4 彼女は博物館を訪れた。

解説
In Paris, I visited a beautiful church. から，3 が正解。3 では，visited のかわりに went to が使われている。1 の She took a bus tour. と 2 の She made new friends. は London「ロンドン」

105

に行ったときのこと。

No. 26 解答 ②

放送文 Adam couldn't find his pencil case this afternoon. He looked in his bag and around his classroom, but he finally found it in the library. He left it there when he was studying at lunchtime.
Question: Where was Adam's pencil case?

放送文の訳 「アダムは今日の午後，筆箱が見つからなかった。自分のかばんの中や教室中を探したが，図書館でやっとそれを見つけた。彼が昼休みに勉強していたときに，そこに置き忘れていた」

質問の訳 「アダムの筆箱はどこにあったか」

選択肢の訳 1　彼のかばんの中に。　　　　2　図書館に。
3　彼の教室に。　　　　　　4　カフェテリアに。

解説 He looked in his bag and around his classroom を聞いて 1 や 3 を選んでしまわないように注意する。その後の but he finally found it in the library に正解が含まれている。finally は「やっと」という意味，found は find「〜を見つける」の過去形。

No. 27 解答 ①

放送文 I've been friends with Michael since we were high school students. We're both 30 now, but we still talk to each other a lot. He has two children, and he's a great dad.
Question: Who is the man talking about?

放送文の訳 「マイケルとはぼくたちが高校生のときからの友だちだ。2 人とも今 30 歳だが，今でもお互いによく話す。彼には 2 人の子どもがいて，彼はすばらしいお父さんだ」

質問の訳 「男性は誰について話しているか」

選択肢の訳 1　彼の友だち。　　　　　　2　彼の子どもたち。
3　彼の高校の先生。　　　　4　彼の父親。

解説 I've been friends with Michael since 〜「マイケルとは〜からの友だちである」で始まっているので，友人のマイケルが話題。I've は I have の短縮形で，have been 〜は「ずっと〜である」という現在完了形。talk to each other は「お互いに話す」という

意味。

No.28 解答 ①

放送文
My mom was planning to take me to my soccer game, but she caught a cold. So, my dad drove me there. He isn't interested in sports, but he enjoyed watching my game.
Question: Why did the girl's father take the girl to the game?

放送文の訳
「私のお母さんが私をサッカーの試合に連れて行ってくれることになっていたが，お母さんは風邪をひいてしまった。だから，お父さんが車で私をそこまで送ってくれた。お父さんはスポーツに興味がないが，私の試合を見て楽しんだ」

質問の訳
「なぜ女の子の父親は女の子を試合へ連れて行ったか」

選択肢の訳
1 彼女の母親は具合が悪かった。
2 彼女の母親は忙しかった。
3 彼女の父親は監督である。
4 彼女の父親はスポーツが大好きだ。

解　説
1文目後半と2文目の …, but she caught a cold. So, my dad drove me there. から判断する。caught は catch の過去形で，catch a cold は「風邪をひく」という意味。正解の1では was sick「具合が悪かった」という表現になっている。drove は drive「～を車で送る」の過去形。

No.29 解答 ①

放送文
When I was a junior high school student, I walked to school. Now, I go to high school. It's too far away to walk or ride my bike, so I go by train.
Question: How does the boy get to high school?

放送文の訳
「中学生のとき，ぼくは歩いて学校へ行っていた。今，ぼくは高校へ通っている。歩いたり自転車に乗って行ったりするには遠すぎるので，電車で行っている」

質問の訳
「男の子はどうやって高校へ行っているか」

選択肢の訳
1 彼は電車で行っている。
2 彼はバスで行っている。
3 彼は自転車に乗って行っている。

4 彼は歩いて行っている。

解説 too ~ to ... は「…するには~すぎる，あまりに~で…できない」という意味。It's too far away to walk or ride my bike と言っているので，3 と 4 は不正解。その後の so I go by train から，1 が正解。

No.30 解答 ④

放送文 Good morning, class. Today, we need to get ready for tomorrow's school festival. Edward, please make some posters. John, go to the cafeteria and bake some cookies with Ms. Clark. Emily, please practice your speech.
Question: What will John do for the festival?

放送文の訳 「おはようございます，みなさん。今日は，明日の学園祭の準備をする必要があります。エドワードはポスターを作ってください。ジョンはカフェテリアに行って，クラーク先生と一緒にクッキーを焼いてください。エミリーはスピーチを練習してください」

質問の訳 「ジョンは学園祭のために何をするか」

選択肢の訳
1 スピーチをする。　　　2 カフェテリアを掃除する。
3 ポスターを作る。　　　4 クッキーを作る。

解説 get ready for ~ は「~の準備をする」という意味。school festival「学園祭，文化祭」の準備について，先生が各生徒に指示している場面。ジョンに対しては，John, go to the cafeteria and bake some cookies with Ms. Clark. と言っている。正解の 4 では，bake「~を焼く」のかわりに make が使われている。

二次試験・面接　問題カード **A** 日程　問題編 p.84~85　▶MP3 ▶アプリ ▶CD 2 34~38

全訳
パスタ
パスタは世界中の国々で食べられている。パスタは肉と野菜のどちらと一緒に食べてもおいしいので，多くの人に人気のある料理だ。いろいろな種類や色のパスタを売っている店もある。

質問の訳 No.1　パッセージを見てください。なぜパスタは多くの人に人気のある料理なのですか。

No.2 イラストを見てください。男性はトマトをいくつ持っていますか。

No.3 長い髪の女の子を見てください。彼女は何をしようとしていますか。

さて，～さん，カードを裏返しにしてください。

No.4 あなたは冬休みの間に何をしましたか。

No.5 あなたはお祭りに行くことが好きですか。

はい。　→ もっと説明してください。

いいえ。→ あなたは今年の春に何をしたいですか。

21年度第3回　面接

No.1

解答例 Because it tastes good with both meat and vegetables.

解答例の訳 「それは肉と野菜のどちらと一緒に食べてもおいしいからです」

解説 質問は Why で始まり，パスタが a popular dish with many people「多くの人に人気のある料理」である理由を尋ねている。2文目に正解が含まれているが，①質問の主語と重なる Pasta を3人称単数の代名詞 it に置き換える，②文の後半 so it is a popular dish with many people「だから，それは多くの人に人気のある料理だ」は質問と重なる内容なので省く，という2点に注意する。

No.2

解答例 He's holding two tomatoes.

解答例の訳 「彼はトマトを2つ持っています」

解説 〈How many＋複数名詞〉は数を尋ねる表現。hold「～を（手に）持つ」が現在進行形で使われていて，男性がトマトをいくつ持っているか尋ねている。イラストで男性はトマトを2つ持っているが，単に Two tomatoes. と答えるのではなく，質問の現在進行形に合わせて He's [He is] holding two tomatoes. と答える。

No.3

解答例 She's going to drink water.

解答例の訳 「彼女は水を飲もうとしています」

解説 イラスト中の the girl with long hair「長い髪の女の子」に関する質問。be going to ～は「～しようとしている」という意味で，女の子がこれからとる行動は吹き出しの中に描かれている。質問に合わせて，She's [She is] going to ～（動詞の原形）の形で答

109

える。「水を飲む」は drink water と表現する。

No. 4

解答例
I went skiing.

解答例の訳
「私はスキーをしに行きました」

解　説
during は「～の間に」，winter vacation は「冬休み」という意味
で，質問では冬休みに何をしたかを尋ねている。自分がしたこと
を，主語の I から始めて答える。その際，動詞は過去形を使うこ
とに注意する。

No. 5

解答例
Yes. → Please tell me more.
　　— There's an interesting festival in my town.
No. → What would you like to do this spring?
　　— I'd like to go camping.

解答例の訳
「はい」→ もっと説明してください。
　　—「私の町にはおもしろいお祭りがあります」
「いいえ」→ あなたは今年の春に何をしたいですか。
　　—「私はキャンプに行きたいです」

解　説
最初の質問 Do you like to go to festivals? には，festivals「お
祭り」に行くことが好きかどうかを Yes(, I do). / No(, I don't).
で答える。Yes の場合の 2 番目の質問 Please tell me more. には，
お祭りが好きな理由や，今までにどんなお祭りに行ったかなどを
答えればよい。No の場合の 2 番目の質問 What would you like
to do this spring? には，this spring「今年の春」にしたいこと
を I'd like to ～ の形で答える。解答例の他に，(Yes の場合) I
enjoy eating many kinds of food.「たくさんの種類の食べ物を
食べて楽しみます」，(No の場合) I'd like to watch cherry
blossoms.「お花見をしたいです」のような解答も考えられる。

| 二次試験・面接 | 問題カード | **B** | 日程 | 問題編 p.86〜87 | 🔊 | ▶MP3 ▶アプリ ▶CD 2 39〜42 |

全　訳

湖

日本にはたくさんの美しい湖がある。湖はたいてい静かで，訪れ

てリラックスできる場所である。近くにキャンプする場所がある湖もあって，晴れているときに湖へ泳ぎに行くことが好きな人たちもいる。

質問の訳

No.1 パッセージを見てください。晴れているときに何をすることが好きな人たちがいますか。

No.2 イラストを見てください。ボートには何人が座っていますか。

No.3 帽子をかぶっている男性を見てください。彼は何をしていますか。

さて，～さん，カードを裏返しにしてください。

No.4 あなたは今夜何をする予定ですか。

No.5 あなたは留学してみたいですか。

はい。 → もっと説明してください。

いいえ。→ なぜですか。

No.1

解答例 They like to go swimming in lakes.

解答例の訳 「彼らは湖へ泳ぎに行くことが好きです」

解 説 like to ～ は「～することが好き」，sunny は「晴れた」という意味。3文目に正解が含まれているが，解答する際，①質問の主語と重なる some people を3人称複数の代名詞 they に置き換える，②文の前半 There are places to camp near some lakes「近くにキャンプする場所がある湖もある」は質問には直接関係しないことなので省く，という2点に注意する。

No.2

解答例 Two people are sitting in the boat.

解答例の訳 「2人がボートに座っています」

解 説 〈How many＋複数名詞〉は数を尋ねる表現。sit「座る」が現在進行形で使われていて，boat「ボート」に座っている人数を尋ねている。イラストでは2人がボートに座っているが，単に Two people. と答えるのではなく，質問の現在進行形に合わせて Two people are sitting in the boat. と答える。

No.3

解答例 He's fishing.

111

解答例の訳 「彼は釣りをしています」

解　説 イラスト中の the man wearing a hat「帽子をかぶっている男性」に関する質問。質問の What is ～ doing? は，「～は何をしていますか」という現在進行形の疑問文。「釣りをする」は fish を動詞で使うことができ，質問に合わせて He's [He is] fishing. という現在進行形で答える。

No. 4

解答例 I'm going to watch a DVD.

解答例の訳 「DVD を見る予定です」

解　説 be going to ～ は「～する予定である，～するつもりだ」，this evening は「今夜」という意味。今夜，自分が何をする予定であるかを，質問に合わせて I'm going to ～（動詞の原形）の形で答える。

No. 5

解答例 Yes. → Please tell me more.
　　　　　— I want to study in Australia.
No. → Why not?
　　　　　— I like living in Japan.

解答例の訳 「はい」→ もっと説明してください。
　　　　　—「私はオーストラリアで勉強したいです」
「いいえ」→ なぜですか。
　　　　　—「私は日本で暮らすことが好きです」

解　説 最初の質問の Would you like to ～? は「～したいですか」，study abroad は「海外で勉強する→留学する」という意味で，留学してみたいかどうかを Yes. / No. で答える。Yes の場合の2番目の質問 Please tell me more. には，留学したい理由や，どこへ留学したいかなどを答えればよい。No の場合の2番目の質問 Why not? には，留学したいとは思わない理由を説明する。解答例の他に，（Yes の場合）I'd like to live in a foreign country.「私は外国で暮らしてみたいです」，（No の場合）Studying abroad is expensive.「留学は費用が高いです」のような解答も考えられる。

112

2021-2

一次試験
筆記解答・解説　p.114〜127

一次試験
リスニング解答・解説　p.127〜143

二次試験
面接解答・解説　p.144〜148

解答一覧

一次試験・筆記

1	(1)	3	(6)	4	(11)	1
	(2)	3	(7)	4	(12)	1
	(3)	4	(8)	1	(13)	3
	(4)	2	(9)	4	(14)	3
	(5)	4	(10)	2	(15)	2

2	(16)	1	(18)	3	(20)	4
	(17)	1	(19)	2		

3 A	(21)	4	**3 B**	(23)	4
	(22)	3		(24)	1
				(25)	2

3 C	(26)	1	(28)	2	(30)	1
	(27)	2	(29)	3		

4	解答例は本文参照

一次試験・リスニング

第1部	No. 1	1	No. 5	1	No. 9	3
	No. 2	3	No. 6	3	No.10	1
	No. 3	1	No. 7	2		
	No. 4	1	No. 8	1		

第2部	No.11	1	No.15	4	No.19	2
	No.12	1	No.16	1	No.20	3
	No.13	3	No.17	4		
	No.14	1	No.18	4		

第3部	No.21	4	No.25	1	No.29	1
	No.22	2	No.26	1	No.30	2
	No.23	2	No.27	4		
	No.24	4	No.28	3		

| 一次試験・筆記 | **1** | 問題編 p.90〜91 |

(1) 解答 ③ 正答率 ★75%以上

訳
A「うわー，困ったな！　ぼくのペンはもうインクがないよ！　借りられるペンを持ってる？」
B「ええ，はい，どうぞ」

解説
no more 〜は「もう〜ない」という意味。A は自分のペンに ink「インク」がないので，B に尋ねているのは borrow「〜を借りる」ことができるペンを持っているかどうかということ。tell「〜を話す」，think「〜を思う」，put「〜を置く」。

(2) 解答 ③

訳
A「何があったの，シャロン？　君のドレスはどうしてそんなに汚れているの？」
B「雨が激しく降っていて，自転車で転んじゃったの」

解説
fell は fall の過去形で，fall off 〜で「〜から（転げ）落ちる」という意味。It was raining hard と自転車で転んだという状況から，シャロンの dress「ドレス」は dirty「汚れた」のだとわかる。tall「背が高い」，short「背が低い，短い」，useful「役に立つ」。

(3) 解答 ④

訳
A「ジェーン，このドレスは私に似合ってるかしら？」
B「とてもすてきよ。あそこの鏡で見てごらん」

解説
Jane, how does this dress look on me? は，ドレスが自分に似合っているかどうかを尋ねた質問。B（ジェーン）の発言の2文目は Look で始まっているので，A に見るように言っているのは mirror「鏡」。center「中央」，counter「カウンター」，cloud「雲」。

(4) 解答 ②

訳
A「日本から来た新しい交換留学生を知ってる？」
B「うん。彼の名前はケンタロウだよ。彼はぼくのクラスにいる

よ」

解説 空所の後の student とつながるのは exchange「交換」で，exchange student from 〜は「〜から来た交換留学生」という意味。cover「覆い，カバー」，plan「計画」，surprise「驚き」。

(5) 解答 **4** 　　　　　　　　　　　　　　　　正答率 ★**75%以上**

訳 「ジャネットはジャーナリストだ。彼女は新聞社で働いている。よく外国を訪れて，それらについての記事を書く」

解説 works for a newspaper「新聞社で働く」，writes stories about them（＝other countries）などから，ジャネットは journalist「ジャーナリスト，記者」だとわかる。designer「デザイナー」，guard「警備員」，coach「コーチ，監督」。

(6) 解答 **4**

訳 A「ここにサラダドレッシングがあるわ，トニー。使う前によくそれを振ってね」
B「わかった，お母さん」

解説 空所の後の it は，その前の文に出ている the salad dressing「サラダドレッシング」を指しているので，それとのつながりから Shake「〜を振る」が正解。Call「〜に電話する，〜を呼ぶ」，Build「〜を建てる」，Invite「〜を招待する」。

(7) 解答 **4**

訳 「私たちは古いものをリサイクルするように努めるべきだと考える人たちがいる。人々は新しいものをたくさん買い過ぎだと考える人たちもいる」

解説 old things「古いもの」と意味的につながるのは recycle「〜をリサイクルする，再生利用する」。Some people 〜．Others … は「〜する人たちもいれば，…する人たちもいる」という意味。raise「〜を上げる」，rise「昇る」，repeat「〜をくり返す」。

(8) 解答 **1**

訳 A「夕食の手伝いをしてもいい，お母さん？」
B「いいわよ。最初に，これらのジャガイモとタマネギを切ってね」

115

| 解　説 | Can I ～?「～してもいいですか」は許可を求める表現。空所の後にある of all とのつながりから，First of all「最初に，初めに」という表現にする。More「より多くの（もの）」，Quick「すばやい」，Small「小さい」。 |

(9)　解答　**4**

| 訳 | A「お母さん，一緒にアップルパイを作れる？」
B「いいわよ。少し難しいけど，できると思うわ」 |

| 解　説 | a（　）が difficult「難しい」を修飾していることから，a little「少し，ちょっと」という表現にする。最後の do it「そうする」は，make an apple pie「アップルパイを作る」ということ。high「高い」，few「少ない，少しの」，much「たくさん（の）」。 |

(10)　解答　**2**

| 訳 | 「エマは昨日，新しいデパートへ買い物に行った。彼女はジャケット1着と新しいジーンズを1本買った」 |

| 解　説 | jeans「ジーンズ」を含めてズボンは，a pair of ～「1着[1本]の～」，two pairs of ～「2着[2本]の～」のように数える。a piece of ～「1つ[1切れ]の～」，a slice of ～「1切れの～」，a sheet of ～「1枚の～」。 |

(11)　解答　**1**　　　　　　　　　　　　　　　正答率 ★75%以上

| 訳 | A「これから勉強するので，ぼくに話があればドアをノックしてね」
B「わかった，マイク」 |

| 解　説 | 空所の後の on と my door に注目して，knock on ～「（ドアなど）をノックする」という表現にする。if you need to talk to me は「ぼくに話す必要があれば」，つまり「ぼくに話があれば」ということ。decide「（～を）決める」，agree「同意する」，smell「～のにおいがする」。 |

(12)　解答　**1**

| 訳 | A「今，時間はある，ダグ？」
B「ううん，ごめん。実は，これから会議に出かけなくちゃいけ |

ないんだ。後で電話するよ」

解説 空所の後の fact とのつながりを考えて，In fact「実は，実のところ」という表現にする。ダグは In fact 以下で，時間がない理由を説明している。leave for ～は「～に出かける，～に（向けて）出発する」という意味。

(13) 解答 ③

訳 「その町は美しい古い建物で有名だ。そこには，前世紀に建てられた家がたくさんある」

解説 ( ) in the last century がその前にある many houses「たくさんの家」を説明する文になるように，build「～を建てる」を過去分詞の built「建てられた」にする必要がある。the last century は「前世紀」という意味。

(14) 解答 ③

正答率 ★75%以上

訳 A「どこにセントラルパークがあるのかわからないわ」
B「この近くだよ。案内するよ」

解説 B が It's near here. と場所を説明していることから，A は Central Park がどこにあるのかわからないと言っていることがわかるので，where「どこに」が正解。who「誰が」，when「いつ」，why「なぜ」。

(15) 解答 ②

訳 A「バスケットボールの大会はどうだった？」
B「よくなかったよ。ぼくたちはそこでいちばんダメなチームだった。1 試合も勝てなかったんだ」

解説 空所の前に the があることと，We didn't win any games.「ぼくたちは 1 試合も勝てなかった」という内容から，bad「悪い，へたな」の最上級 the worst ～「最悪の～［いちばんダメな～］」が正解。1 の poor は「貧しい」，3 の worse は bad の比較級。

117

一次試験・筆記 **2** 問題編 p.92

(16) 解答 **1**

訳
女性「水族館へイルカショーを見に行きたいわ。今週末は時間ある？」
男性「どうかな。予定を確認して，今夜君に電話するよ」

解説
女性の Are you free this weekend? は，今週末に時間があるかどうかを尋ねた質問。男性の check my schedule「自分の予定[スケジュール]を確認する」の後につながる行動として **1** が適切。call は「〜に電話をする」という意味。

(17) 解答 **1**

訳
女性「私にアドバイスをしてくれてどうもありがとう」
男性「どういたしまして。明日の面接でがんばってね」
女性「ありがとう」

解説
女性が Thank you very much for 〜ing「〜してくれてどうもありがとう」と感謝していることに注目する。正解 **1** の Not at all. は，感謝の言葉などに対して「どういたしまして」と答える表現。Good luck with 〜は「〜でがんばってね」という意味。

(18) 解答 **3** 正答率 ★**75%以上**

訳
男性「来月，休暇に出かけるんだ」
女性「いいわね！　どういう計画なの？」
男性「南アメリカを旅して回るんだ」

解説
go on vacation は「休暇に出かける」という意味で，男性は女性に来月の休暇について伝えている。男性は I'll take a tour of South America. と休暇に何をするのか伝えているので，計画を尋ねる **3** の What are your plans? が正解。

(19) 解答 **2** 正答率 ★**75%以上**

訳
男性「夕食に行く準備はできてる？」
女性「ええ。タクシーに乗って行きましょう」

118

男性「いい考えだね！　ぼくも雨の中を歩きたくないよ」

解説 男性が I don't want to walk in the rain, either. と雨の中を歩きたくないと言っていることから，タクシーに乗って行くことを提案している 2 の Let's take a taxi. が正解。I don't ～, either. は「私も～ない」という意味。

(20) 解答 ④

訳 女性「ねえ，ジョン。今，何時？　腕時計を忘れちゃったの」
男性「ごめん，ジャネット。わからないよ。自分の腕時計を家に置いてきちゃったんだ」
女性「大丈夫。ピーターに聞くわ」

解説 女性の What time is it? に，男性は I don't know. と答えている。その理由になるのは 4 の I left mine at home. で，left は leave「～を置き忘れる」の過去形。mine「ぼくのもの」は my watch「ぼくの腕時計」ということ。

21年度第2回　筆記

一次試験・筆記 **3A** 問題編 p.94～95

ポイント ある中学校の特別行事に関するお知らせ。卒業生のプロサッカー選手が母校に来て講演をする。講演者と講演内容，日時と場所，参加申込方法などの情報を読み取ろう。

全訳
特別行事

エミリー・シモンズが講演をするためにノーランド中学校に来校します。シモンズさんは，5 年以上にわたってプロのサッカーチームであるノーランド・ロケッツの選手です。彼女は本校の生徒で，サッカーチームのキャプテンでした。

日時：3 月 10 日　午後 3 時 30 分から午後 5 時まで
場所：学校の体育館

彼女の経験を聞きに来たければ，すぐに参加を申し込んでください。3 月 1 日までに，本校の体育教師であるナイト先生に E メールを送ってください。

knight@nolandjrh.edu

119

シモンズさんは，試合でボールをうまくパスする方法を私たちに教えてくれます。彼女に質問をする機会がたくさんあります！

語句 event「行事，イベント」，give a talk「講演する，話をする」，professional「プロの」，more than ～「～以上」，captain「キャプテン，主将」，experience(s)「経験」，sign up「（参加を）申し込む，登録する」，send「～を送る」，P.E.「体育」，pass「～をパスする」，chance(s)「機会，チャンス」

(21) 解答 ④

正答率 ★75%以上

質問の訳 「誰がノーランド中学校へやって来るか」

選択肢の訳
1 有名な体育の教師。
2 新しいサッカーのコーチ。
3 他校の生徒。
4 サッカー選手。

解説 お知らせの1文目から Emily Simmons が来校すること，2文目の Ms. Simmons has been a member of the Noland Rockets, a professional soccer team, ... から，シモンズさんがプロのサッカーチームの a member「一員，メンバー」，つまり player「選手」だとわかる。

(22) 解答 ③

質問の訳 「生徒がこの行事に参加できるようにするには」

選択肢の訳
1 シモンズさんに手紙を書く。
2 3月10日までにサッカーチームのメンバーに尋ねる。
3 3月1日までにナイト先生にEメールを送る。
4 サッカーチームのノーランド・ロケッツに電話する。

解説 質問の take part in ～は「～に参加する」という意味。行事への参加については，お知らせに If you want to come and hear about her experiences, sign up soon. と書かれている。具体的な申込方法は，次の文の Send an e-mail to our P.E. teacher, Mr. Knight, by March 1. で説明されている。

120

| 一次試験・筆記 | **3B** | 問題編 p.96〜97 |

ポイント

大学進学のために引っ越しをするグレイス・モーガンが，引っ越し先に持っていけない本の寄贈について図書館とやり取りをしているEメール。図書館からの返信内容と，グレイスが結局どうすることにしたかを理解しよう。

全 訳

送信者：グレイス・モーガン

受信者：シルバータウン公立図書館

日付：7月20日

件名：本

こんにちは，

私の名前はグレイス・モーガンで，先月シルバータウン高校を卒業しました。この秋，大学進学のためにシカゴへ引っ越します。私は読書が大好きなので本をたくさん持っていますが，すべての本を持っていくことはできません。私の友だちが，シルバータウン公立図書館はそれらをほしがるかもしれないと言いました。もし興味がおありでしたら，ご返信ください。

敬具，

グレイス・モーガン

送信者：シルバータウン公立図書館

受信者：グレイス・モーガン

日付：7月21日

件名：ありがとうございます

グレイスさま，

Eメールをありがとうございます。はい，当館はあなたの本に興味があります。本を箱に入れて，図書館裏手の大きなドアのそばにその箱を置いてください。午前中ならいつでも本をお持ちいただけます。毎日午後，私が本の入った箱を図書館内へ運び，毎週水曜日と金曜日に，本を見て，当館用のものを選びます。ときどき，当館に必要ない本をいただく場合もあります。私はそれらの本を他の図書館や学校へ送るようにしています。本が古くて破損

21年度第2回 筆記

121

していれば，それらをシルバータウン製紙会社に売却することもあります。売却後，雑誌や新聞など図書館用の物を買うためにそのお金を使います。

敬具，

ジョージ・リビングストン

送信者：グレイス・モーガン

受信者：シルバータウン公立図書館

日付：**7 月 22 日**

件名：月曜日の午前

リビングストンさま，

ご返信いただき，ありがとうございます。私は自分の家の近くの書店に本を持っていくことにしました。今週末にそこで本を売ってみようと思います。売れない本があれば，それを箱に入れて，月曜日の午前に図書館にお持ちします。

敬具，

グレイス

語句　public「公共の，公立の」, graduated＜graduate の過去形（graduate from ～で「～を卒業する」）, fall「秋」, move to ～「～へ引っ越しする」, university「大学」, maybe「たぶん，～かもしれない」, write back「返信する，返事を書く」, at the back of ～「～の裏手[後ろ]に」, choose「～を選ぶ」, paper company「製紙会社」, such as ～「(たとえば)～のような」, bookstore「書店」, weekend「週末」

(23) 解答 ④

質問の訳　「グレイス・モーガンはこの秋に何をし始めるか」

選択肢の訳
1 図書館で働くこと。　　　2 本を書くこと。
3 高校で教えること。　　　**4 大学で勉強すること。**

解説　グレイス・モーガンが this fall「この秋」に何をするかは，最初のEメールの2文目に，This fall, I'll move to Chicago for university. と書かれている。for university「大学進学のために」

122

を，正解の 4 では Studying at university. と表現している。

(24) 解答 1

質問の訳 「ジョージ・リビングストンは毎週水曜日と金曜日に何をするか」

選択肢の訳
1 彼は箱の中の本を見る。
2 彼はシルバータウン製紙会社へ行く。
3 彼は学校で子どもたちに本を読む。
4 彼は本が入った箱を別の図書館へ持っていく。

解説 ジョージ・リビングストンが書いた 2 番目の E メールの 5 文目後半に，… and every Wednesday and Friday, I look at the books … とある。the books とは，同じ文の前半にある the boxes of books から，箱の中に入っている本のことだとわかる。

(25) 解答 2

正答率 ★75%以上

質問の訳 「グレイスは今週末にどこへ行くか」

選択肢の訳
1 図書館へ。
2 書店へ。
3 彼女の大学へ。
4 彼女の友だちの家へ。

解説 3 番目の E メールの 2 文目にある I have decided to take the books to a bookstore near my house. から，グレイスが自分の家の近くの書店に本を持っていくこと，3 文目の I'll try to sell them there this weekend. から，今週末にそこ（書店）で本を売ってみようとしていることがわかる。

一次試験・筆記 **3C** 問題編 p.98〜99

ポイント 著名な画家で，鳥類研究家でもあったジョン・ジェームズ・オーデュボンの生涯に関する 5 段落構成の英文。時や場所を表す語句に注意して，オーデュボンが有名になるまでに，いつ，どこで，何をしたかを読み取ろう。

全訳 **ジョン・ジェームズ・オーデュボン**

ジョン・ジェームズ・オーデュボンは著名な画家で，鳥類研究家でもあった。彼は 1785 年にハイチで生まれたが，フランスで育った。子どもの頃，彼は絵を描くことと自然を楽しみ，鳥が大

21
年
度
第
2
回
筆
記

123

好きだった。彼はバイオリンも弾いた。

　オーデュボンが18歳のとき，ナポレオンがフランスの指導者だった。その当時，ナポレオンはフランスのすべての若い男性にフランス軍隊に入隊するように命じた。オーデュボンは軍隊に入りたくなかったので，アメリカ合衆国へ行った。

　オーデュボンはフィラデルフィア近くの大きな農場で暮らした。そこで，鳥を研究し始めた。彼は鳥の絵も描き始めた。オーデュボンの絵はとても細かいので特別だった。彼は，鳥がどのように移動して生きているのかも研究した。

　その後，1808年に，オーデュボンはケンタッキーへ引っ越した。彼はそこで店を経営したが，それでも時間があるときに鳥の絵を描いた。オーデュボンの店は十分な稼ぎがなかったので，1819年に閉店した。彼はミシシッピ川沿いを旅することにした。道中で，オーデュボンは自分が見た鳥の絵を描いた。彼の最大の夢は，アメリカのあらゆる種類の鳥の絵を描くことだった。

　1826年に，オーデュボンはイングランドへ行き，自分の絵を持ち込んだ。彼には300点以上の絵があった。イングランドの人たちは彼の絵が大変気に入って，彼はそこでとても人気が出た。1827年に，オーデュボンは『アメリカの鳥類』というタイトルの本を出版した。現在，この本は世界で120冊しかなく，それらの中には1冊何百万ドルもの値で売られたものもあった。

（語句）　bird scientist「鳥類研究家」，grew＜grow の過去形（grow up で「育つ」），nature「自然」，leader「指導者」，join「～に入る」，study「～を研究する」，special「特別な」，owned＜own「～を所有する，経営する」の過去形，make money「お金を稼ぐ」，on the way「途中で」，over「～以上」，A called B「B という名前の A，B と呼ばれる A」，sold＜sell「～を売る」の過去分詞，millions of ～「何百万もの～」

(26) 解答 **1** ━━━━━━━━━━ 正答率 ★75%以上

質問の訳　「ジョン・ジェームズ・オーデュボンはなぜアメリカ合衆国へ引っ越したか」

124

選択肢の訳	**1** 彼はフランス軍隊に入りたくなかった。
	2 彼はナポレオンに会いたかった。
	3 彼はフランスの指導者からそこへ引っ越すように言われた。
	4 彼は有名な画家と一緒に芸術を学びたかった。

解 説	第2段落の最後の文 Audubon didn't want to be in the army, so he went to the United States. から, **1** が正解。～, so … 「～(原因・理由), だから…(結果)」の構文に注意する。the army は, その前の文にある the French army「フランス軍隊」のこと。

(27) 解答 ② ━━━━━━━━ 正答率 ★75%以上

質問の訳	「オーデュボンはどこで鳥の絵を描き始めたか」
選択肢の訳	**1** ケンタッキーにある店で。
	2 フィラデルフィア近くの農場で。
	3 ミシシッピ川のそばで。
	4 イングランドへ行く途中で。

解 説	第3段落の1文目に Audubon lived on a large farm near Philadelphia. とあり, 2文目最初の There「そこで」は on a large farm near Philadelphia を指している。続く3文目の He started painting pictures of them, too. から, フィラデルフィア近くの農場で鳥の研究だけでなく, 鳥の絵も描き始めたことがわかる。

(28) 解答 ② ━━━━━━━━ 正答率 ★75%以上

質問の訳	「オーデュボンはいつ自分の店を閉めたか」
選択肢の訳	**1** 1808年に。　　　　　　　**2** 1819年に。
	3 1826年に。　　　　　　　**4** 1827年に。

解 説	オーデュボンが経営した店のことについては, 第4段落に書かれている。その3文目にある Audubon's store didn't make enough money, so he closed it in 1819. から, **2** が正解。この文の it は Audubon's store を指している。

(29) 解答 ③ ━━━━━━━━ 正答率 ★75%以上

質問の訳	「オーデュボンがしたかったことは」
選択肢の訳	**1** たくさんのいろいろな鳥を売っているペットショップで働く。
	2 ミシシッピ川のそばに店を開く。

21年度第2回　筆記

125

3 アメリカのすべての種類の鳥の絵を描く。
4 イングランドの有名な美術館へ行く。

<解説> 第4段落の最後に，His biggest dream was to paint pictures of all the different kinds of American birds. とある。His biggest dream「彼の最大の夢」から始まっているので，to 以下に書かれていることがオーデュボンのしたかったことである。

(30) 解答

<質問の訳> 「この話は何についてか」
<選択肢の訳>
1 アメリカの鳥を描いた男性。
2 アメリカの鳥に関する最初の本。
3 アメリカの鳥がどのようにして人気が出たか。
4 特別な種類のアメリカの鳥。

<解説> タイトルにもある通り，John James Audubon という人物に関する英文。そのオーデュボンについて，第2段落最後の he went to the United States からアメリカへ渡ったこと，第3段落3文目の He started painting pictures of them (＝birds) や，第4段落5文目の On the way, Audubon painted pictures of the birds that he saw. などから，アメリカで鳥の絵を描いたことがわかる。

一次試験・筆記 4 問題編 p.100

<質問の訳> 「あなたは暑い天気と寒い天気のどちらのほうが好きですか」

<解答例> I like hot weather better. First, I can enjoy swimming in the pool when the weather is hot. Also, I like to eat ice cream on hot summer days.

<解答例の訳> 「私は暑い天気のほうが好きです。第1に，天気が暑いときに，私はプールで水泳を楽しむことができます。また，暑い夏の日に，私はアイスクリームを食べることが好きです」

<解説> Which do you like better, A or B? は A と B のどちらのほうが好きかを尋ねる質問。1文目で，hot weather「暑い天気」と cold weather「寒い天気」のどちらのほうが好きかを I like 〜 better. の形で書く。この後に，自分が選んだ天気のほうが好きな

理由を2つあげる。解答例は，（1文目）自分の考え：暑い天気のほうが好き→（2文目）1つ目の理由：天気が暑いとプールで水泳を楽しむことができる→（3文目）2つ目の理由：暑い夏の日にアイスクリームを食べることが好き，という構成になっている。解答例のように，2つの理由を First, ～. Also, …「第1に～。また…」の形で書くとわかりやすい構成になる。全体で25語～35語程度の分量になっているかにも注意しよう。

語 句 enjoy ～ing「～して楽しむ」，pool「プール」，like to ～「～することが好き」，summer day(s)「夏の日」

一次試験・リスニング **第 1 部** 問題編 p.102～103　🔊 ▶MP3 ▶アプリ ▶CD 2 43 ～ 53

21年度第2回 リスニング

例題　解答 ③

放送文 ★：I'm hungry, Annie.

☆：Me, too. Let's make something.

★：How about pancakes?

1 On the weekend.　　　　**2** For my friends.

3 That's a good idea.

放送文の訳 ★：「おなかがすいたよ，アニー」

☆：「私もよ。何か作りましょう」

★：「パンケーキはどう？」

1 週末に。　　　　**2** 私の友だちに。

3 それはいい考えね。

No. 1　解答 ①

正答率 ★75%以上

放送文 ☆：Let's play tennis together sometime.

★：Sounds good.

☆：Do you have a racket?

1 No, but I can borrow my dad's.

2 OK, that's perfect.

3 Yes, it was a fun match.

放送文の訳 ☆：「いつか一緒にテニスをしましょう」

127

★：「いいね」

☆：「ラケットを持ってる？」

1 うぅん，でもお父さんのを借りられるよ。

2 わかった，完璧だね。

3 うん，楽しい試合だったよ。

解 説　女の子は男の子に，racket「ラケット」を持っているかどうか尋ねている。No の後の but I can borrow my dad's に注目する。my dad's＝my dad's racket「お父さんのラケット」を借りられるということなので，**1** が正解。**3** は，Yes の後の内容が質問に対応していない。

No.2　解答 ③

放送文　☆：Are we going to that restaurant?

★：Yes, it's very popular.

☆：How long will we have to wait?

1 Once or twice a month.

2 Around twenty dollars each.

3 Probably about half an hour.

放送文の訳　☆：「私たちはあのレストランに行くの？」

★：「うん，とても人気があるんだ」

☆：「どれくらい待たなくちゃいけないかしら？」

1 月に1回か2回。

2 1人20ドル程度。

3 たぶん30分くらい。

解 説　女性は How long ～?「どれくらいの時間～?」で始まる質問で，that restaurant に入るまでどれくらい待たなければならないか尋ねている。待ち時間を答えているのは **3** で，Probably は「たぶん」，half an hour は「30分」という意味。

No.3　解答 ①

放送文　☆：Is Uncle Jack going to stay at our house tonight?

★：Yes.

☆：Where will he sleep?

1 In the living room.　　　　**2** He's very tired.

128

3 At about eleven.

放送文の訳 ☆：「ジャックおじさんは今夜私たちの家に泊まるの？」

★：「そうだよ」

☆：「おじさんはどこで寝るの？」

1 居間で。　　　　　　　　　**2** 彼はとても疲れている。

3 11 時頃に。

解説 最後の質問は Where で始まっていて，女の子は Uncle Jack がどこで寝るかを尋ねている。場所を答えている **1** が正解で，the living room は「居間，リビングルーム」という意味。

No. 4 解答 ①

放送文 ★：How was school today?

☆：Good.

★：Did you show your teacher your social studies report?

1 Yes, he said it was great.

2 Yes, but I like math, too.

3 Yes, it's tomorrow.

放送文の訳 ★：「今日は学校どうだった？」

☆：「よかったわよ」

★：「先生に社会科のレポートを見せたの？」

1 ええ，先生はすばらしいって言ってたわ。

2 ええ，でも私は数学も好きよ。

3 ええ，それは明日よ。

解説 〈show＋（人）＋（物）〉は「（人）に（物）を見せる」という意味。先生に your social studies report「社会科のレポート」を見せたかどうか尋ねた質問への応答になっているのは **1** で，he は先生，it は先生に見せた社会科のレポートのこと。

No. 5 解答 ①

放送文 ★：Did you go to the pool yesterday?

☆：Yes, with my brother.

★：Is he good at swimming?

1 Yes, he's faster than me.

2 Yes, it's open on Sundays.

21年度第2回 リスニング

129

3 Yes, it was too cold.

放送文の訳 ★：「昨日プールへ行ったの？」

☆：「ええ，兄[弟]と一緒に」

★：「お兄さん[弟さん]は泳ぎがじょうずなの？」

1 ええ，兄[弟]は私より速いわ。

2 ええ，そこは毎週日曜日に開いているわ。

3 ええ，寒すぎたわ。

解説 be good at ～ing は「～することがじょうず[得意]である」という意味で，男の子は女の子の兄[弟]が泳ぎがじょうずかどうか尋ねている。Yes の後に，faster than me「私より（泳ぐのが）速い」と答えている **1** が正解。

No.6　解答 ③

放送文 ☆：We finally finished cleaning the meeting room.

★：It looks great.

☆：Thanks for helping me, Dan!

1 Sounds like fun.

2 Not right now.

3 My pleasure.

放送文の訳 ☆：「やっと会議室を掃除し終えたわね」

★：「すごくきれいに見えるね」

☆：「手伝ってくれてありがとう，ダン！」

1 楽しそうだね。

2 今はダメだよ。

3 どういたしまして。

解説 女性はダンに，Thanks for helping me, Dan! と the meeting room「会議室」の掃除を手伝ってくれたことについて感謝している。正解 3 の My pleasure. は「どういたしまして」という意味で，お礼を言われたときの返答として使う表現。

No.7　解答 ②　　　　　　　　　　　正答率 ★75%以上

放送文 ☆：My smartphone isn't working.

★：What's wrong with it?

☆：I can't turn it on.

130

1 That's a good idea.

2 Maybe you need a new one.

3 I have that game.

放送文の訳 ☆：「私のスマートフォンが動かないわ」

★：「どこがおかしいの？」

☆：「電源が入らないの」

1 それはいい考えだね。

2 新しいものが必要かもね。

3 ぼくはそのゲームを持っているよ。

解　説 turn ～ on は「～（の電源）を入れる，オンにする」という意味。女性のスマートフォンの電源が入らないと知った男性の応答として適切なのは，a new one「新しいもの」が必要かもしれないと言っている **2**。one は smartphone の代わりに使われている。

No.8 解答 ①

放送文 ★：Have you had a piece of cake yet?

☆：Yes.

★：Was it too sweet?

1 No, it was perfect.

2 No, I haven't had any.

3 No, it's my cake.

放送文の訳 ★：「もうケーキを1切れ食べた？」

☆：「ええ」

★：「甘すぎたかな？」

1 ううん，完璧だったわ。

2 ううん，私は何も食べてないわ。

3 ううん，それは私のケーキよ。

解　説 女の子が食べた a piece of cake「1切れのケーキ」が話題。too は「あまりに～すぎる」という意味で，男性は女の子にケーキが甘すぎたかどうかを尋ねている。これに対して，perfect「完璧な，申し分のない」と答えている **1** が正解。

No.9 解答 ③

放送文 ☆：Are you going to the Halloween party?

21年度第2回　リスニング

131

★：Yes. What are you going to wear?

☆：An astronaut costume.

   1 It was a very scary movie.

   2 I'm not going, either.

   3 I can't wait to see that.

放送文の訳 ☆：「ハロウィーンのパーティーへ行くの？」

★：「うん。君は何を着るの？」

☆：「宇宙飛行士の衣装よ」

   1 それはとても怖い映画だったよ。

   2 ぼくも行かないよ。

   3 それを見るのが待ちきれないよ。

解　説　女の子は Halloween party に astronaut costume「宇宙飛行士の衣装」で行くと言っている。これに対応した発話は **3** で，can't wait to ～は「～するのが待ちきれない」という意味。that は女の子が着ていく宇宙飛行士の衣装のこと。

No.10 解答 ①　　　　　　　　　　　　　　　　　正答率 ★75%以上

放送文 ★：That's a nice picture, Mandy.

☆：Thanks, Mr. Jones.

★：Is it a picture of your mom?

   1 No, it's my piano teacher.

   2 No, I did it myself.

   3 No, it's my favorite color.

放送文の訳 ★：「それはすてきな絵だね，マンディー」

☆：「ありがとうございます，ジョーンズ先生」

★：「君のお母さんの絵なの？」

   1 いいえ，私のピアノの先生です。

   2 いいえ，私は自分でそれをしました。

   3 いいえ，それは私の大好きな色です。

解　説　ジョーンズ先生はマンディーに，a picture of your mom「君のお母さんの絵」を描いているのかどうかを尋ねている。No の後に，（母親ではなく）my piano teacher「私のピアノの先生」だと答えている **1** が正解。

| 一次試験・リスニング | 第**2**部 | 問題編 p.104〜105 | 🔊 | ▶MP3 ▶アプリ ▶CD 2 54〜64 |

No.11 解答 ①

放送文
★：Are there any boys in the drama club this year?
☆：Yes. There are three boys and nine girls.
★：I heard there was only one boy last year.
☆：That's right.
　　Question: How many boys were in the drama club last year?

放送文の訳
★：「今年は演劇クラブに誰か男の子はいるの？」
☆：「ええ。男の子が３人と女の子が９人いるわ」
★：「昨年は男の子が１人しかいなかったって聞いたけど」
☆：「その通りよ」

質問の訳　「昨年は演劇クラブに何人の男の子がいたか」

選択肢の訳　**1** 1人。　　**2** 3人。　　**3** 9人。　　**4** 12人。

解　説　drama club「演劇クラブ」に入っている男の子の数が話題。this year「今年」の three boys and nine girls と，there was only one boy という last year「昨年」の情報とを聞き分けることがポイント。

No.12 解答 ①

放送文
☆：You look sad, Billy.
★：Yeah. I wanted to look at the stars tonight, but it's too cloudy.
☆：Well, the newspaper says it'll be nice tomorrow.
★：I hope so.
　　Question: Why is Billy sad?

放送文の訳
☆：「悲しそうね，ビリー」
★：「うん。今夜星を見たかったんだけど，雲が多すぎるんだ」
☆：「そうね，新聞には明日はいい天気になるって書いてあるわ」
★：「そうだといいな」

質問の訳　「ビリーはなぜ悲しいか」

21年度第2回 リスニング

選択肢の訳　**1** 彼は今夜，星を見ることができない。
2 明日はくもりになる。
3 彼は新聞を見つけることができない。
4 彼の理科の宿題が大変である。

解説　You look sad, Billy. と言われたビリーは，その理由を I wanted to look at the stars tonight, but it's too cloudy. と答えている。too cloudy は「雲が多すぎて」，look at the stars tonight「今夜，星を見る」ことができないということ。

No. 13 解答 ③ 　　　　　　　　　　　　　　　　　正答率 ★75%以上

放送文　☆：Did you buy anything in Australia?
★：I got a toy koala for my daughter and a T-shirt for my son.
☆：Didn't you get anything for yourself?
★：Just this necktie.
Question: What did the man buy for himself?

放送文の訳　☆：「オーストラリアで何か買ったの？」
★：「娘におもちゃのコアラと，息子にTシャツを買ったよ」
☆：「自分には何か買わなかったの？」
★：「このネクタイだけだよ」

質問の訳　「男性は自分に何を買ったか」

選択肢の訳　**1** おもちゃのコアラ。　　**2** オーストラリアの地図。
3 ネクタイ。　　**4** Tシャツ。

解説　Didn't you ～? は「～しなかったの？」，for yourself は「あなた自身に」という意味。自分に何か買わなかったのかを尋ねられた男性は，Just this necktie. と答えている。1 の toy koala は娘に，4 の T-shirt は息子に買ったもの。

No. 14 解答 ①

放送文　☆：Have you tried the new French restaurant?
★：Yes. The food is really good.
☆：Is it expensive?
★：Not at all. It's nice and quiet, too.
Question: What does the man think about the French restaurant?

134

放送文の訳	☆：「新しくできたフランス料理のレストランに行ってみた？」
	★：「うん。料理がとてもおいしいよ」
	☆：「値段は高い？」
	★：「まったく高くないよ。それに，そこはすてきで静かだよ」
質問の訳	「男性はフランス料理のレストランについてどう思っているか」
選択肢の訳	**1 料理がとてもおいしい。**　　　2 騒がしすぎる。
	3 料理の値段が高い。　　　4 古すぎる。
解　説	Have you tried ～? は「～を試してみましたか」という意味で，女性は男性に the new French restaurant に行ってみたかどうかを尋ねている。男性は Yes. の後に，The food is really good. と答えている。正解の 1 では，really good の代わりに delicious「とてもおいしい」が使われている。

No.15 解答 ④　　　　　　　　　　　　正答率 ★75%以上

放送文	★：Are you making a birthday cake for Mom?
	☆：I'm trying to, but it's difficult.
	★：I'll help you after I finish writing this e-mail.
	☆：Thanks, Dad.
	Question: What is the girl trying to do?
放送文の訳	★：「お母さんに誕生日ケーキを作っているの？」
	☆：「作ろうとしているんだけど，難しいわ」
	★：「この E メールを書き終えたら手伝ってあげるよ」
	☆：「ありがとう，お父さん」
質問の訳	「女の子は何をしようとしているか」
選択肢の訳	1 母親に手紙を書く。　　　2 食べ物を注文する。
	3 E メールを読む。　　　**4 ケーキを作る。**
解　説	父親の Are you making a birthday cake for Mom? に女の子は I'm trying to と答えているので，I'm trying to make a birthday cake for Mom「お母さんに誕生日ケーキを作ろうとしている」ということ。

No.16 解答 ①　　　　　　　　　　　　正答率 ★75%以上

放送文	★：Did you go to Harry's Music Hall on Friday night?
	☆：Yeah, I saw a band called the Blue Dragons.

21年度第2回　リスニング

135

★：Were they good?

☆：Yeah. They played some great songs.

Question: What are they talking about?

放送文の訳 ★：「金曜日の夜にハリーズ音楽堂へ行ったの？」

☆：「ええ，ブルードラゴンズというバンドを見たわ」

★：「それはよかった？」

☆：「ええ。いくつかとてもいい曲を演奏したわ」

質問の訳 「彼らは何について話しているか」

選択肢の訳 **1** コンサート。 **2** 野球の試合。

3 ハリーの誕生日パーティー。 **4** 彼らの好きな色。

解　説 I saw a band called the Blue Dragons「私はブルードラゴンズという（名前の）バンドを見た」，They played some great songs.「彼ら（＝ブルードラゴンズ）はいくつかとてもいい曲を演奏した」などから，女の子が見に行った concert「コンサート」が話題だとわかる。

No.17 解答 ④

放送文 ★：Thanks for driving me home.

☆：No problem. Is your house on this street?

★：Yes. Just stop the car outside that bank. I'll get out there.

☆：OK.

Question: Where are they talking?

放送文の訳 ★：「家まで車で送ってくれてありがとう」

☆：「どういたしまして。あなたの家はこの通りにあるの？」

★：「うん。あの銀行の外側で車を止めてくれるかな。そこで降りるよ」

☆：「わかったわ」

質問の訳 「彼らはどこで話しているか」

選択肢の訳 **1** 自動車教習所で。 **2** 男性の家の中で。

3 銀行で。 **4** 車の中で。

解　説 Thanks for driving me home.，Just stop the car outside that bank.，I'll get out there. などから，2人が話している場所は車の中だとわかる。get out「外に出る」は，ここでは「車から降りる」ということ。

136

No. 18 解答 ④

放送文
☆: Is this store open on weekends?
★: Yes, we're open all day on Saturday and also on Sunday afternoon.
☆: Great. I'll come back after lunch on Sunday.
★: See you then.
Question: When will the woman go back to the store?

放送文の訳
☆:「このお店は週末に開いていますか」
★:「はい，当店は土曜日は終日，それと日曜日の午後も営業しております」
☆:「よかったです。日曜日の昼食後にまた来ます」
★:「それではまたそのときに」

質問の訳　「女性はいつ店にまた行くか」

選択肢の訳
1　土曜日の午前に。　　2　土曜日の午後に。
3　日曜日の午前に。　　4　日曜日の午後に。

解説　店が営業している曜日を聞いた後，女性は I'll come back after lunch on Sunday. と言っている。after lunch on Sunday「日曜日の昼食後」を，正解の4では On Sunday afternoon. と表現していることに注意する。

No. 19 解答 ②

放送文
☆: Are you going to today's meeting, Scott?
★: No.
☆: Me, neither. I have to pick up my husband at the airport.
★: Jason said he's going to the meeting.
Question: Who will go to the meeting today?

放送文の訳
☆:「今日の会議に行くの，スコット？」
★:「ううん」
☆:「私も行かないわ。空港まで夫を迎えに行かなくちゃいけないの」
★:「ジェイソンが会議に行くって言ってたよ」

質問の訳　「今日は誰が会議に行くか」

選択肢の訳
1　スコット。　　　　2　ジェイソン。
3　女性。　　　　　　4　女性の夫。

| 解　説 | 最後の Jason said he's going to the meeting. から，**2** が正解。Are you going to today's meeting, Scott? にスコットは No. と答えて，女性も Me, neither. と言っているので，**1** と **3** は不正解。neither は「〜も…ない」という意味で，「私も会議に行かない」ということ。

No. 20 解答 ③ 　　　　　　　　　　　　　　　　　正答率 ★75%以上

| 放送文 | ☆ : What are you doing?
★ : I'm looking for books about our city on the Internet.
☆ : You should look in your school library.
★ : I'll check there tomorrow.
　　Question: What will the boy do tomorrow?

| 放送文の訳 | ☆ :「何をしているの？」
★ :「インターネットでぼくたちの市に関する本を探しているんだ」
☆ :「学校の図書館を見たほうがいいわ」
★ :「明日そこを確認するよ」

| 質問の訳 | 「男の子は明日，何をするか」

| 選択肢の訳 |
1　本を返却する。　　　　　　　　2　自分の市を見て回る。
3　学校の図書館へ行く。　　　　4　インターネットについて学ぶ。

| 解　説 | 女の子の You should look in your school library. に，男の子は I'll check there tomorrow. と答えている。check は「確認する，調べる」という意味で，there は your school library「学校の図書館」を指している。

| 一次試験・リスニング | 第 **3** 部 | 問題編 p.106〜107 | 🔊 | ▶MP3 ▶アプリ ▶CD 2 65〜75 |

No. 21 解答 ④

| 放送文 | My husband and I had a party last Friday.　We invited our friends and cooked lots of food.　My brothers came, too, but I was angry with them because they were both late.
　Question: Who was late for the party?

| 放送文の訳 | 「先週の金曜日，私の夫と私はパーティーをした。私たちは友だち

138

を招待して，たくさんの食べ物を料理した。私の兄弟たちも来たが，2人とも遅れて来たので，私は彼らに腹を立てた」

質問の訳 「誰がパーティーに遅れたか」

選択肢の訳
1 女性。
2 女性の夫。
3 女性の友だち。
4 **女性の兄弟たち。**

解説 My brothers came, too, but I was angry with them because they were both late. から判断する。them と they は，いずれも My brothers を指している。be angry with ～は「～に腹を立てる，怒る」という意味。

No. 22 解答 ②

放送文 Tomomi just got home from basketball practice. Now, she has to take a shower because she's going to the library with her friend in an hour.
Question: What does Tomomi need to do now?

放送文の訳 「トモミはバスケットボールの練習からちょうど帰宅したところだ。1時間後に友だちと図書館へ行く予定なので，今，彼女はシャワーを浴びなければならない」

質問の訳 「トモミは今，何をする必要があるか」

選択肢の訳
1 練習の準備をする。
2 **シャワーを浴びる。**
3 友だちの本を借りる。
4 彼女のバスケットボールのコーチに電話する。

解説 Now, she has to take a shower から，トモミが今しなければならないのは take a shower「シャワーを浴びる」こと。has to ～「～しなければならない」は，質問の need to ～「～する必要がある」とほぼ同じ意味で使われている。

No. 23 解答 ②

正答率 ★75%以上

放送文 Welcome to Cuddly Creatures. Today, all dog and cat food is half price. We also have some interesting new animals on the second floor. Have a look at our turtles and mice! They're very cute.
Question: Where is the man talking?

21年度第2回 リスニング

139

放送文の訳	「カドリー・クリーチャーズへようこそ。本日，ドッグフードとキャットフードがすべて半額（はんがく）です。2階には新しく入ったおもしろい動物もいます。当店のカメとネズミをご覧（らん）ください！　とてもかわいいですよ」
質問の訳	「男性（だんせい）はどこで話しているか」
選択肢の訳	1　動物園で。　　　　　　　2　ペットショップで。 3　衣料品店で。　　　　　　4　レストランで。
解　説	Welcome to ～「～へようこそ」の後の Cuddly Creatures は店名。all dog and cat food is half price から，ペットのエサを売っているところとわかるので，男性（だんせい）が話している場所は pet store だと推測（すいそく）できる。mice は mouse「ネズミ」の複数形（ふくすうけい）。

No. 24 解答 ④

放送文	My mom usually gives me a calendar as a Christmas present. This year, she gave me some nice paper and some paints instead. This morning, I used them to make my own calendar. Question: What did the boy do this morning?
放送文の訳	「ぼくのお母さんは普段（ふだん），クリスマスプレゼントでぼくにカレンダーをくれる。今年，お母さんは代わりにすてきな紙と絵の具をくれた。今朝，ぼくはそれらを使って自分自身のカレンダーを作った」
質問の訳	「男の子は今朝何をしたか」
選択肢の訳	1　彼（かれ）は母親にカレンダーをあげた。 2　彼（かれ）はクリスマスカードを作った。 3　彼（かれ）は絵の具を買った。 4　彼（かれ）はカレンダーを作った。
解　説	今朝何をしたかは，This morning, I used them to make my own calendar. で説明されている。them は，母親がくれた some nice paper and some paints を指している。my own ～は「自分自身の～」という意味。

No. 25 解答 ①

放送文	Lisa had a cold yesterday, so she asked her brother to get

140

some orange juice from the supermarket. Lisa was happy because he bought her some pumpkin soup, too.

Question: What did Lisa ask her brother to do?

放送文の訳 「昨日，リサは風邪をひいていたので，兄[弟]にスーパーマーケットでオレンジジュースを買ってくるように頼んだ。兄[弟]はかぼちゃのスープも買ってくれたので，リサはうれしかった」

質問の訳 「リサは兄[弟]に何をするように頼んだか」

選択肢の訳 1 オレンジジュースを買う。

2 かぼちゃスープを作る。

3 オレンジを切る。

4 スーパーマーケットで彼女に会う。

解 説 1文目の so「だから」以下にある she asked her brother to get some orange juice from the supermarket から，**1** が正解。ask ～ to ... は「～に…するように頼む」という意味。get は buy と同じ意味で使われている。

No. 26 解答 ①

放送文 Kate started taking German classes three years ago. This spring, she'll go to Germany for two months to study at a university there. Three of her classmates are going with her.

Question: How long will Kate study in Germany?

放送文の訳 「ケイトは3年前にドイツ語の授業を取り始めた。今年の春，彼女は現地の大学で勉強するために2カ月間ドイツへ行く予定だ。彼女のクラスメートのうちの3人が彼女と一緒に行く」

質問の訳 「ケイトはどれくらいの期間，ドイツで勉強するか」

選択肢の訳 1 2カ月間。 2 3カ月間。 3 2年間。 4 3年間。

解 説 ドイツでの勉強期間は，she'll go to Germany for two months to study で説明されている。three years ago「3年前」や Three of her classmates「彼女のクラスメートのうちの3人」を聞いて 2 や 4 を選んでしまわないように注意する。

No. 27 解答 ④

放送文 Today's speech contest was wonderful. Scott, your speech

141

was so funny, and Peter, yours was very interesting. However, I'm going to give the prize for the best speech to Simon. Congratulations!

Question: Whose speech won first prize?

放送文の訳　「今日のスピーチコンテストはすばらしかったです。スコット，あなたのスピーチはとてもおもしろかったです，そしてピーター，あなたのは非常に興味深かったです。でも，最もよかったスピーチの賞はサイモンに与えます。おめでとう！」

質問の訳　「誰のスピーチが1等賞を取ったか」

選択肢の訳　**1** 女性の（スピーチ）。　　　**2** スコットの（スピーチ）。
　　　　　　3 ピーターの（スピーチ）。　**4** サイモンの（スピーチ）。

解　説　スピーチコンテストで，出場者のスピーチについてコメントしている場面。I'm going to give the prize for the best speech to Simon から判断する。the prize for the best speech「最もよかったスピーチの賞」が質問ではスピーチの first prize「1等賞」に言い換えられている。

No. 28 解答 ③ 正答率 ★75%以上

放送文　I love swimming. When I was young, I often went to the beach, but now I live far from the ocean. My friend has a swimming pool at his house, so I sometimes go swimming there.

Question: Where does the man sometimes go swimming now?

放送文の訳　「ぼくは泳ぐことが大好きだ。若い頃，ぼくはよく海辺へ行ったが，今は海から離れたところに住んでいる。ぼくの友だちが家にスイミングプールを持っているので，ぼくはときどきそこへ泳ぎに行く」

質問の訳　「男性は今，ときどきどこへ泳ぎに行くか」

選択肢の訳　**1** 海へ。　　　　　　　　　**2** 川へ。
　　　　　　3 友だちのプールへ。　　　**4** 学校のプールへ。

解　説　質問には now があるので，現在男性が泳ぎに行く場所を尋ねている。I sometimes go swimming there の there は，同じ文の前半 My friend has a swimming pool at his house から，友だち

142

の家にあるスイミングプールのこと。

No. 29 解答 ①

放送文
I'm really interested in stamps. I have over 700, and I keep them in a special album. Most of them are from Canada, but my favorite ones are from China.
Question: What does the girl like to do?

放送文の訳
「私は切手にとても興味がある。700枚以上持っていて，それらを特別なアルバムに入れて保存している。そのほとんどはカナダの切手だが，私が気に入っているのは中国の切手だ」

質問の訳
「女の子は何をすることが好きか」

選択肢の訳
1 切手を集める。　　　　　2 中国語を習う。
3 カナダをあちこち旅行する。　4 写真を撮る。

解説
be interested in ～ は「～に興味がある」という意味で，最初の文で stamps「切手」に興味があると言っている。2文目以降で自分が持っている切手の枚数や，どこの国の切手を持っているかなどを説明しているので，1が正解。

No. 30 解答 ②

放送文
Kana walked to the library this afternoon because she wanted to borrow a book about spiders. When she arrived there, she was surprised because it was closed. She'll go again tomorrow.
Question: What was Kana's problem?

放送文の訳
「カナはクモに関する本を借りたかったので，今日の午後に図書館へ歩いて行った。そこに着いたとき，図書館が閉まっていたので彼女は驚いた。彼女は明日また行くつもりだ」

質問の訳
「カナの問題は何だったか」

選択肢の訳
1 彼女は間違った本を借りた。　2 図書館が閉まっていた。
3 彼女は大きなクモを見た。　　4 本が難しすぎた。

解説
Kana's problem「カナの問題」が何であったかは，she was surprised because it was closed から判断する。it は，カナが a book about spiders「クモに関する本」を借りるために行った the library「図書館」のこと。

21年度第2回 リスニング

143

| 二次試験・面接 | 問題カード **A** 日程 | 問題編 p.108〜109 | 🔊 | ▶MP3 ▶アプリ ▶CD 2 76〜80 |

全 訳

緑茶

人々は緑茶の味が大好きだ。緑茶は健康によくてとてもおいしいので，世界中の人たちに楽しまれている。日本では，静岡と鹿児島でたくさんの緑茶が栽培（さいばい）されている。

質問の訳

No.1 パッセージを見てください。緑茶はなぜ世界中の人たちに楽しまれていますか。

No.2 イラストを見てください。帽子（ぼうし）はどこにありますか。

No.3 女性（じょせい）を見てください。彼女（かのじょ）は何をしようとしていますか。

さて，〜さん，カードを裏返（うらがえ）しにしてください。

No.4 あなたは次の週末に何をする予定ですか。

No.5 あなたは生徒ですか。

はい。 → あなたにとって最も難（むずか）しい学校の教科は何ですか。

いいえ。→ あなたは冬に何をすることが好きですか。

No.1

解答例 Because it is healthy and delicious.

解答例の訳 「健康によくてとてもおいしいからです」

解 説 around the world は「世界中で」という意味で，質問（しつもん）では green tea「緑茶」が世界中で楽しまれている理由を尋（たず）ねている。2文目に正解が含（ふく）まれているが，解答（かいとう）する際（さい），①質問（しつもん）の主語と重なる Green tea を3人称単数の代名詞（だいめいし）it に置（お）き換（か）える，②文の後半 so it is enjoyed by people around the world「だから，それは世界中の人たちに楽しまれている」は質問と重なる内容（ないよう）なので省く，という2点に注意する。

No.2

解答例 It's on a chair.

解答例の訳 「いすの上にあります」

解 説 質問（しつもん）は Where「どこに」で始まり，hat「帽子（ぼうし）」がどこにあるかを尋（たず）ねている。解答（かいとう）では，質問の主語 the hat を3人称単数の代名詞（めいし）It に置（お）き換（か）え，動詞（どうし）は質問（しつもん）と同じ is を使う。帽子はいすの上

144

にあるので，It's [It is] の後に，on a chair「いすの上に」をつなげる。chair の前に，a または the をつけることに注意する。

No. 3

解答例　She's going to open the window.

解答例の訳　「彼女は窓を開けようとしています」

解　説　イラスト中の女性に関する質問。be going to ～は「～しようとしている」という意味で，女性がこれからとる行動は吹き出しの中に描かれている。質問に合わせて，She's [She is] going to ～（動詞の原形）の形で答える。「窓を開ける」は open the window と表現する。window「窓」と door「ドア」を混同しないように注意する。

No. 4

解答例　I'm planning to go to a concert.

解答例の訳　「私はコンサートに行く予定です」

解　説　plan to ～は「～する予定である」という意味で，質問では What are you planning to do ～? と現在進行形になっている。next weekend「次の週末」の予定について，質問に合わせて I'm planning to ～（動詞の原形）の形で答える。

No. 5

解答例　Yes. → What school subject is the most difficult for you?
　　　 — Math is the most difficult.
　　 No. → What do you like to do in winter?
　　　 — I like to read books.

解答例の訳　「はい」→ あなたにとって最も難しい学校の教科は何ですか。
　　　 —「数学が最も難しいです」
　　 「いいえ」→ あなたは冬に何をすることが好きですか。
　　　 —「私は本を読むことが好きです」

解　説　最初の質問には，自分が a student「生徒」であるかどうかを Yes(, I am). / No(, I'm not). で答える。Yes の場合の2番目の質問には，school subject「学校の教科」で the most difficult「最も難しい」と思う教科名を，～ is the most difficult (for me). の形で答える。No の場合の2番目の質問には，in winter「冬に」何をすることが好きかを，質問に合わせて I like to ～（動

145

詞の原形）の形で答える。解答例の他に，（Yes の場合）Science is the most difficult.「理科が最も難しいです」，（No の場合）I like to go skiing.「私はスキーをしに行くことが好きです」のような解答も考えられる。

| 二次試験・面接 | 問題カード **B** 日程 | 問題編 p.110～111 | 🔊 | ▶MP3 ▶アプリ ▶CD 2 81 ～ 84 |

全 訳
伊豆諸島
伊豆諸島は東京の近くにある。人々はたいてい，船でこれらの島へ行く。伊豆諸島には，美しい自然と誰にとってもおもしろいアクティビティがあるので，夏に訪れるのに人気のある場所だ。

質問の訳
No.1 パッセージを見てください。なぜ伊豆諸島は夏に訪れるのに人気のある場所ですか。

No.2 イラストを見てください。水中には何人の人がいますか。

No.3 帽子をかぶっている男の子を見てください。彼は何をしようとしていますか。

さて，～さん，カードを裏返しにしてください。

No.4 あなたは先週の土曜日に何をしましたか。

No.5 あなたは今までに動物園へ行ったことがありますか。

はい。 → もっと説明してください。

いいえ。 → あなたは普段週末に何をしますか。

No. 1

解答例
Because they have beautiful nature and interesting activities.

解答例の訳
「美しい自然とおもしろいアクティビティがあるからです」

解 説
places to visit は「訪れるべき場所」という意味で，the Izu Islands「伊豆諸島」が夏の訪問地として人気がある理由を尋ねている。3文目に正解が含まれているが，解答する際，①質問の主語と重なる The Izu Islands を3人称複数の代名詞 they に置き換える，②文の後半 so they are popular places to visit in summer「だから，伊豆諸島は夏に訪れるのに人気のある場所だ」は質問と重なる内容なので省く，という2点に注意する。なお，

146

解答例では3文目前半の for everyone「誰にとっても」を省略しているが，Because they have beautiful nature and interesting activities for everyone. と答えても構わない。

No. 2

解答例　There are three people in the water.

解答例の訳　「水中には3人います」

解 説　〈How many＋複数名詞〉「いくつ[何人]の〜」は数を尋ねる表現で，in the water「水中に」いる人数（＝海に入っている人数）を尋ねている。イラストでは3人が海に入っているが，単に Three (people). と答えるのではなく，質問に合わせて There are 〜「〜がいます」の形で答える。

No. 3

解答例　He's going to catch a ball.

解答例の訳　「彼はボールを取ろうとしています」

解 説　イラスト中の the boy wearing a cap「帽子をかぶっている男の子」に関する質問。be going to 〜は「〜しようとしている」という意味で，男の子がこれからとる行動は吹き出しの中に描かれている。質問に合わせて，He's [He is] going to 〜（動詞の原形）の形で答える。「ボールを取る」は catch a ball と表現する。ball の前に a または the をつけ忘れないように注意する。

No. 4

解答例　I went shopping.

解答例の訳　「私は買い物に行きました」

解 説　What did you do 〜？は「何をしましたか」という意味で，last Saturday「先週の土曜日」にしたことを尋ねている。I で始めて，動詞は過去形を使う。解答例の他に，I played video games.「私はテレビゲームをしました」のような解答も考えられる。

No. 5

解答例　Yes. → Please tell me more.
　　　　　— I visited a zoo on Sunday.
　　　　No. → What do you usually do on weekends?
　　　　　— I read magazines.

解答例の訳　「はい」→ もっと説明してください。

21年度第2回　面接

147

—「私は日曜日に動物園へ行きました」
「いいえ」 → あなたは普段週末に何をしますか。
　—「私は雑誌を読みます」

解　説　最初の質問の Have you ever been to ～? は「あなたは今までに～へ行ったことがありますか」という意味で，zoo「動物園」に行ったことがあるかどうかを Yes(, I have). / No(, I haven't). で答える。Yes の場合の 2 番目の質問 Please tell me more. には，いつ，誰と，どこの動物園へ行ったかなどについて過去形を使って答える。No の場合の 2 番目の質問 What do you usually do on weekends? には，普段週末にすることを，I (usually) ～ の形で答える。解答例の他に，（Yes の場合）I went to Ueno Zoo last year.「私は昨年，上野動物園へ行きました」や I've been to Ueno Zoo twice.「私は上野動物園に 2 回行ったことがあります」，（No の場合）I practice soccer with my friends. 「私は友だちとサッカーの練習をします」のような解答も考えられる。

148

2021-1

一次試験
筆記解答・解説　　　p.150〜163

一次試験
リスニング解答・解説　p.163〜179

二次試験
面接解答・解説　　　p.180〜184

解答一覧

一次試験・筆記

1

(1)	1	(6)	3	(11)	4
(2)	1	(7)	3	(12)	1
(3)	3	(8)	1	(13)	3
(4)	4	(9)	3	(14)	4
(5)	1	(10)	3	(15)	2

2

(16)	1	(18)	2	(20)	4
(17)	4	(19)	4		

3 A　　　　　　　　　　**3 B**

(21)	4	(23)	3
(22)	3	(24)	1
		(25)	2

3 C

(26)	2	(28)	4	(30)	3
(27)	1	(29)	1		

4　解答例は本文参照

一次試験・リスニング

第1部

No. 1	1	No. 5	1	No. 9	3
No. 2	3	No. 6	1	No.10	1
No. 3	3	No. 7	1		
No. 4	2	No. 8	2		

第2部

No.11	2	No.15	3	No.19	4
No.12	3	No.16	4	No.20	1
No.13	2	No.17	1		
No.14	1	No.18	3		

第3部

No.21	1	No.25	2	No.29	3
No.22	2	No.26	1	No.30	3
No.23	1	No.27	3		
No.24	3	No.28	4		

| 一次試験・筆記 | **1** | 問題編 p.114〜115 |

(1) 解答 **1** — 正答率 ★75%以上

訳
A「そのジャガイモ料理はどうやって作るの？」
B「最初に，ジャガイモをゆでて，それから半分に切って上にバターを乗せるのよ」

解説
Aの質問はHowで始まり，Bにthat potato dish「そのジャガイモ料理」の作り方を尋ねている。この状況と，空所の後のthe potatoesとのつながりからboil「〜をゆでる」が正解。care「〜を気にする」，hurt「〜を傷つける」，eat「〜を食べる」。

(2) 解答 **1**

訳
「昨年の夏，ヒロシの家族は日本のあちこちを旅行した。今年，彼らは海外へ行きたいと思っている」

解説
空所の前のgoと意味的につながるのはabroad「海外へ」で，go abroadは「海外へ行く」という意味。inside「中に」，other「他の」，similar「類似した，同様の」。

(3) 解答 **3**

訳
「ボブは自分のパーティーに5人の友だちを招待した」

解説
空所に入る動詞の目的語がfive friendsであること，さらにto his party「彼のパーティーに」とのつながりから，invite「〜を招待する」の過去形invitedが正解。1，2，4はそれぞれmake「〜を作る」，visit「〜を訪ねる」，speak「〜を話す」の過去形。

(4) 解答 **4** — 正答率 ★75%以上

訳
A「ジョン，すぐに寝たほうがいいわ。夜更かししすぎると，寝過ごして学校に遅れるわよ」
B「わかったよ，お母さん」

解説
If you stay up too late「夜更かししすぎると」とのつながりから，oversleep「寝過ごす」が正解。go to bedは「寝る」，be late for 〜は「〜に遅れる」という意味。graduate「卒業する」，

150

promise「約束する」，return「戻る」。

(5) 解答 ①

正答率 ★75%以上

訳　A「お父さんの誕生日に何か特別なものを買ったの？」
B「うん。父は料理することが大好きだから，新しい**エプロン**を買ったよ」

解説　He loves to cook, so ～「彼（＝父）は料理することが大好きだから～」の流れから，B が父親の誕生日に買ったものとして適切なのは apron「エプロン」。ring「指輪」，contact「接触」，field「野原」。

(6) 解答 ③

訳　「私は兄[弟]に新しい T シャツを買ったけれど，間違ったサイズを買ってしまった。それは彼には**きつ**すぎた」

解説　bought は buy「～を買う」の過去形。the wrong size「間違ったサイズ」の T シャツを買ったという話の流れから，tight「きつい」が正解。too ～は「～すぎる」という意味。heavy「重い」，clear「澄んだ」，bright「明るい」。

(7) 解答 ③

訳　「サラは散歩しているとき，道で花を見た。彼女は 2，3 本**を摘み取って**家に持ち帰った」

解説　a few「2，3の」の後には 1 文目で使われている flowers が省略されているので，pick「～を摘み取る」の過去形 picked が正解。1，2，4 はそれぞれ spend「～を費やす」，wish「（～を）願う」，guess「～を推測する」の過去形。

(8) 解答 ①

訳　「ジェニーは**数年ぶりに**祖父母に会った。彼女は祖父母をとても恋しく思っていた」

解説　空所の後の the first time とのつながりから for が正解。for the first time は「初めて」という意味で，for the first time in years だと「数年ぶりに，久しぶりに」という意味になる。from「～から」，out「外へ」，over「～の上に」。

21年度第1回　筆記

151

(9) 解答 3

訳 A「私は母に，7時までに家に帰ると言ったんです。約束を破りたくないから，もう帰らなければなりません」
B「わかりました」

解説 promise は「約束」という意味で，break *one's* promise で「約束を破る」。pass「〜を通り過ぎる，〜に合格する」，sell「〜を売る」，lend「〜を貸す」。

(10) 解答 3

訳 A「サプライズパーティーについてお父さんに何も言わないでね！」
B「心配いらないわ。お父さんが私からそれについて知ることはないわ」

解説 空所の前の find に続くのは out で，find out about 〜で「〜について知る」という意味。won't は will not の短縮形，about の後の it は the surprise party のこと。within「〜以内に」，through「〜を通して」，near「〜の近くに」。

(11) 解答 4

訳 「私の妹は暗がりを怖がるので，いつも両親と一緒に寝る」

解説 空所前後にある is と of とのつながり，さらに the dark「暗がり」が続いていることから，is afraid of 〜「〜を怖がる」という表現にする。brave「勇敢な」，true「本当の」，glad「うれしい」。

(12) 解答 1

訳 「ジョセフはまためがねをなくした。彼はいたるところを探したが，めがねを見つけることができなかった」

解説 空所前後にある all と the place とのつながりから，all over the place「いたるところで[を]」という表現にする。glasses は「めがね」，searched は search「探す」の過去形。under「〜の下に」，up「〜の上に」，down「〜の下に」。

(13) 解答 3

訳　「先週の土曜日，私の自転車が盗まれた。私は新しい自転車を買わなければならない」

解説　1文目の主語が my bicycle「私の自転車」であることと，空所の前に be 動詞の was があることから，steal「～を盗む」の過去分詞を使って was stolen「盗まれた」という受動態にする。2の stole は steal の過去形。

(14) 解答 4

訳　A「日本で暮らすことは好きですか，ケントさん？」
B「はい，好きです」

解説　空所には直前にある動詞 like の目的語が入るので，live「暮らす，住む」を名詞の働きを持つ形にする必要がある。動名詞の living「暮らすこと，住むこと」が正解。

(15) 解答 2

訳　A「どちらのシャツが好き？」
B「赤いほうが青いほうよりもすてきだと思うわ」

解説　空所の後に than「～よりも」があるので，the red one（＝shirt）と the blue one（＝shirt）が比較されている文。than の前には nice「すてきな」の比較級が入るので，nicer が正解。3の nicest は nice の最上級，4の nicely は「じょうずに，親切に」。

一次試験・筆記　2　問題編 p.116

(16) 解答 1

訳　女の子1「土曜日の1時からパーティーをするの。あなたが来られるといいんだけど」
女の子2「ぜひ行きたいわ。パイを持っていくわね」

解説　女の子2の I'd love to. は，誘われたときなどに「ぜひそうしたい，喜んで」と答える表現なので，I hope you can come. と来てほしいことを伝えている1が正解。come の後には to the party が省略されている。

(17) 解答 4

訳
息子「ぼくに何をしてほしいの，お母さん？」
母親「最初に，ジャガイモを洗って。それから，それらを小さく切ってね」

解説
母親は，First, wash 〜．Then, cut …「最初に，〜を洗って。それから，…を切って」と息子にしてもらいたいことを伝えている。このことから，自分に何をしてほしいかを尋ねている 4 が正解。want 〜 to … は「〜に…してほしい」という意味。

(18) 解答 2
正答率 ★75%以上

訳
息子「お母さん，動物園は元日に開いているかな？」
母親「わからないわ。インターネットで確認しましょう」

解説
息子は New Year's Day「元日」に動物園が開いているかどうかを尋ねている。母親は最後に Let's check「確認しましょう」と言っているので，I'm not sure.「わからない」と答えている 2 が正解。on the Internet は「インターネットで」という意味。

(19) 解答 4
正答率 ★75%以上

訳
男性「今度の日曜日，スキーに行くんだ。もし何も予定がなければ，一緒に来るといいよ」
女性「それは楽しそうね。ぜひ行きたいわ」

解説
男性は最初に，I'm going skiing とスキーに行くことを伝えている。空所の後の you should come with me「私と一緒に（スキーに）来るといい」とつながるのは 4 の If you have no plans で，「もしあなたに何も予定がなければ」ということ。

(20) 解答 4

訳
男性「先週の土曜日，長野へハイキングに行ったんだ」
女性「ここからはかなり遠いわね。そこに泊まったの？」
男性「ううん，その日の夜に東京に戻ってきたよ」

解説
男性の No, I came back to Tokyo that evening. が答えとなる質問は 4 の Did you stay there? で，stay は「泊まる，滞在す

る」，there は in Nagano「長野に」ということ。pretty は「かなり，ずいぶん」，far from ～は「～から遠い」という意味。

一次試験・筆記 **3A** 問題編 p.118〜119

ポイント 日本のラグビーチームがカナダの高校を訪問することに関する掲示。月日や時間を表す表現に注意して，いつどのような，誰を対象としたイベントが行われるかを理解しよう。

全訳
日本のラグビー選手たちに会いましょう

東京バッツは日本のラグビーチームです。3月に，彼らはここカナダで数試合行い，3月22日にデイトン高校を訪問します。本校ではいくつかわくわくするようなイベントを計画しました。

ラグビーのレッスン：10時から12時
これはラグビーのやり方を学ぶとてもいい機会です。全生徒がこのレッスンに参加しなければなりません。

日本語のレッスン：13時から15時
選手たちがみなさんにたくさんの役に立つ日本語を教えてくれます。このレッスンは学校の日本語クラブの部員だけが対象です。

日本のおやつを食べてみましょう：15時から16時
チームは私たちが試食するおやつを持ってきてくれることになっています。誰でも歓迎です！

語句 rugby player(s)「ラグビー選手」，here in ～「ここ～で」，planned＜plan「～を計画する」の過去形，event(s)「イベント，行事」，chance「機会」，how to ～「～のしかた」，have to ～「～しなければならない」，take part in ～「～に参加する」，useful「役に立つ」，try「～を試してみる」，snack(s)「おやつ，軽食」，welcome「歓迎される」

(21) 解答 **4**

質問の訳 「3月22日の午前に何があるか」
選択肢の訳 1 東京バッツが英語を勉強する。

21年度第1回 筆記

155

2 東京バッツがカナダを出発する。

3 生徒たちが飛行機で日本へ行く。

4 生徒たちがラグビーをすることについて学ぶ。

解説　掲示は日本のラグビーチームが March 22 にデイトン高校を訪問する際に行われるイベントの内容が中心。その日の午前に何が行われるかは，Rugby lesson: 10:00 to 12:00 の部分に This is a great chance to learn how to play rugby. と書かれている。

(22) 解答 ③ ━━━━━━━━━━━━━━━━━━ 正答率 ★75%以上

質問の訳　「誰が日本語のレッスンに参加することができるか」

選択肢の訳
1 日本へ行ったことがある生徒。

2 おやつを持ってくる生徒。

3 日本語クラブに入っている生徒。

4 ラグビークラブに入っている生徒。

解説　Japanese lesson「日本語のレッスン」に誰が参加できるかについては，Japanese lesson: 13:00 to 15:00 の部分に，This lesson is only for members of the school's Japanese club. と書かれている。ここでの only for 〜は「〜だけが対象の」，members は「部員」という意味。

一次試験・筆記　**3B**　問題編 p.120〜121

ポイント　いとこ同士のローズとジョーの E メールでのやり取り。ローズが住むフロリダへやって来るジョーに，ローズは何をしてあげたいと思っているか，それについてジョーはどう反応しているかなどを中心に読み取ろう。

全訳　送信者：ローズ・カイザー

受信者：ジョー・カイザー

日付：6月16日

件名：もうすぐ会えるね

こんにちは，ジョー，

元気ですか？　あなたが来月フロリダへ来るときにあなたに会うのが待ちきれないわ！　昨年のおばあちゃんの家でのクリスマス

以来，会ってないわね。私はとても楽しい時間を過ごしたわ。私たちのお父さんについてのおじいちゃんの話が本当に楽しかった。あと，おばあちゃんの夕食がとてもおいしかった！　フロリダでは何をしたい？　私の家の近くのビーチへ行くことができるし，遊園地へ行くこともできるわよ。それと，あなたをワニ園へぜひ連れて行きたいの。そこではボートに乗って，おもしろい動物たちを見られるわ。
あなたのいとこ，
ローズ

送信者：ジョー・カイザー
受信者：ローズ・カイザー
日付：6月16日
件名：ワニ園
こんにちは，ローズ，
君に会えるのでわくわくしているよ！　君は本当に運がいいね。ぼくもビーチのそばに住みたいよ。君も知っているとおり，ぼくはアイオワに住んでいて，海はここからとても遠いんだ。サーフィンをしに行く時間はあるかな？　ワニ園は楽しそうだけど，ぼくのお母さんは危険すぎると思ってるんだ。ぼくは行っちゃいけないってお母さんは言ってる。フロリダにはすばらしい水族館があるよね？　そこへ行くことはできる？
君のいとこ，
ジョー

送信者：ローズ・カイザー
受信者：ジョー・カイザー
日付：6月16日
件名：水族館
こんにちは，ジョー，
あなたをワニ園へぜひ連れて行きたかったわ。そこは危険ではないけど，お母さんの言うことを聞いた方がいいわね。ええ，この近くに水族館があるわ。イルカやたくさんのきれいな魚がいるわ

21年度第1回　筆記

よ。それはマイアミビーチ南部の小さな島にあるの。私たちはそこへ行けるし，マイアミビーチへサーフィンをしに行くこともできるわ。その後はおなかがすくでしょうから，ビーチの近くのレストランで夕食を食べましょう。私のお気に入りのステーキハウスへ連れて行ってあげるわ！

すぐに返信してね，

ローズ

語句 can't wait to ～「～するのが待ちきれない[待ち遠しい]」，seen＜see「～に会う」の過去分詞，since「～以来」，Grandma「おばあちゃん」，Grandpa「おじいちゃん」，delicious「とてもおいしい」，amusement park「遊園地」，gator「アリゲーター，ワニ」，cousin「いとこ」，lucky「運のよい」，as you know「あなたも知っているとおり」，far from ～「～から遠い」，go surfing「サーフィンをしに行く」，sound(s)「～のように聞こえる[思える]」，dangerous「危険な」，aquarium「水族館」，dolphin(s)「イルカ」，island「島」，steakhouse「ステーキハウス[専門店]」

(23) 解答 ③ 　　　　　　　　　　　　　　正答率 ★75％以上

質問の訳 「来月，ジョーは」

選択肢の訳
1 彼の祖父母の家に泊まる。
2 クリスマスプレゼントを探す。
3 フロリダにいるローズを訪ねる。
4 アイオワへ引っ越す。

解説 ローズが書いた最初の E メールの 2 文目に，I can't wait to see you when you come to Florida next month! と書かれている。you はこの E メールの受信者であるジョーのことなので，ここからジョーが来月フロリダへ来てローズに会うことがわかる。

(24) 解答 ① 　　　　　　　　　　　　　　正答率 ★75％以上

質問の訳 「ジョーはなぜワニ園へ行かないのか」

選択肢の訳 **1 彼の母親がそこは危険な場所だと思っている。**

2 彼の母親がそこは遠すぎると思っている。

3 彼はそこが退屈すぎると思っている。

4 彼はすでに母親と一緒にそこへ行ったことがある。

解 説 ジョーが書いた2番目のEメールの6〜7文目にある Gator Park sounds fun, but my mom thinks it's too dangerous. She says I can't go. から，**1** が正解。too 〜は「〜すぎる，あまりに〜」という意味で，it（＝Gator Park）が危険すぎると思っているからジョーの母親は行ってはいけないと言っていることがわかる。go の後には to Gator Park「ワニ園へ」が省略されている。

(25) 解答 **2** ━━━━━━━━━━━━━━━ 正答率 ★75%以上

質問の訳 「ローズとジョーはサーフィンをしに行った後で何をするか」

選択肢の訳
1 ビーチでピクニックをする。
2 ステーキハウスで夕食を食べる。
3 小さな島を訪れる。
4 イルカと一緒に泳ぐ。

解 説 ローズが書いた3番目のEメールの7文目に，We'll be hungry after that, so let's have dinner at a restaurant near the beach. とある。after that は，「サーフィンをしに行った後で」ということ。さらに次の文の I'll take you to my favorite steakhouse! から，ローズのお気に入りのステーキハウスで夕食を食べることがわかる。

一次試験・筆記 **3C** 問題編 p.122〜123

ポイント タイのロップブリー市で行われるモンキー・ビュッフェ・フェスティバルという祭りに関する4段落構成の英文。ロップブリー市がこの祭りを始めた経緯，祭りで人々がサルに対して行うこととタイの伝統的な物語との関係などを読み取ろう。

全 訳

特別なごちそう

　タイは東南アジアにある国である。そこは，他国の人々にとってとても人気がある訪問場所だ。2018年には約3,800万人がそこへ行った。タイにはたくさんの美しいビーチや寺院があるので，

159

多くの人たちはそこを訪れることが好きだ。いくつか興味深い祭りも行われる。1つはロップリー市のモンキー・ビュッフェ・フェスティバルと呼ばれるものだ。

　モンキー・ビュッフェ・フェスティバルは伝統的な祭りではない。このため，タイの他の祭りとは異なる。ロップリー市はより多くの観光客に来てもらいたかったので，その祭りを始めた。この祭りの間，ある古い寺院の近くでたくさんのくだものと野菜がテーブル上に置かれる。しかし，その食べ物は観光客用ではない。その寺院の近くに住んでいるサルたちのためのものだ。

　タイでは，サルは幸運の象徴である。タイには，ラーマという名前の王子に関する伝統的な物語がある。その物語の中で，ラーマは自分の妻を魔王から救おうとする。ハヌマーンという名前のサルの王とその家来のサルたちがラーマを助ける。ロップリー市の人たちは観光客向けに祭りを作りたいと思ったが，ハヌマーンにも感謝をしたかった。そのサルの王を忘れないために，祭りの間に食べ物がサルたちに与えられる。

　祭りの最初に，踊り手たちがサルの衣装を着て踊る。その後，彼らは食べ物から覆いを取り，その地域にいる2,000匹以上のサルがそれを食べにやって来る。観光客はサルを見て楽しむ。しかし，このサルたちは人々のかばんや他の持ち物を取ってしまうことがあるので，観光客は注意しなければならない。

（語句）　meal「食事，ごちそう」，Thailand「タイ」，Southeast Asia「東南アジア」，million「100万の」，temple「寺，寺院」，traditional「伝統的な」，because of ～「～のために」，be different from ～「～と異なる」，visitor(s)「観光客，訪問客」，vegetable(s)「野菜」，however「しかしながら」，symbol「象徴」，good luck「幸運」，prince「王子」，named ～「～という名前の」，save「～を救う」，remember「～を覚えて［忘れないで］いる」，given＜give「～を与える」の過去分詞，at the beginning of ～「～の最初に」，performer(s)「演者，踊り手」，wear「～を着る」，costume(s)「衣装」，careful「注意して」

160

(26) 解答 ②

正答率 ★75%以上

質問の訳 「なぜ他の国々から多くの人たちがタイを訪れるか」

選択肢の訳
1 そこには人気の動物園がたくさんある。
2 そこにはすばらしいビーチや寺院がある。
3 彼らはそこの祭りで料理を作りたい。
4 彼らは伝統的な物語の書き方を学びたい。

解説 第1段落の4文目にある Many people like to visit Thailand に続く because 以下の it has a lot of beautiful beaches and temples が，多くの人たちがタイを訪れる理由。正解の2は it has ～ のかわりに There are ～ there「そこには～がある」，beautiful のかわりに nice が使われている。

(27) 解答 ①

質問の訳 「モンキー・ビュッフェ・フェスティバルが他の祭りと異なる理由は」

選択肢の訳
1 それは伝統的な祭りではない。
2 くだものがロッブリー市の観光客に配られる。
3 それはタイの多くの市で祝われる。
4 それはタイで唯一の伝統的な祭りである。

解説 第2段落の2文目に，Because of this, it is different from other festivals in Thailand. とある。Because of this「このために」の this は，1文目の The Monkey Buffet Festival is not a traditional festival. を指している。

(28) 解答 ④

質問の訳 「伝統的な物語に出てくるラーマとは誰だったか」

選択肢の訳
1 ハヌマーンの妻。　　　　2 魔王。
3 サルの王。　　　　　　　4 王子。

解説 Rama が誰であるかについては，第3段落の2文目に There is a traditional story in Thailand about a prince named Rama. と書かれている。3の A monkey king. は Hanuman という名前なので不正解。

161

(29) 解答 ①

質問の訳　「モンキー・ビュッフェ・フェスティバルはどのように始まるか」

選択肢の訳
1 衣装を着た何人かのダンサーが踊る。
2 観光客がサルの衣装を着る。
3 人々がサルのために歌を歌う。
4 サルが寺院に連れて来られる。

解説　第4段落の1文目が At the beginning of the festival「祭りの最初に」で始まっているので，その後の performers wear monkey costumes and dance から判断する。正解の **1** では，performers が Some dancers with costumes，dance が perform と別の表現に置き換えられていることに注意する。

(30) 解答 ③

質問の訳　「この話は何についてか」

選択肢の訳
1 東南アジアで最古の都市。　　2 タイの歴史。
3 タイの興味深い行事。　　4 サルによって建てられた寺院。

解説　第1段落の5文目に It has some interesting festivals, too. とあり，It は Thailand を指している。また，6文目の One is called the Monkey Buffet Festival in the city of Lopburi. から，タイの interesting festivals の1つがモンキー・ビュッフェ・フェスティバルだとわかる。第2段落以降，この祭りについて説明されているので **3** が正解。

一次試験・筆記 4　問題編 p.124

質問の訳　「あなたはどこへ買い物に行くことが好きですか」

解答例　I usually go shopping at the mall near my house. The shopping mall is new and very big, so I can buy anything I need. Also, some shops have a special sale every month.

解答例の訳　「私は普段，自分の家の近くにあるショッピングモールに買い物に行きます。そのショッピングモールは新しくてとても大きいので，必要な物は何でも買うことができます。また，毎月特別セールを

解説 する店もあります」

質問は Where で始まっているので，最初に，どこへ買い物に行くことが好きかを I like to go shopping at [in] ～「私は～へ買い物に行くことが好きです」や I usually go shopping at [in] ～「私は普段～へ買い物に行きます」の形で書く。続けて，その理由を2つ説明する。解答例では，1文目：自分の考え（家の近くにあるショッピングモールに買い物に行く），2文目：1つ目の理由（新しくてとても大きなショッピングモールなので，必要な物を何でも買える），3文目：2つ目の理由（毎月特別セールをする店もある）という構成になっている。原因や理由を述べるときの ～, so …「～, だから…」や，2つ目の理由を説明する際の Also, ～「また，～」の使い方に慣れよう。

語句 go shopping at [in] ～「～へ買い物に行く」, (shopping) mall「ショッピングモール」, anything「（肯定文で）何でも」, sale「セール，特売」

| 一次試験・リスニング | 第**1**部 | 問題編 p.126〜127 | 🔊 | ▶MP3 ▶アプリ ▶CD 3 **1**〜**11** |

例題　解答 ③

放送文 ★：I'm hungry, Annie.
☆：Me, too. Let's make something.
★：How about pancakes?
　1 On the weekend.　　**2** For my friends.
　3 That's a good idea.

放送文の訳 ★：「おなかがすいたよ，アニー」
☆：「私もよ。何か作りましょう」
★：「パンケーキはどう？」
　1 週末に。　　**2** 私の友だちに。
　3 それはいい考えね。

No. 1　解答 ①

放送文 ☆：Have you seen this movie yet?

★：Yeah. I saw it last week.

☆：How was it?

1 It was funny. **2** Two and a half hours.

3 Only seven dollars.

放送文の訳 ☆：「この映画をもう見た？」

★：「うん。先週見たよ」

☆：「どうだった？」

1 おもしろかったよ。 **2** 2時間30分。

3 たったの7ドル。

解説 Have you ～（過去分詞）yet? は「もう～しましたか」という意味。How was it? の it は this movie を指していて，女の子は男の子が見た映画の感想を尋ねている。映画が funny「おもしろい，愉快な」ものだったと答えている **1** が正解。

No. 2 解答 ③

放送文 ☆：Do you want anything from the supermarket?

★：Yes, some grapes.

☆：I bought some grapes yesterday.

1 That's too many.

2 I don't like fruit.

3 I've already eaten them.

放送文の訳 ☆：「スーパーマーケットで何かほしいものはある？」

★：「うん，ブドウをお願い」

☆：「昨日ブドウを買ったわよ」

1 それは多すぎるよ。

2 ぼくはくだものが好きじゃないんだ。

3 それをもう食べちゃったんだ。

解説 supermarket「スーパーマーケット」で grapes「ブドウ」を買ってきてほしいという男の子に，女性は I bought some grapes yesterday. と言っている。これに対応した発話になっている **3** が正解。I've already eaten ～は「～をもう食べた」，them は女性が昨日買ったブドウのこと。

164

No.3　解答 3

放送文　☆：Is the library open this Sunday?

★：No, it isn't.

☆：How about Saturday?

1　Yes, but it's only one dollar.

2　Yes, they're on the second floor.

3　Yes, but only until three.

放送文の訳　☆：「図書館は今度の日曜日に開いていますか」

★：「いいえ，開いていません」

☆：「土曜日はどうですか」

1　はい，でもそれはたった1ドルです。

2　はい，それらは2階にあります。

3　はい，でも3時までしか開いていません。

解説　How about ～? は「～はどうですか」という意味で，女性は図書館が Saturday「土曜日」に開いているかどうかを尋ねている。正解 3 の until は「～まで」という意味で，only until three は「3時までしか（開いていない）」ということ。

No.4　解答 2

放送文　★：I love this chocolate cake.

☆：I'm glad you like it, Bill.

★：Was it difficult to make?

1　It looks great.　　　**2**　Not at all.

3　My cooking teacher.

放送文の訳　★：「このチョコレートケーキが大好きだよ」

☆：「あなたが気に入ってくれてうれしいわ，ビル」

★：「作るのは難しかった？」

1　それはとてもすてきね。　　　**2**　まったくそんなことはないわ。

3　私の料理の先生よ。

解説　Was it difficult to make? の it は this chocolate cake を指していて，このチョコレートケーキを作るのが難しかったかどうかを尋ねている。この質問に答えているのは 2 で，Not at all. は「まったくそんなことはない」，つまり全然難しくなかったということ。

165

No.5 解答 1

放送文
☆ : Why is the road closed?
★ : There's a parade today.
☆ : Where can I park my car?
　1 On Willow Street.
　2 It started at eleven o'clock.
　3 For Valentine's Day.

放送文の訳
☆ :「なぜ道路が封鎖されているのですか」
★ :「今日はパレードがあるんです」
☆ :「どこに車を止められますか」
　1 ウィロー通りに。
　2 それは 11 時に始まりました。
　3 バレンタインデーのために。

解説
parade「パレード」があるので道路が closed「封鎖された」という状況。女性の質問は Where で始まっていて，どこに park my car「自分の車を止める［駐車する］」ことができるかを尋ねている。具体的な場所を答えている **1** が正解。

No.6 解答 1

放送文
☆ : You're good at tennis.
★ : Thanks.
☆ : How often do you play?
　1 About twice a week.　　**2** Thirty minutes ago.
　3 Since I was five.

放送文の訳
☆ :「あなたはテニスがじょうずね」
★ :「ありがとう」
☆ :「どれくらいの頻度でやるの？」
　1 週に 2 回くらい。　　**2** 30 分前に。
　3 5 歳のときから。

解説
女の子の How often 〜？は「どれくらいの頻度で〜？」という意味で，play の後には tennis が省略されている。自分がテニスをする頻度を答えている **1** が正解。twice は「2 回」，a week は「週［1 週間］に」という意味。

No.7　解答　1

放送文　☆：Are you ready to make the meat pie?

★：Not really.

☆：Did you read the recipe?

1 Yes, but it's difficult to understand.

2 Yes, and it should arrive soon.

3 Yes, so I already ate it.

放送文の訳　☆：「ミートパイを作る準備はできた？」

★：「そうでもないんだ」

☆：「レシピは読んだの？」

1 うん，でもそれは理解するのが難しいんだ。

2 うん，それはもうすぐ届くはずだよ。

3 うん，だからぼくはもうそれを食べたよ。

解説　男の子が meat pie「ミートパイ」を作ろうとしている場面。女性は男の子に recipe「レシピ，調理法」を読んだかどうか尋ねているので，読んだけれど difficult to understand「理解するのが難しい」と答えている **1** が正解。

No.8　解答　2

放送文　★：Have you started the English homework?

☆：Yes.

★：What are you writing about?

1 By tomorrow afternoon.

2 My trip to Kyoto.

3 Thanks for your help.

放送文の訳　★：「英語の宿題を始めた？」

☆：「ええ」

★：「何について書いているの？」

1 明日の午後までに。

2 私の京都旅行よ。

3 手伝ってくれてありがとう。

解説　write about ～は「～について書く」という意味。男の子は現在進行形を使って What are you writing about? と，女の子が the

21年度第1回　リスニング

167

English homework「英語の宿題」で何について書いているかを尋ねている。書いている題材を答えているのは 2 で，trip to ～は「～への旅行」という意味。

No.9　解答 ③　正答率 ★75%以上

放送文
☆：Look at those cakes.

★：Let's buy one.

☆：What kind should we get?

　　1 It's five dollars.

　　2 I had it for dessert.

　　3 The cheesecake looks good.

放送文の訳
☆：「あのケーキを見て」

★：「1 つ買おうよ」

☆：「どの種類を買ったらいいかしら？」

　　1 それは 5 ドルだよ。

　　2 ぼくはそれをデザートに食べたよ。

　　3 チーズケーキがおいしそうだね。

解　説
2 人が cakes「ケーキ」を見ている場面で，女の子の What kind「どの種類」は What kind of cake「どの種類のケーキ」ということ。具体的に cheesecake「チーズケーキ」と答えている **3** が正解。looks good は「おいしそうに見える」という意味。

No.10　解答 ①　正答率 ★75%以上

放送文
☆：Dad, can you help me?

★：Sure.　What's the problem?

☆：I need a cup.

　　1 OK, I'll get one for you.

　　2 Yeah, I've had lunch.

　　3 No, I'm not thirsty.

放送文の訳
☆：「お父さん，手伝ってくれる？」

★：「いいよ。どうしたの？」

☆：「カップが必要なの」

　　1 わかった，1 つ取ってあげるね。

　　2 うん，昼食を食べたよ。

3 いや,喉は渇いてないよ。

解説　父親の What's the problem? は「どうしたの？」という意味で,娘が自分に何を手伝ってほしいのかを尋ねている。娘の I need a cup. から,カップを取ってあげると言っている **1** が正解。one は a cup のかわりに使われている。

一次試験・リスニング　第**2**部　問題編 p.128〜129　

No. 11 解答 ②　　正答率 ★75%以上

放送文
- ★：I love this apple pie, Sarah.
- ☆：Me, too. My brother made it.
- ★：Really?
- ☆：Yeah. He's better at making apple pie than my mom.

Question: Who made the apple pie?

放送文の訳
- ★：「ぼくはこのアップルパイが大好きだよ,サラ」
- ☆：「私もよ。私の兄[弟]が作ったの」
- ★：「本当？」
- ☆：「そうよ。兄[弟]は私の母よりもアップルパイを作るのがじょうずなの」

質問の訳　「誰がアップルパイを作ったか」

選択肢の訳
1　サラ。　　　　　　　　　**2　サラの兄[弟]。**
3　サラの母親。　　　　　　4　サラの父親。

解説　サラは My brother made it. と言っているので,**2** が正解。My brother はサラの兄[弟]のことで,it は this apple pie を指している。better は good の比較級で,be better at 〜 than … は「…よりも〜がじょうずだ」という意味。

No. 12 解答 ③　　正答率 ★75%以上

放送文
- ☆：You look sad, Bob. What's wrong?
- ★：My friend Mike called. He can't come to my birthday party tonight.
- ☆：Oh no! Why not?

★：He caught a cold.

Question: Why is Bob sad?

放送文の訳 ☆：「悲しそうね，ボブ。どうしたの？」

★：「友だちのマイクから電話があった。マイクは今夜ぼくの誕生日パーティーに来られないんだ」

☆：「あら，まあ！　どうしてなの？」

★：「風邪をひいたんだ」

質問の訳 「ボブはなぜ悲しいか」

選択肢の訳
1　彼はプレゼントを買い忘れた。
2　彼の母親が風邪をひいた。
3　マイクが彼のパーティーに来ることができない。
4　誰も彼の誕生日ケーキを気に入らなかった。

解説 女性は What's wrong?「どうしたの？」でボブが悲しそうに見える理由を尋ねている。これに対し，ボブは My friend Mike called.　He can't come to my birthday party tonight. と答えているので 3 が正解。He は My friend Mike のことで，友だちのマイクが誕生日パーティーに来られないからボブは悲しんでいるということがわかる。

No. 13 解答 ②

正答率 ★75%以上

放送文 ★：Is that a new sweater?

☆：Yes, I bought it on the Internet.

★：Is your hat new, too?

☆：No, my mom gave it to me years ago.

Question: What did the girl buy?

放送文の訳 ★：「それは新しいセーターなの？」

☆：「そうよ，インターネットで買ったの」

★：「君の帽子も新しいの？」

☆：「ううん，お母さんが何年も前に私にくれたのよ」

質問の訳 「女の子は何を買ったか」

選択肢の訳
1　コンピューター。　　　　　2　セーター。
3　帽子。　　　　　　　　　4　カレンダー。

解説 Is that a new sweater? に女の子は Yes, I bought it on the

170

Internet. と答えているので，**2** が正解。bought は buy「～を買う」の過去形。**3** の hat については，my mom gave it to me years ago と言っているので不正解。gave は give「～をあげる」の過去形，years ago は「何年も前に」という意味。

No.14 解答 ①

正答率 ★75%以上

放送文　☆：Excuse me, can I use this table?

★：Yes, but only if you buy something from the café inside.

☆：OK. I'll go and order a coffee.

★：Thank you.

Question: What is the woman going to do next?

放送文の訳　☆：「すみません，このテーブルを使ってもいいですか」

★：「はい，ただし中のカフェで何かお買い求めいただいた場合に限ります」

☆：「わかりました。コーヒーを注文しに行ってきます」

★：「ありがとうございます」

質問の訳　「女性は次に何をするつもりか」

選択肢の訳　**1** 飲み物を買う。　　　　　**2** テーブルをきれいにする。
3 サンドイッチの代金を払う。　**4** 朝食を作る。

解　説　女性の I'll go and order a coffee. の聞き取りがポイント。I'll は I will「（これから）～します」の短縮形で，go and ～は「～しに行く」，order は「～を注文する」という意味。この内容を，正解の **1** では Buy a drink. と表現している。男性の but only if は「ただし～の場合に限る」ということ。

No.15 解答 ③

放送文　☆：I have to go to the bank. Is there one near our hotel?

★：Yes. Do you remember the movie theater on the corner?

☆：Sure.

★：There's one beside that.

Question: What does the woman need to do?

放送文の訳　☆：「銀行へ行かなくちゃいけないの。私たちのホテルの近くにあるかしら？」

★：「うん。角の映画館を覚えてる？」

21年度第1回　リスニング

171

☆：「ええ」

★：「そのわきにあるよ」

質問の訳　「女性は何をする必要があるか」

選択肢の訳　1　ホテルを見つける。　　　2　映画のチケットを買う。

3　銀行へ行く。　　　　　4　DVD を返却する。

解　説　最初の I have to go to the bank. が，女性がする必要があること。have to ～「～しなければならない」は，質問の need to ～ とほぼ同じ意味。2 回出てくる one は，いずれも a bank「銀行」のかわりに使われている。

No. 16 解答 ④　　　　　　　　　　　　　　　　　正答率 ★75%以上

放送文　☆：How many kids will be at the Christmas party?

★：Twenty-five, so I'm going to take 50 cookies.

☆：Wow! That's a lot.

★：Everyone can have two each.

Question: How many cookies will the boy take to the party?

放送文の訳　☆：「クリスマスパーティーには何人の子どもたちが来るの？」

★：「25 人だから，50 枚のクッキーを持っていくよ」

☆：「わあ！　それはたくさんね」

★：「全員が 2 枚ずつ食べられるからね」

質問の訳　「男の子は何枚のクッキーをパーティーに持っていくか」

選択肢の訳　1　2枚。　　2　20枚。　　3　25枚。　　4　50枚。

解　説　男の子の I'm going to take 50 cookies から 4 が正解。3 の Twenty-five. はクリスマスパーティーに来る kids「子どもたち」の人数，1 の Two. は子どもたち 1 人ずつが食べられるクッキーの枚数。

No. 17 解答 ①

放送文　☆：Are you worried about the math test on Monday afternoon?

★：Yeah. We have an English test that morning, too.

☆：I'm going to study hard on Sunday.

★：Me, too.

Question: When is the English test?

放送文の訳　☆：「月曜日の午後の数学のテストが心配なの？」

172

★：「そうなんだ。その日の午前に英語のテストもあるね」

☆：「私は日曜日に一生懸命勉強するつもりよ」

★：「ぼくもだよ」

質問の訳 「英語のテストはいつか」

選択肢の訳
1 月曜日の午前。
2 月曜日の午後。
3 日曜日の午前。
4 日曜日の午後。

解説 質問では the English test がいつかを尋ねている。the math test on Monday afternoon と，We have an English test that morning の2つの情報を聞き分けることがポイント。that morning「その日の午前」は Monday morning のこと。

No.18 解答 ③ 　　　　　　　　　　正答率 ★75%以上

放送文
☆：Hello?

★：Hi, Mom.　Can you pick me up from school?

☆：Didn't you go by bike today?

★：Yes, but I can't find my key.

☆：Oh no!　I'll be there soon.

Question: What is the boy's problem?

放送文の訳
☆：「もしもし？」

★：「もしもし，お母さん。学校へ迎えに来てくれない？」

☆：「今日は自転車で行ったんじゃないの？」

★：「うん，でもカギが見つからないんだ」

☆：「あら，たいへん！　すぐにそっちへ行くわ」

質問の訳 「男の子の問題は何か」

選択肢の訳
1 彼の自転車が壊れた。
2 彼は自転車で転んだ。
3 彼はカギをなくした。
4 彼は学校に遅刻する。

解説 Didn't you ～? は「～しなかったの？，～したんじゃないの？」という意味。the boy's problem「男の子の問題」は，I can't find my key から「（自転車の）カギが見つからない」ことだとわかる。正解の3では，lose「～をなくす」の現在完了形 has lost「～をなくした」が使われている。

No.19 解答 ④ 　　　　　　　　　　正答率 ★75%以上

放送文 ☆：Mr. Wilson, will our class visit the zoo again this year?

173

★：No, Jane. But next month, we'll go to the aquarium.

☆：Great. Where's that?

★：Near the art museum.

　　Question: Where will Jane's class visit next month?

放送文の訳 ☆：「ウィルソン先生，私たちのクラスは今年も動物園へ行きますか」

★：「ううん，ジェーン。でも来月，水族館へ行くよ」

☆：「よかった。それはどこにありますか」

★：「美術館の近くだよ」

質問の訳 「ジェーンのクラスは来月どこへ行くか」

選択肢の訳 **1** 動物園。　　**2** 美術館。　　**3** 美術学校。　　**4** 水族館。

解　説 Mr. Wilson, will our class visit the zoo again this year? にウィルソン先生は No と答えているので，**1** は不正解。その後の But next month, we'll go to the aquarium. から，ジェーンのクラスが来月行く場所がわかる。

No. 20 解答 ①

放送文 ☆：The gym at our school is so cold in winter.

★：Yeah, it's an old building.

☆：The school is going to build a new one next year.

★：That's good.

　　Question: What are they talking about?

放送文の訳 ☆：「私たちの学校の体育館は冬になるととても寒いわ」

★：「そうだね，古い建物だからね」

☆：「学校は来年，新しい体育館を建てる予定よ」

★：「それはよかった」

質問の訳 「彼らは何について話しているか」

選択肢の訳 **1** 彼らの学校の体育館。　　**2** 彼らの冬休み。
　　　　　　3 彼らの先生の家。　　　　**4** 彼らの次の体育の授業。

解　説 最初の The gym at our school is so cold in winter. で話題が示されている。男の子の an old building「古い建物」は，今の学校の体育館のこと。女の子の a new one の one は，gym「体育館」のかわりに使われている。

174

| 一次試験・リスニング | 第**3**部 | 問題編 p.130〜131 | ▶MP3 ▶アプリ ▶CD 3 **23**〜**33** |

No. 21 解答 ① 正答率 ★75%以上

放送文
Sam played basketball yesterday afternoon. On his way home, he stopped at a DVD store and got a horror movie. He watched it with his sister this morning.

Question: What did Sam do this morning?

放送文の訳
「サムは昨日の午後，バスケットボールをした。帰宅途中に，DVDショップに立ち寄ってホラー映画を手に入れた。彼は今日の午前，姉[妹]と一緒にそれを見た」

質問の訳
「サムは今日の午前に何をしたか」

選択肢の訳
1 彼は映画を見た。
2 彼はバスケットボールをした。
3 彼は DVD ショップへ行った。
4 彼はバスケットボールの試合を見た。

解 説
最後の He watched it with his sister this morning. から判断する。it は，帰宅途中に手に入れた a horror movie「ホラー映画」の DVD のこと。バスケットボールをしたのは yesterday afternoon で，a DVD store に行ったのはその日の On his way home「帰宅途中」。

No. 22 解答 ② 正答率 ★75%以上

放送文
The weather has been strange this week. It was sunny and warm on Tuesday, but the next day it snowed. Then, it rained all Thursday and Friday.

Question: When did it snow?

放送文の訳
「今週の天気はずっと奇妙だ。火曜日は晴れて暖かかったが，翌日は雪が降った。その後，木曜日と金曜日はずっと雨が降った」

質問の訳
「いつ雪が降ったか」

選択肢の訳
1 火曜日に。 **2** 水曜日に。 **3** 木曜日に。 **4** 金曜日に。

解 説
今週の weather「天気」が話題。It was sunny and warm on Tuesday に続いて but the next day it snowed とあるので，雪が

21年度第1回 リスニング

175

降った the next day「翌日」とは，Tuesday の後の Wednesday のこと。3 の Thursday と 4 の Friday は雨が降った曜日。

No. 23　解答　1　　　　　　　　　　　　　正答率 ★75%以上

放送文　Next week, a hotel will open near my house. My daughter is going to work there on weekends. She'll clean the rooms and help in the restaurant.

Question: What will happen next week?

放送文の訳　「来週，私の家の近くにホテルが開業する。私の娘は週末にそこで働くことになっている。娘は客室を掃除したり，レストランで手伝ったりする」

質問の訳　「来週に何があるか」

選択肢の訳　1　新しいホテルが開業する。　　2　男性が新しい家を買う。
3　あるレストランが閉店する。　4　男性が新しい仕事を始める。

解説　1 文目の Next week, a hotel will open near my house. から，1 が正解。open は「開業する，営業する」という意味で使われている。2 文目以降は，新しく開業するホテルで自分の娘がする仕事について説明している。

No. 24　解答　3

放送文　This afternoon, I watched a great TV show about a zoo in America. I called my friend Ben to tell him about it. He said that it sounded interesting.

Question: Why did the girl call Ben?

放送文の訳　「今日の午後，私はアメリカのある動物園に関するすばらしいテレビ番組を見た。そのことについて話すために，友だちのベンに電話した。彼はその番組がおもしろそうだと言った」

質問の訳　「女の子はなぜベンに電話したか」

選択肢の訳　1　ありがとうと言うため。
2　彼にアメリカについて尋ねるため。
3　彼にあるテレビ番組について話すため。
4　彼を動物園へ招待するため。

解説　I called my friend Ben の理由・目的は，その後の to tell him about it「そのことについて彼に話すため」にある。この it は，1

文目にある a great TV show about a zoo in America「アメリカのある動物園に関するすばらしいテレビ番組」を指している。

No. 25 解答 ②　　　　　　　　　　　　　　正答率 ★75%以上

放送文　My daughter loves animals. Last year, I gave her a DVD about dogs for her birthday. This year, I'm going to get her a pet rabbit. She's going to be so surprised.
Question: What will the man give his daughter this year?

放送文の訳　「私の娘は動物が大好きだ。昨年，私は娘の誕生日に犬に関するDVDをあげた。今年は，娘にペットのウサギを手に入れてあげるつもりだ。娘はとても驚くだろう」

質問の訳　「男性は今年，娘に何をあげるか」

選択肢の訳　**1** 犬。　　　**2** ウサギ。　　**3** DVD。　　**4** ケーキ。

解説　Last year, I gave her a DVD about dogs for her birthday. という昨年の情報と，This year, I'm going to get her a pet rabbit. という今年の情報を聞き分けることがポイント。質問では this year のことを尋ねている。get は「（人）に〜を手に入れて［買って］あげる」という意味で使われている。

No. 26 解答 ①

放送文　Kenta's office is on the fourth floor of a tall building. Every Wednesday, he has lunch at a restaurant on the second floor. On the other days, he makes his own lunch.
Question: How often does Kenta eat lunch at a restaurant?

放送文の訳　「ケンタのオフィスは高層ビルの4階にある。毎週水曜日，彼は2階のレストランで昼食を食べる。他の日は，自分で昼食を作る」

質問の訳　「ケンタはどれくらいの頻度でレストランで昼食を食べるか」

選択肢の訳　**1** 週に1回。　　　　　　**2** 週に2回。
3 週に3回。　　　　　　**4** 週に4回。

解説　Every Wednesday, he has lunch at a restaurant on the second floor. から，2階のレストランで昼食を食べるのは毎週水曜日，つまり **1** の Once a week.「週に1回」だとわかる。On the other days は「（水曜日以外の）他の日は」ということ。

21年度第1回　リスニング

177

No. 27 解答 ③ 正答率 ★75%以上

放送文
My favorite season is summer because I love hot weather. My mom and sister both like spring the best. My dad likes skiing, so his favorite season is winter.
Question: Who likes winter the best?

放送文の訳
「ぼくは暑い天気が大好きなので，いちばん好きな季節は夏だ。ぼくのお母さんと姉[妹]はどちらも春がいちばん好きだ。ぼくのお父さんはスキーが好きなので，お父さんのいちばん好きな季節は冬だ」

質問の訳 「誰が冬をいちばん好きか」

選択肢の訳
1 男の子。　　　　　　　　2 男の子の母親。
3 男の子の父親。　　　　　4 男の子の姉[妹]。

解説
My dad likes skiing, so his favorite season is winter. から，3が正解。favorite は「いちばん好きな」という意味。My favorite season → summer，My mom and sister → both like spring the best，his (＝my dad's) favorite season → winter の各情報を混同しないように気をつけよう。

No. 28 解答 ④ 正答率 ★75%以上

放送文
Welcome, shoppers. Today, milk and ice cream are 20 percent off. And tomorrow, all fruit will be half price. Thank you for shopping at Green's Supermarket.
Question: What will be on sale tomorrow?

放送文の訳
「いらっしゃいませ，お客さま。本日は，牛乳とアイスクリームが20パーセント割引です。そして明日は，くだものがすべて半額になります。グリーンズ・スーパーマーケットでお買い物いただき，ありがとうございます」

質問の訳 「明日は何がセールになるか」

選択肢の訳
1 牛乳。　　　　　　　　2 アイスクリーム。
3 野菜。　　　　　　　　4 くだもの。

解説
質問の on sale は「セール[特売]で」という意味。And tomorrow, all fruit will be half price. から，明日はくだものがすべて half price「半額」，つまりセールになることがわかる。1 の Milk. と 2

の Ice cream. は，本日 20 percent off「20 パーセント割引」になる商品。

No.29 解答 ③

放送文
I usually get home from work at seven, but tonight my train was one hour late because of an accident. I finally arrived home at eight. I went to bed at nine because I was so tired.
Question: What time did the woman get home today?

放送文の訳
「私は普段 7 時に仕事から家に戻って来るが，今夜は電車が事故のために 1 時間遅れた。ようやく 8 時に家に着いた。私はとても疲れていたので，9 時に寝た」

質問の訳
「女性は今日，何時に帰宅したか」

選択肢の訳
1 1 時に。　**2** 7 時に。　**3** 8 時に。　**4** 9 時に。

解説
I usually ～, but tonight …「私は普段～だが，今夜は…」の流れに注意する。tonight my train was one hour late … に続く文で I finally arrived home at eight. と言っているので，今夜の帰宅時間は普段より 1 時間遅い 8 時。4 の At nine. は今夜の就寝時間。

No.30 解答 ③

放送文
Welcome to the Grayson Art Museum. Go to the second floor to see our paintings. On the third floor, there will be art classes for children from ten o'clock. Also, please try our café on the first floor.
Question: Where will the art classes be held?

放送文の訳
「グレイソン美術館へようこそ。2 階へ行って当館の絵画をご覧ください。3 階では，10 時から子ども向けの絵画教室があります。また，どうぞ 1 階のカフェにもお越しください」

質問の訳
「絵画教室はどこで行われるか」

選択肢の訳
1 1 階で。　**2** 2 階で。　**3** 3 階で。　**4** 10 階で。

解説
On the third floor, there will be art classes for children from ten o'clock. に正解が含まれている。children は child「子ども」の複数形。our paintings が the second floor に，our café が the first floor にあるといった情報と混同しないように注意する。

179

二次試験・面接 問題カード A 日程 問題編 p.132〜133

全訳

人気のある趣味

多くの人は物を集めることが好きだ。マンガ本や人形を集めて楽しむ子どもたちもいれば、おもしろい物を見つけるために世界中を旅行する大人たちもいる。人々は物を集めることで異文化について学ぶことができる。

質問の訳

No.1 パッセージを見てください。何をして楽しむ子どもたちがいますか。

No.2 イラストを見てください。雑誌はどこにありますか。

No.3 男の子を見てください。彼は何をしていますか。

さて、〜さん、カードを裏返しにしてください。

No.4 あなたは将来、どこに住みたいですか。

No.5 あなたは今までにペットを飼ったことがありますか。
　　　はい。　→　もっと説明してください。
　　　いいえ。→　あなたは疲れているときに何をすることが好きですか。

No. 1

解答例

They enjoy collecting comic books or dolls.

解答例の訳

「彼らはマンガ本や人形を集めて楽しみます」

解説

enjoy 〜ing は「〜をして楽しむ」という意味。2文目に正解が含まれているが、①質問の主語と重なる Some children を3人称複数の代名詞 They に置き換える、②文の後半 and some adults travel around the world to find interesting things「そして、おもしろい物を見つけるために世界中を旅行する大人たちもいる」は質問に関係のない内容なので省く、という2点に注意する。

No. 2

解答例

They're on the table.

解答例の訳

「テーブルの上にあります」

解説

Where は「どこに」という意味で、magazines「雑誌」がある場所を尋ねている。解答する際は、質問の主語 the magazines を3人称複数の代名詞 They に置き換える。動詞は質問と同じ are を

使って，They're [They are] とする。雑誌はテーブルの上にあるので，They're の後に on the table を続ける。

No. 3

解答例 He's drawing.

解答例の訳 「彼は絵を描いています」

解 説 イラスト中の男の子に関する質問。質問の What is ～ doing? は，「～は何をしていますか」という現在進行形の疑問文。「（鉛筆やペンなどで）絵を描く」は draw で，「（絵の具で）絵を描く」の paint との違いに注意する。質問に合わせて He's [He is] drawing (a picture [a horse]). という現在進行形で答える。

No. 4

解答例 I want to live in Okinawa.

解答例の訳 「私は沖縄に住みたいです」

解 説 in the future は「将来」という意味。自分が将来住みたい場所を，I want to live in ～の形で答える。解答例の Okinawa のように具体的な地名の他に，I want to live in a big city (in the future).「私は（将来，）大都市に住みたいです」のように答えることもできる。

No. 5

解答例 Yes. → Please tell me more.
　　　　　 — My rabbit is three years old.
　　　　　 No. → What do you like to do when you are tired?
　　　　　 — I take a bath.

解答例の訳 「はい」→ もっと説明してください。
　　　　　 —「私のウサギは 3 歳です」
　　　　　 「いいえ」→ あなたは疲れているときに何をすることが好きですか。
　　　　　 —「私はお風呂に入ります」

解 説 最初の Have you ever had a pet? は今までにペットを飼ったことがあるかどうかを問う質問で，Yes(, I have). / No(, I haven't). で答える。Yes の場合の 2 番目の質問 Please tell me more. には，飼っている（いた）ペットの種類や，その名前などを答えればよい。No の場合の 2 番目の質問 What do you like to do when you are tired? には，tired「疲れて」いるときに何

21年度第1回　面接

181

をすることが好きかを I (like to) 〜の形で答える。解答例の他に，(Yes の場合) I have a dog named Max.「私はマックスという名前の犬を飼っています」，(No の場合) I like to listen to music.「私は音楽を聞くことが好きです」のような解答も考えられる。

| 二次試験・面接 | 問題カード **B** 日程 | 問題編 p.134〜135 | 🔊 | ▶MP3 ▶アプリ ▶CD 3 **39**〜**42** |

全 訳

空手

空手は多くの国で人気がある。現在では，世界中でたくさんの子どもたちや大人たちが空手のレッスンを受けている。大きな大会で好成績を挙げたいと思っている人たちもいて，彼らは毎日何時間も空手を練習する。

質問の訳

No.1 パッセージを見てください。なぜ毎日何時間も空手を練習する人たちがいますか。

No.2 イラストを見てください。カレンダーはどこにありますか。

No.3 女性を見てください。彼女は何をしようとしていますか。

さて，〜さん，カードを裏返しにしてください。

No.4 あなたはどんな種類の映画が好きですか。

No.5 あなたは今までに水族館へ行ったことがありますか。

はい。 → もっと説明してください。

いいえ。 → あなたは夜に何をすることが好きですか。

No.1

解答例 Because they want to do well in big tournaments.

解答例の訳 「彼らは大きな大会で好成績を挙げたいからです」

解 説 practice は「〜を練習する」，for many hours は「何時間も」という意味。正解を含む 3 文目は，〈〜, so …〉「〜（理由），だから…（結果）」の構文。解答する際，①質問の主語と重なる Some people を 3 人称複数の代名詞 they に置き換える，②文の後半 so they practice karate for many hours every day「だから，彼らは毎日何時間も空手を練習する」は質問と重なる内容なので省く，

182

という 2 点に注意する。

No. 2

解答例 It's on the wall.

解答例の訳 「壁に掛かっています」

解 説 Where は「どこに」という意味で，calendar「カレンダー」がある場所を尋ねている。解答する際は，質問の主語 the calendar を 3 人称単数の代名詞 It に置き換える。動詞は質問と同じ is を使って，It's [It is] とする。カレンダーは壁に掛かっているので，接触を表す on を使って，It's の後に on the wall を続ける。

No. 3

解答例 She's going to sit down.

解答例の訳 「彼女は座ろうとしています」

解 説 イラスト中の女性に関する質問。be going to ～は「～しようとしている」という意味で，女性がこれからとる行動は吹き出しの中に描かれている。質問に合わせて，She's [She is] going to ～（動詞の原形）の形で答える。「（いすに）座る」は sit down (on a chair) と表現する。

No. 4

解答例 I like action movies.

解答例の訳 「私はアクション映画が好きです」

解 説 What kind of ～は「どのような種類の～」という意味。自分が好きな movies「映画」の種類を，I like ～ の形で答える。解答例の他に，science fiction movies「SF 映画」や adventure movies「冒険映画」などを使うこともできるが，I like ～の後に特定の映画名のみを答えないように注意する。

No. 5

解答例 Yes. → Please tell me more.
　　　 — I went to an aquarium in Chiba.
　　　 No. → What do you like to do in the evenings?
　　　 — I like to read magazines.

解答例の訳 「はい」→ もっと説明してください。
　　　 —「私は千葉の水族館へ行きました」
　　　 「いいえ」→ あなたは夜に何をすることが好きですか。

21年度第1回　面接

183

―「私は雑誌を読むことが好きです」

解説 最初の質問の Have you ever been to ～? は「今までに～へ行ったことがありますか」という意味で、aquarium「水族館」へ行ったことがあるかどうかを、Yes(, I have). / No(, I haven't). で答える。Yes の場合の2番目の質問 Please tell me more. には、いつ、誰と、どこの水族館へ行ったかや、水族館で何を見るのが好きかなどを答えればよい。No の場合の2番目の質問 What do you like to do in the evenings? には、in the evenings「夜に」何をすることが好きかを I like to ～(動詞の原形) の形で答える。解答例の他に、(Yes の場合) I like to see many kinds of fish.「私はたくさんの種類の魚を見ることが好きです」、(No の場合) I like to watch TV.「私はテレビを見ることが好きです」のような解答も考えられる。

2020-3

一次試験
筆記解答・解説　　　　p.186〜198

一次試験
リスニング解答・解説　p.199〜216

二次試験
面接解答・解説　　　　p.216〜220

解 答 一 覧

■ 一次試験・筆記

1

(1)	3	(6)	1	(11)	4
(2)	1	(7)	1	(12)	2
(3)	3	(8)	3	(13)	4
(4)	1	(9)	3	(14)	2
(5)	3	(10)	4	(15)	1

2

(16)	1	(18)	1	(20)	4
(17)	3	(19)	1		

3 A

(21)	3
(22)	2

3 B

(23)	1
(24)	2
(25)	1

3 C

(26)	4	(28)	1	(30)	1
(27)	1	(29)	3		

4　解答例は本文参照

■ 一次試験・リスニング

第1部

No. 1	2	No. 5	2	No. 9	1
No. 2	3	No. 6	3	No.10	1
No. 3	2	No. 7	1		
No. 4	2	No. 8	3		

第2部

No.11	1	No.15	4	No.19	1
No.12	4	No.16	4	No.20	2
No.13	1	No.17	2		
No.14	4	No.18	3		

第3部

No.21	1	No.25	4	No.29	1
No.22	3	No.26	1	No.30	2
No.23	3	No.27	2		
No.24	4	No.28	2		

一次試験・筆記 | **1** | 問題編 p.138～139

(1) 解答 3
正答率 ★75%以上

訳 「私は学校で音楽クラブに入ったので，今週ギターを買うつもりだ」

解説 the music club「音楽クラブ」につながる動詞は join「〜に加入する，参加する」で，その過去形 joined が正解。1，2，4 はそれぞれ learn「〜を学ぶ」，put「〜を置く」，keep「〜を保つ」の過去形。

(2) 解答 1
正答率 ★75%以上

訳 「ケントはスポーツがとても得意だ。彼はいつかプロの野球選手になりたいと願っている」

解説 baseball player「野球選手」とのつながりから，professional「プロの」が正解。is good at 〜 は「〜が得意だ」という意味。first「最初の」，delicious「とてもおいしい」，traditional「伝統的な」。

(3) 解答 3
正答率 ★75%以上

訳 「タクシーで駅まで行くのに 10 分かかるでしょう」

解説 〈It takes ＋（人）＋（時間）＋to 〜〉の形で「（人）が〜するのに（時間）がかかる」という意味。ここでは It will take 〜と未来を表す表現になっている。make「〜を作る」，fall「落ちる」，forget「〜を忘れる」。

(4) 解答 1
正答率 ★75%以上

訳 A「格好いい T シャツだね，ケイスケ」
B「ありがとう，フレッド。昨夜，コンサートで買ったんだ」

解説 T-shirt「T シャツ」とのつながりを考えて，cool「格好いい，すてきな」を選ぶ。bought は buy「〜を買う」の過去形。fast「速い」，silent「静かな」，rich「金持ちの」。

(5) 解答 3

訳 A「トミー，テレビを消して宿題をしなさい」
B「もう終わらせたよ，お母さん」

| 解 説 |

I've は I have の短縮形。have ~ finished it「それを終えた[終えている]」という現在完了形の文で，already「もう，すでに」が入る。turn off ~ は「（電気やテレビ）を消す」という意味。always「いつも」，anytime「いつでも」，along「~に沿って」。

(6) 解答 **1**

| 訳 |

「ケンは異文化について読むことを楽しんでいる。彼は将来，多くの国へ旅行したいと願っている」

| 解 説 |

ケンが将来したいことが travel to many countries なので，読むことが好きなのは different cultures「異なる文化，異文化」についてだとわかる。platform(s)「（駅の）ホーム」，kitchen(s)「台所」，purpose(s)「目的」。

(7) 解答 **1**

| 訳 |

「授業中に電話を使ってはいけません。電源を切ってください」

| 解 説 |

You may not ~ は「~してはいけない」という意味。class とつながるのは during「~の間」で，during class で「授業中に」。through「~を通って」，since「~以来」，along「~に沿って」。

(8) 解答 **3**

| 訳 |

「電車が遅れていたので，駅は人でいっぱいだった」

| 解 説 |

空所前の was full に注目して，be full of ~「~でいっぱいである」という表現にする。by「~のそばに，~によって」，for「~のために，~の間」，on「~の上に」。

(9) 解答 **3**

| 訳 |

A「休暇はどうだった，スティーブ？」

B「あまりよくなかったよ。ハイキングに行きたかったんだけど，一日中雨が降ったんだ」

| 解 説 |

rained は rain「雨が降る」の過去形。空所後の day とのつながりから，all day「一日中」という表現にする。any「何か」，some「いくつかの」，long「長い」。

20年度第3回　筆記

187

(10) 解答 **4**

訳　「パトリシアは今年学校の劇に参加するので，わくわくしている」

解説　空所前の take part とつながるのは in で，take part in ～で「～に参加する」という意味。school play は「学校の劇，学芸会」。on「～の上に」，to「～へ」，at「～で」。

(11) 解答 **4**

訳　「ハリーとポールは科学コンテストのためのいいアイディアを考え出すことができなかった」

解説　空所前後にある come と with とのつながり，さらに good ideas「いいアイディア［考え］」があることから，come up with ～「～を考え出す，思いつく」という表現にする。on「～の上に」，in「～の中に，～で」，into「～の中へ」。

(12) 解答 **2**

訳　「私たちの英語の先生は私たちに，話すときに間違いをすることを気にしないように言った」

解説　told は tell の過去形で，〈tell＋（人）＋not to ～〉で「（人）に～しないように言う」。worry about ～は「～を気にする」という意味。英語の先生が何を気にしないように言ったのかを考えて，making mistakes「間違いをすること」とする。museum(s)「博物館」，model(s)「模型」，meeting(s)「打合せ」。

(13) 解答 **4**

訳　A「写真を撮ることは好きですか，フォックスさん」
　　　B「はい，好きです」

解説　take pictures は「写真を撮る」という意味の表現だが，like に続く目的語とするには，take を名詞の働きを持つ語にする必要がある。動名詞 taking が正解で，taking pictures「写真を撮ること」とする。

(14) 解答 **2**

訳　「ケイティーの隣人がうるさい犬を飼っているので，ケイティーは

夜なかなか眠れない」

解説 〈It is ～ for＋（人）＋to …〉で「（人）にとって…するのは～だ」という構文で，for her の後は to sleep の形になる。neighbor は「隣人」，difficult は「難しい，困難な」という意味。

(15) 解答 ①

訳 A「私の本を持ってる，スティーブ？」

B「ごめん。全部は読み切れなかったんだ。月曜日に持ってくるよ」

解説 couldn't「～できなかった」は could not の短縮形で，could は助動詞 can「～することができる」の過去形。助動詞の後は否定形を含めて動詞の原形（もとの形）が続くので，read「～を読む」が正解。

一次試験・筆記 **2** | 問題編 p.140

---

(16) 解答 ①　　　　　　　　　　　　　　　正答率 ★75%以上

訳 兄［弟］「見て！　お母さんの誕生日にこのケーキを作ったんだ。どうかな？」

妹［姉］「きっとお母さんは気に入ると思うわ。おいしそうね」

解説 妹［姉］は，兄［弟］が Mom's birthday「お母さんの誕生日」に作ったケーキを見て It looks delicious.「おいしそうね」とほめているので，she'll love it「お母さんはそれを気に入る」と言っている **1** が正解。I'm sure は「きっと～だと思う」という意味。

(17) 解答 ③　　　　　　　　　　　　　　　正答率 ★75%以上

訳 夫「キッチンがとても汚れているね」

妻「私もそう思うわ。掃除する必要があるわね」

解説 妻の We need to clean it. の need to ～は「～する必要がある」，it は The kitchen を指している。妻はキッチンを掃除する必要があると言っているので，夫の The kitchen is really dirty. に同意している **3** の I think so, too. が正解。

189

(18) 解答 ①

訳 女の子１「私のおばが明日，私をミュージカルに連れて行ってくれるの。あなたも来ない？」
女の子２「ごめん，私は行けないけど，誘ってくれてありがとう」

解説 女の子１の Would you like to come? は，aunt「おば」が連れて行ってくれるミュージカルに行きたいかどうかを尋ねた質問。女の子２の I can't, but ...「そうできない（行けない）けど…」の後につながるのは，誘ってくれたことに感謝している**１**。thanks for 〜ing は「〜してくれてありがとう」という意味。

(19) 解答 ①

訳 男の子「きみの泳ぎはすばらしいね，ジェーン」
女の子「ありがとう。最初は得意じゃなかったけど，たくさん練習したの」

解説 an amazing swimmer「すばらしい泳ぎ手」と言って泳ぎがじょうずなことをほめている表現。空所の後の but I practiced a lot「でもたくさん練習した」につながるのは**１**で，I wasn't good は「得意ではなかった」，at first は「最初は」という意味。

(20) 解答 ④ 　　　　　　　　　　　正答率 ★75%以上

訳 夫「今日の午後，ショッピングモールへ歩いて行こうよ」
妻「いいわよ。何を買う必要があるの？」
夫「コートを探したいんだ」

解説 need to 〜は「〜する必要がある」という意味で，妻は夫に shopping mall「ショッピングモール」で何を買う必要があるのか尋ねている。この質問に対する応答になっているのは**４**で，look for 〜「〜を探す」を使って自分が買いたい物を答えている。

一次試験・筆記 3A 問題編 p.142〜143

ポイント スーパーマーケットの掲示で，オンラインショッピングの開始とレジ袋の有料化に関する案内。月日の表現に注意して，スーパーマーケットにいつからどんな変更が生じるかを理解しよう。

190

全 訳

サウスバンク・スーパーマーケット

当店でお買い物いただき，ありがとうございます。みなさまにお伝えしたい大切なお知らせがございます。

オンラインショッピング

9月12日より，お好きな食品をお買い求めいただくのに当店のウェブサイトをご利用いただけます。ご注文いただいた品を，その日のうちに無料でご自宅へお届けいたします！

レジ袋

当店では，環境保護が大切であると考えております。そこで，10月2日より，お客さまへレジ袋を無料でお渡しすることを終了いたします。当店でお買い物をする際は，ご自宅から袋をお持ちください。レジ袋が必要な場合，大きいサイズは10セント，小さいサイズは5セントとなります。

詳細は当店のウェブサイトをご覧ください。

www.southbanksupermarket.com

語 句 share「～を共有する」（information to share with you は「あなた（＝読み手）と共有する情報」，つまり「お知らせ」のこと），be able to ～「～することができる」，website「ウェブサイト」，order「注文（品）」，for free「無料で」，plastic bag(s)「ビニール袋，レジ袋」，take care of ～「～を保護する」，environment「環境」，shopper(s)「買い物客」，cost「（費用）がかかる」，cent(s)「セント」（アメリカなどの通貨単位）

(21) 解答 ③　　　　　　　　　　　　　　　　　　正答率 ★75%以上

質問の訳 「サウスバンク・スーパーマーケットは9月に何をするか」

選択肢の訳 1 店に新しいコンピューターを購入する。
2 すべての買い物客に無料のプレゼントを提供する。
3 ウェブサイト上で食品を売り始める。
4 大きな家に新しい店を開く。

解 説 September「9月」のことについては，Online shopping の部分に From September 12, you'll be able to use our website to buy your favorite foods. とある。質問文の主語である

20年度第3回　筆記

191

Southbank Supermarket がすることとして，Begin selling food on ...「〜で食品を売り始める」と表している 3 が正解。

(22) 解答 ②

質問の訳 「10 月 2 日から，サウスバンク・スーパーマーケットで買い物をする人ができなくなることは」

選択肢の訳 1 ５セント硬貨を使う。 2 レジ袋を無料でもらう。
3 店に袋を持って入る。 4 小さなレジ袋を買う。

解説 Plastic bags の部分の 2 文目に，So, from October 2, we'll stop giving shoppers plastic bags for free. とある。stop 〜ing は「〜することをやめる」という意味。質問文の主語は people who shop at Southbank Supermarket なので，receive「〜を受け取る，もらう」を使って客ができなくなることを表している 2 が正解。

| 一次試験・筆記 | **3B** | 問題編 p.144〜145 |

ポイント メリッサとおじのポールの E メールでのやり取り。メリッサが書いた E メールの件名 Some good news とはどのような知らせか，おじのポールがメリッサの家に行って何をするかなどを中心に読み取ろう。

全訳 送信者：メリッサ・アーノルド
受信者：ポール・アーノルド
日付：1 月 25 日
件名：よい知らせ
こんにちは，ポールおじさん，
元気ですか？ クリスマスの日はおじさんの家でとても楽しく過ごしました。ローストチキンがとてもおいしかったです。その作り方を私に教えてもらえますか？ おじさんは料理がとてもじょうずですね。母が，おじさんはうちの農場でレストランをオープンしたらいいと言っていました。母は冗談を言っていたと思いますが，とてもいい考えだと思います。私が誕生日にペットをほしかったことを知ってますよね？ 私は犬を期待していたのですが，

両親は何をくれたと思いますか。ブタです！　私はとても驚きました。そのブタは本当にかわいくて，オリバーと名付けました。ブタは食べるためだけのものだと思っていましたが，父はブタはすばらしいペットにもなると言っていました。父は，ブタは犬よりも賢いとも言っていました。

すぐにお返事をください，

メリッサ

送信者：ポール・アーノルド

受信者：メリッサ・アーノルド

日付：1月26日

件名：誕生日おめでとう

やあ，メリッサ，

Eメールをありがとう。すてきな誕生日を過ごしたことと思う。今週の土曜日，お父さんと農作業をするためにきみの家へ行くよ。終わったら，ローストチキンの作り方を教えるね。夕食にそれを食べられるよ。たぶん，きみたちの農場にいるニワトリを1羽使えるだろう。私もきみに誕生日プレゼントがあるんだ。きみの両親からのプレゼントほどわくわくするものではないけど，気に入ってくれると思うよ。オリバーに会うのが待ちきれないよ。きみがオリバーについて教えてくれた後，インターネットでペットのブタについて少し読んだんだ。ブタはポップコーンを好きだって知ってたかい？　でも塩をふっちゃだめだよ，ブタによくないからね。

それじゃ，土曜日に，

ポールおじさん

20年度第3回　筆記

語句　delicious「とてもおいしい」，how to ～「～のしかた」，a good cook「料理がじょうずな人」，joke「冗談を言う」，hope for ～「～を期待する」，guess「～を推測する，言い当てる」，parents「両親」，name ～ …「～を…と名付ける」，smarter ＜smart「賢い」の比較級，farm work「農作業」，maybe「たぶん」，not as ～ as …「…ほど～ではない」，can't wait to ～「～するのを待ちきれない」，salt「塩」

193

(23) 解答 ①

質問の訳 「メリッサはクリスマスの日に何をしたか」

選択肢の訳
1 彼女はおじの家へ行った。
2 彼女はレストランへ行った。
3 彼女は新しいペットと遊んだ。
4 彼女は農場を訪れた。

解説 メリッサが Christmas Day「クリスマスの日」に何をしたかは，メリッサが書いた最初の E メールの 2 文目に We had a lot of fun at your house on Christmas Day. と書かれている。had a lot of fun は「とても楽しんだ」という意味で，your house は E メールの受信者であるメリッサのおじの家のこと。

(24) 解答 ② 正答率 ★75%以上

質問の訳 「オリバーとは誰か」

選択肢の訳
1 メリッサの犬。　　　　　　2 メリッサのブタ。
3 メリッサの父親。　　　　　4 メリッサのおじ。

解説 最初の E メールの 12 文目に，He's really cute, and I named him Oliver. とある。He や him は，10 文目に出てくるメリッサが両親からもらった pig のこと。named は動詞 name の過去形で，「～を…と名付けた」という意味で使われていることに注意する。

(25) 解答 ① 正答率 ★75%以上

質問の訳 「メリッサは今週の土曜日に何をするか」

選択肢の訳
1 ローストチキンの作り方を習う。
2 誕生日プレゼントを買いに行く。
3 インターネットで動物について読む。
4 両親にポップコーンを作る。

解説 メリッサのおじが書いた 2 番目の E メールの 3 文目 I'm going to your house this Saturday … から，おじが今週の土曜日にメリッサの家へ行くこと，4 文目の After we're finished, I'll show you how to make roast chicken. から，おじがメリッサにローストチキンの作り方を教えることがわかる。After we're finished は，3 文目の some farm work「農作業」が終わった後

194

でということ。

| 一次試験・筆記 | **3C** | 問題編 p.146～147 |

ポイント カナダ先住民で有名な長距離ランナーだったトム・ロングボートに関する4段落構成の英文。トムの子どものころの様子，トムがレースで走るようになった経緯や走ることをやめた理由，さらに晩年の生活などを，時を表す表現に注意しながら読み取ろう。

全 訳

トム・ロングボート

　トム・ロングボートはカナダ先住民の1人で，有名な長距離ランナーだった。彼は1887年6月4日に，カナダのオンタリオで生まれた。農園の貧しい家庭で育ち，父親はトムが5歳のときに亡くなった。子どもの頃，彼は学校が好きではなかった。その当時，カナダの学校は，先住民の人たちが自分たちの言語を話すことを望まなかったのだ。

　1901年に，トムはボストンマラソンで2位になったカナダ先住民の1人であるビル・デイビスのことを聞いた。ビルがきっかけで，トムも走り始めた。1905年，トムは初めてのレースを走り，わずか2年後にボストンマラソンで優勝した。彼は，他の誰よりも5分近く速いタイムでゴールした。

　トムは生涯たくさんのレースで優勝したことから，とても成功したランナーだった。しかし，1916年に，彼はレースに出ることをやめて，第一次世界大戦中のカナダを支援する決心をした。トムは体力のあるランナーだったので，軍隊にとって重要なメッセージを伝えた。彼の任務は，フランスにある駐屯地間でメッセージをすばやく伝えることだった。

　1918年に戦争が終わると，トムはカナダに戻り，走ることをやめた。彼は1944年までトロントに住んで働き，それから故郷に帰ってきた。彼は1949年1月，61歳のときに亡くなった。6年後，カナダはトム・ロングボートがカナダのスポーツ殿堂入りすることを決めた。これは，スポーツ界における著名なカナダ人の特別な集まりだ。現在でも，トム・ロングボートはカナダで最高

195

の長距離ランナーとして人々の記憶に残っている。

語句　grow up「育つ」（grew＜grow の過去形），Canadian「カナダ（人）の」，hear about ～「～について聞き知る」（heard＜hear の過去形），won＜win「～を獲得する，～で優勝する」の過去形，second place「2位」，because of ～「～のために」，almost「ほぼ」，faster＜fast「速く」の比較級，successful「成功した」，however「しかし」，decide to ～「～する決心をする」，enter「～に出場する」，carry「（話など）を伝える」，army「軍隊」，quickly「すばやく」，hometown「故郷」，Hall of Fame「殿堂」，remembered＜remember「～のことを覚えている」の過去分詞

---

(26) 解答 ④ 　　　　　　　　　　　　　　正答率 ★75%以上

質問の訳　「子どもの頃，トム・ロングボートは」
選択肢の訳
1　ボストンへ移り住んだ。
2　英語を学ぶことが好きだった。
3　多くの徒競走で優勝した。
4　学校が楽しくなかった。

解説　第1段落の4文目に，When he was a child, he didn't like school. と書かれている。この like の代わりに enjoy を使って表している 4 が正解。第3段落1文目に Tom won many races in his life とあるが，子どものときのことではないので，3 は不正解。

---

(27) 解答 ①

質問の訳　「トムは 1905 年に何をしたか」
選択肢の訳
1　彼はレースで走り始めた。
2　彼はカナダ先住民に関する本を書いた。
3　彼はボストンマラソンで優勝した。
4　彼はビル・デイビスに会った。

解説　1905 年については，第2段落の3文目に In 1905, Tom ran his first race, ... とある。ran his first race「初めてのレースを走っ

196

た」は，**1** の started running in races と同じこと。同じ文の後半 only two years later he won the Boston Marathon から，ボストンマラソンで優勝したのはその2年後なので，**3** は不正解。

(28) 解答 **1**　　　　　　　　　　　　　正答率 ★75%以上

質問の訳　「トムはなぜレースで走ることをやめたのか」

選択肢の訳　**1** 戦争中のカナダを支援するため。
2 よりよい仕事を見つけるため。
3 彼は多くのレースで負けた。
4 彼はフランスに移り住みたかった。

解説　第3段落の2文目 However, in 1916, he decided to … 以降から，トムが stop entering races「レースに出ることをやめる」と help Canada in World War I「第一次世界大戦中のカナダを支援する」の2つを決心したことがわかる。

(29) 解答 **3**　　　　　　　　　　　　　正答率 ★75%以上

質問の訳　「トムは第一次世界大戦が終わった後に何をしたか」

選択肢の訳　**1** 彼はスポーツ殿堂を訪ねた。
2 彼は軍隊の隊員のためのレースを計画した。
3 彼はトロントへ働きに行った。
4 彼はオンタリオのマラソンで優勝した。

解説　第4段落は After the war ended in 1918 で始まり，第一次世界大戦後のことが書かれている。その2文目に，He lived and worked in Toronto until 1944 とあり，トムは戦場のフランスからカナダに戻り，カナダのトロントに住んで働いたことがわかる。

(30) 解答 **1**

質問の訳　「この話は何についてか」

選択肢の訳　**1** 有名なカナダ人のランナー。
2 カナダの人気ある長距離レース。
3 戦争中のあるカナダ人の集まり。
4 カナダ先住民のための特別な学校。

解説　タイトルにもある通り Tom Longboat に関する英文。そのトム・ロングボートについて，第1段落の1文目 Tom Longboat was …

a famous long-distance runner. から有名な長距離ランナーで
あったこと，さらに2文目 He was born in Ontario, Canada, …
からカナダ生まれであることがわかる。

| 一次試験・筆記 | **4** | 問題編 p.148 |

質問の訳　「あなたは泳ぐこととスキーをすることのどちらのほうが好きです
か」

解答例　I like swimming better than skiing. First, I don't like cold
weather, so I don't want to go skiing. Second, I can relax
when I swim. I like swimming in the sea very much.

解答例の訳　「私はスキーをすることよりも泳ぐことのほうが好きです。第1に，
私は寒い天気が好きではないので，スキーをしに行きたいとは思
いません。第2に，泳ぐとリラックスすることができます。私は
海で泳ぐことがとても好きです」

解説　Which do you like better, A or B? は，「A と B のどちらのほ
うが好きか」という意味。最初に，どちらがより好きであるかを I
like swimming [skiing] better than skiing [swimming]. と書
く。続けて，その理由を2つ説明する。解答例では，1文目：自分
の考え（スキーよりも水泳が好き），2文目：1つ目の理由（寒い
天気が好きではないのでスキーに行きたくない），3文目：2つ目
の理由（泳ぐとリラックスできる），4文目：3文目の補足（海で
泳ぐことが大好き）という構成になっている。2つの理由を説明す
る際の First, ～．Second, …「第1に，～。第2に…」などの用
法に慣れよう。

語句　swim「泳ぐ」, ski「スキーをする」, cold weather「寒い天気」,
so「だから」, go skiing「スキーをしに行く」, relax「リラック
スする」

198

| 一次試験・リスニング | 第**1**部 | 問題編 p.150〜151 | 🔊 | ▶MP3 ▶アプリ ▶CD 3 **43**〜**53** |

例題　解答 **3**

放送文
★：I'm hungry, Annie.
☆：Me, too. Let's make something.
★：How about pancakes?
　　1 On the weekend.　　　**2** For my friends.
　　3 That's a good idea.

放送文の訳
★：「おなかがすいたよ，アニー」
☆：「私もよ。何か作りましょう」
★：「パンケーキはどう？」
　　1 週末に。　　　　　　**2** 私の友だちに。
　　3 それはいい考えね。

No.1　解答 **2**

`正答率 ★75%以上`

放送文
★：Hi, Kathy. How was your vacation?
☆：Wonderful, Mr. Bradley.
★：Did you do anything special?
　　1 I'm thirteen years old.
　　2 I went to Florida.
　　3 I have two of them.

放送文の訳
★：「やあ，キャシー。休暇はどうだった？」
☆：「すばらしかったです，ブラッドリー先生」
★：「何か特別なことをしたの？」
　　1 私は 13 歳です。
　　2 フロリダへ行きました。
　　3 私はそれを 2 つ持っています。

解説
キャシーの vacation「休暇」が話題。ブラッドリー先生の anything special は「何か特別なこと」という意味で，キャシーが休暇中にしたことを尋ねている。Florida「フロリダ」へ行ったと伝えている **2** が正解。

20年度第3回　リスニング

199

No. 2　解答 ③

正答率 ★75%以上

放送文
☆：Did you enjoy your lunch, sir?
★：Yes, I did.　Could I have my coat, please?
☆：Which one is yours?
   1　I'll come again.
   2　I like it very much.
   3　The black one.

放送文の訳
☆：「ご昼食をお楽しみいただきましたか，お客さま」
★：「ええ。私のコートを取ってもらえますか」
☆：「どちらがお客さまのものでしょうか」
   1　また来ます。
   2　私はそれが大好きです。
   3　黒いコートです。

解説
男性客は Could I have my coat, please? と，女性店員にコートを取ってもらうように依頼している。女性店員の Which one は Which coat「どのコート」のことで，どれが男性のコートかを尋ねているので，自分のコートの色を伝えている **3** が正解。

No. 3　解答 ②

放送文
★：I'm really excited.
☆：Me, too.
★：Have you been to this zoo before?
   1　Yes, we'll meet them here.
   2　No, this is my first time.
   3　OK, let's go there again.

放送文の訳
★：「本当にわくわくしてるよ」
☆：「私もよ」
★：「この動物園に以前来たことはあるの？」
   1　ええ，私たちはここで彼らに会うのよ。
   2　ううん，これが初めてよ。
   3　いいわよ，またそこへ行きましょう。

解説
2 人が zoo「動物園」に入ろうとしている場面。男の子の Have you been to ～?「～へ行った[来た]ことがありますか」は，女の

200

子がこの動物園に来たことがあるかどうかを尋ねた質問。my first time「初めて」と答えている **2** が正解。

No. 4　解答 ②

放送文　☆：What a beautiful day!

★：Yeah.

☆：I hope it'll be like this tomorrow, too.

1 I've already been there.

2 I think it will be.

3 I didn't have time.

放送文の訳　☆：「なんてすばらしい天気なの！」

★：「そうだね」

☆：「明日もこんな感じだといいわね」

1 ぼくはもうそこへ行ったことがあるよ。

2 そうなると思うよ。

3 ぼくは時間がなかったんだ。

解説　女性の I hope it'll be like this tomorrow, too. の like は「～のように，～と同じように」という意味で，明日も今日のような a beautiful day「すばらしい天気の日」になるのを期待しているということ。正解 **2** の I think it will be. の後には，like this tomorrow, too が省略されている。

No. 5　解答 ②

放送文　☆：Are you looking for Bill?

★：Yes. Where is he?

☆：He felt sick, so he went home.

1 No, my bus was late.

2 Oh, that's too bad.

3 Yeah, it closes soon.

放送文の訳　☆：「ビルを探しているの？」

★：「うん。彼はどこにいるの？」

☆：「気分が悪くて，家に帰ったわ」

1 ううん，ぼくのバスが遅れたんだ。

2 あー，それは気の毒だね。

201

3 そう，それはもうすぐ閉(し)まるよ。

解 説 男性(だんせい)が探(さが)しているビルについて，女性(じょせい)は He felt sick, so he went home. と言っている。felt は feel の過去形(かこけい)で，feel sick は「気分が悪い」という意味。これに対して，that's too bad「それは気(き)の毒(どく)だね」と同情(どうじょう)している **2** が正解。

No.6　解答 ❸ ━━━━━━━━━━━━━━━━━ 正答率 ★75%以上

放送文 ☆：Where are you taking those notebooks?
★：To the teachers' room.
☆：Do you need any help?
　　1 No, I forgot to ask him.
　　2 No, I didn't see them.
　　3 No, I can do it myself.

放送文の訳 ☆：「それらのノートをどこへ持っていくの？」
★：「職員室(しょくいんしつ)へ」
☆：「何か手助けが必要？」
　　1 ううん，彼(かれ)に聞き忘(わす)れたよ。
　　2 ううん，それらを見なかったよ。
　　3 ううん，自分でできるよ。

解 説 notebooks「ノート」を the teachers' room「職員室(しょくいんしつ)」へ運ぼうとしている男の子(こ)に，女の子は Do you need any help? と助けが必要かどうか尋(たず)ねている。これに対して，myself「自分で」できると答えている **3** が正解(せいかい)。

No.7　解答 ❶ ━━━━━━━━━━━━━━━━━ 正答率 ★75%以上

放送文 ★：Jen, it's almost seven o'clock.　Why are you still here?
☆：I need to finish this report.
★：Don't stay too late.
　　1 Thanks, I'll go home soon.
　　2 Yes, I did it before lunch.
　　3 Great, that sounds perfect.

放送文の訳 ★：「ジェン，もう7時になるよ。どうしてまだここにいるの？」
☆：「この報告書(ほうこくしょ)を終わらせる必要があるの」
★：「遅(おそ)くなりすぎないようにね」

1 ありがとう，もうすぐ家に帰るわ。

2 ええ，昼食前にそれをやったわ。

3 すばらしい，完璧ね。

解　説　男性の Don't stay too late. は「遅くなりすぎないようにね」という意味で，女性を気遣った表現。これに対し，感謝の気持ちと go home soon「もうすぐ家に帰る」と伝えている **1** が適切な受け答えである。

No.8　解答 **3**

放送文　☆ : We need some onions, Dad.

★ : That's right. Can you go and get some?

☆ : I don't know where they are.

1 Two should be enough.

2 I had onion soup.

3 They're next to the potatoes.

放送文の訳　☆ :「タマネギが必要よ，お父さん」

★ :「そうだね。取りに行ってくれる？」

☆ :「どこにあるかわからないわ」

1 ２つで十分なはずだよ。

2 ぼくはオニオンスープを飲んだよ。

3 ジャガイモの隣にあるよ。

解　説　I don't know where they are. の they は，２人が買う必要のある onions「タマネギ」を指している。女の子はタマネギがどこにあるかわからないと言っているので，next to 〜「〜の隣に」を使って場所を答えている **3** が正解。

No.9　解答 **1**

放送文　☆ : Dad, I'm hungry.

★ : I just ordered a pizza.

☆ : Great. When will it arrive?

1 In about 20 minutes.

2 Mushroom and cheese.

3 From the restaurant in town.

放送文の訳　☆ :「お父さん，おなかがすいたわ」

★：「ちょうどピザを注文したところだよ」

☆：「よかった。いつ届くの？」

   1 20分後くらいだよ。

   2 マッシュルームとチーズだよ。

   3 町のレストランからだよ。

解説 父親の I just ordered a pizza. を受けて女の子は When will it arrive? と言っているので，it は父親が注文した pizza「ピザ」を指している。ピザがいつ届くかを答えているのは **1** で，In 〜 minutes. は「〜分後に」という意味。

No.10 解答 ①　　　　　　　　　　　　　正答率 ★75%以上

放送文 ☆：What's that on the ground?

★：It's someone's wallet.

☆：What should we do with it?

   1 Let's take it to the police station.

   2 I'll look for it tomorrow.

   3 Mine is a different color.

放送文の訳 ☆：「地面に落ちているあれは何かしら？」

★：「誰かの財布だね」

☆：「どうしたらいいかしら？」

   1 警察署に持っていこう。

   2 明日，それを探すよ。

   3 ぼくのは違う色だよ。

解説 What should we do with it? の do with 〜は「〜を処理する」という意味，it は2人が見つけた someone's wallet「誰かの財布」のことで，女の子はその財布をどうしたらいいか尋ねている。Let's 〜「〜しよう」を使って the police station「警察署」へ持っていこうと提案している **1** が正解。

| 一次試験・リスニング | 第**2**部 | 問題編 p.152〜153 | 🔊 ▶MP3 ▶アプリ ▶CD 3 54〜64 |

No. 11 解答 **1**

放送文
☆：Where do your mother and father live, Tim?
★：In California.
☆：What do they do there?
★：They both work in a pet store.
Question: What are they talking about?

放送文の訳
☆：「あなたのお母さんとお父さんはどこに住んでいるの，ティム？」
★：「カリフォルニアだよ」
☆：「そこで何をしているの？」
★：「2人ともペットショップで働いているよ」

質問の訳　「彼らは何について話しているか」

選択肢の訳
1 ティムの両親。　　　　　　**2** ティムの休暇。
3 彼らの将来の夢。　　　　　**4** 彼らのペット。

解説　女の子はティムに，Where do your mother and father live, Tim? と，What do they do there? の2つの質問をして，ティムはこれらに答えているので，ティムの parents「両親」が話題になっている。

No. 12 解答 **4**

正答率 ★75%以上

放送文
★：Are you doing anything this weekend, Cindy?
☆：Nothing special, Ted. I plan to stay home.
★：That sounds boring.
☆：Yeah, but I need to clean my room.
Question: What will Cindy do this weekend?

放送文の訳
★：「今週末は何かするの，シンディー？」
☆：「特にないわ，テッド。家にいる予定よ」
★：「それは退屈そうだね」
☆：「ええ，でも自分の部屋を掃除する必要があるの」

質問の訳　「シンディーは今週末に何をするか」

選択肢の訳　**1** 特別なパーティーへ行く。　　**2** テッドの家を掃除する。

20年度第3回　リスニング

205

3 映画を見る。　　　　　**4** 家にいる。

解説 Are you doing anything this weekend, Cindy? と今週末の予定を尋ねられたシンディーは，Nothing special, Ted. に続けて I plan to stay home. と答えている。plan to ~は「~する予定である」，stay home は「家にいる」という意味。

No. 13 解答 ①
正答率 ★75%以上

放送文 ☆：What time is it, James?

★：It's one thirty. Where's your watch, Nancy?

☆：I lost it yesterday in the cafeteria.

★：You should be more careful.

Question: What happened to Nancy yesterday?

放送文の訳 ☆：「今何時，ジェームズ？」

★：「1時30分だよ。きみの腕時計はどこにあるの，ナンシー？」

☆：「昨日，カフェテリアでなくしちゃったの」

★：「もっと気をつけないといけないね」

質問の訳 「昨日，ナンシーに何が起こったか」

選択肢の訳 **1** 彼女は腕時計をなくした。
2 彼女は授業に遅刻した。
3 彼女はジェームズを見つけることができなかった。
4 彼女は昼食を食べることができなかった。

解説 質問の happened は happen「起こる」の過去形。Where's your watch, Nancy? に，ナンシーは I lost it yesterday in the cafeteria. と答えているので，**1** が正解。lost は lose「~をなくす」の過去形，it はナンシーの watch「腕時計」のこと。

No. 14 解答 ④

放送文 ★：Mom, is that sandwich for me?

☆：No, Larry. It's for your dad.

★：Good. I don't like ham and cheese.

☆：I'll make you a chicken sandwich.

Question: Whose ham and cheese sandwich is it?

放送文の訳 ★：「お母さん，あのサンドイッチはぼくの？」

☆：「ううん，ラリー。お父さんのよ」

★：「よかった。ぼくはハムとチーズが好きじゃないんだ」

☆：「あなたにはチキンサンドイッチを作るわね」

質問の訳 「誰のハムとチーズのサンドイッチか」

選択肢の訳
1 ラリーの（ハムとチーズのサンドイッチ）。
2 ラリーの姉[妹]の（ハムとチーズのサンドイッチ）。
3 ラリーの母親の（ハムとチーズのサンドイッチ）。
4 ラリーの父親の（ハムとチーズのサンドイッチ）。

解説 ラリーの Mom, is that sandwich for me? に，母親は It's for your dad. と言っている。その後のラリーの発話から，それはハムとチーズのサンドイッチのことだとわかるので，4 が正解。your dad「あなたのお父さん」はラリーの父親のこと。

No. 15 解答 ④

放送文
★：Ms. Barton, I have a stomachache.
☆：Did you see the school nurse before class?
★：No, can I go and see her now?
☆：Of course.
　　Question: What does the boy want to do?

放送文の訳
★：「バートン先生，おなかが痛いです」
☆：「授業の前に保健室の先生に診てもらったの？」
★：「いいえ，これから診てもらいに行ってもいいですか」
☆：「もちろんよ」

質問の訳 「男の子は何をしたいか」

選択肢の訳
1 放課後に宿題をする。
2 バートン先生から本を借りる。
3 違う授業を受ける。
4 保健室の先生に診てもらう。

解説 男の子の No, can I go and see her now? の理解がポイント。Can I ～? は「～してもいいですか」と許可を求める表現。go and see ～ は「～に会いに行く」という意味で，her は the school nurse「保健室の先生」を指している。

No. 16 解答 ④　　　　　　　　　　　　　　　正答率 ★75%以上

放送文 ★：Are many people coming to your birthday party, Sally?

20年度第3回　リスニング

207

☆：I've asked ten friends.

★：Are they all from school?

☆：No, six are from school, and four are from my swimming club.

Question: How many friends has Sally invited to her party?

放送文の訳 ★：「きみの誕生日パーティーにはたくさんの人が来るの，サリー？」

☆：「10人の友だちに頼んだわ」

★：「みんな学校の友だち？」

☆：「ううん，6人は学校，4人は水泳クラブの友だちよ」

質問の訳 「サリーは何人の友だちをパーティーに招待したか」

選択肢の訳 **1** 4人。　　　**2** 6人。　　　**3** 8人。　　　**4** 10人。

解　説 Are many people coming to your birthday party, Sally? に対して，サリーは I've asked ten friends. と答えている。I've は I have の短縮形で，「10人の友だちに（誕生日パーティーに来てくれるように）頼んだ」ということ。10人の内訳を説明している six や four を聞いて **2** や **1** を選ばないように注意する。

No. 17 解答 ②

放送文 ★：What are you looking for?

☆：My scarf. It's not in my bedroom or by the front door.

★：Have you looked in Mom's car?

☆：I'll check there now.

Question: Where will the girl look next?

放送文の訳 ★：「何を探しているの？」

☆：「私のスカーフよ。寝室にも玄関の近くにもないの」

★：「お母さんの車の中を見た？」

☆：「今そこを確認するわ」

質問の訳 「女の子は次にどこを見るか」

選択肢の訳 **1** 寝室の中。　　　　　　　　**2** 母親の車の中。
　　　　3 玄関の近く。　　　　　　　**4** 母親の寝室の外。

解　説 女の子が scarf「スカーフ」を探している場面。Have you looked in Mom's car? という質問に，女の子は I'll check there now. と答えている。check は「確認する」という意味で，there は in Mom's car「お母さんの車の中」を指している。

No. 18 解答 **3**　　　　　　　　　　　　正答率 ★**75**%以上

放送文
☆：I didn't see you at the swimming pool yesterday.
★：I was taking a driving test.
☆：Did you pass?
★：Yes. I finally got my license. I'm so happy.
　　Question: Why is the man happy?

放送文の訳
☆：「昨日，水泳プールであなたを見かけなかったわ」
★：「運転免許の試験を受けていたんだ」
☆：「合格した？」
★：「うん。やっと免許が取れた。とてもうれしいよ」

質問の訳　「男性はなぜうれしいか」

選択肢の訳
1 彼はプールへ行った。
2 彼は新車を買った。
3 彼は運転免許を取った。
4 彼は水泳のテストに合格した。

解　説
男性が I'm so happy. である理由は，その前の I finally got my license. で説明されている。I was taking a driving test. と言っているので，license「免許」は正解の 3 にある driver's license「運転免許」のこと。

No. 19 解答 **1**

放送文
★：Is the apple pie almost ready?
☆：No, I think we need to bake it for another 20 or 30 minutes.
★：Let's check it again in 15 minutes.
☆：OK.
　　Question: When will they check the pie next?

放送文の訳
★：「アップルパイはほとんどできたかな？」
☆：「ううん，もう 20 分か 30 分焼く必要があると思うわ」
★：「15 分後にまた確認しよう」
☆：「わかったわ」

209

| 質問の訳 | 「いつ彼らは次にパイを確認するか」

| 選択肢の訳 | **1 15分後。**　　**2** 20分後。　　**3** 30分後。　　**4** 50分後。

| 解説 | 男性の Let's check it again in 15 minutes. に女性は OK. と応じているので，**1**が正解。it は the apple pie を指している。for another 20 or 30 minutes「もう20分か30分」は，女性がアップルパイをさらに焼いた方がいいと思っている時間。

No. 20 解答 ②　　　　　　　　　　　　　　　　正答率 ★75%以上

| 放送文 | ☆：Hello?

★：Hi, Joanne. It's Ben. Did you take your Spanish dictionary home?

☆：Yes. Do you want to borrow it?

★：Yes, please. I think I left mine on the school bus.

Question: What does Ben want to do?

| 放送文の訳 | ☆：「もしもし？」

★：「もしもし，ジョアン。ベンだよ。きみのスペイン語の辞書を家に持ち帰った？」

☆：「ええ。それを借りたいの？」

★：「うん，お願い。スクールバスに自分のを置き忘れちゃったみたいなんだ」

| 質問の訳 | 「ベンは何をしたいか」

| 選択肢の訳 | **1** スペイン語の先生と話す。

2 ジョアンの辞書を借りる。

3 歩いて学校へ行く。

4 ジョアンと一緒にバスに乗る。

| 解説 | take 〜 home は「〜を家に持ち帰る」という意味で，ベンはジョアンに Spanish dictionary「スペイン語の辞書」を持ち帰ったかどうか尋ねている。その理由は，ジョアンの Do you want to borrow it? とベンの Yes, please. から，ベンがジョアンのスペイン語の辞書を借りたいためだとわかる。

210

| 一次試験・リスニング | 第**3**部 | 問題編 p.154〜155 | 🔊 | ▶MP3 ▶アプリ
▶CD 3 **65**〜**75** |

No.21 解答 **1**

放送文　The skies were cloudy yesterday, and there was a little rain during the evening, but today will be fine and hot all day. You can leave your umbrella at home, but don't forget your hat.

Question: What will the weather be like today?

放送文の訳　「昨日は空がくもっていて，夕方に少し雨が降りましたが，今日は1日中晴れて暑くなるでしょう。傘は家に置いていっていいですが，帽子をお忘れなく」

質問の訳　「今日の天気はどうなるか」

選択肢の訳　**1** 晴れ。　　**2** 雨。　　**3** くもり。　　**4** 強風。

解　説　The skies were cloudy yesterday, … but today …「昨日は空がくもっていたけれど…今日は…」の流れに注意する。質問では今日の weather「天気」を尋ねているので，today will be fine から **1** が正解。**2** の Rainy. と **3** の Cloudy. は昨日の天気。

No.22 解答 **3**

正答率 ★75%以上

放送文　Ricky likes sports. He plays tennis with his family. He also goes swimming with his friends on weekends. But his favorite sport is baseball. He loves watching it on TV.

Question: Which sport does Ricky like the best?

放送文の訳　「リッキーはスポーツが好きだ。彼は家族と一緒にテニスをする。週末には友だちと泳ぎにも行く。でも，彼がいちばん好きなスポーツは野球だ。テレビで野球を見るのが大好きだ」

質問の訳　「リッキーはどのスポーツがいちばん好きか」

選択肢の訳　**1** 水泳。　　**2** テニス。　　**3** 野球。　　**4** サッカー。

解　説　質問の Which sport は「どのスポーツ」，like 〜 the best は「〜がいちばん好き」という意味。スポーツ名が tennis, swimming, baseball と3つ出てくるが，But his favorite sport is baseball. から **3** が正解。favorite は「いちばん好きな」という意味。

20年度第3回　リスニング

211

No. 23 解答 3

放送文
Mr. Green usually eats lunch at noon, but today he had a meeting from eleven to twelve thirty. He was very hungry and ate lunch at one o'clock.

Question: What time did Mr. Green's meeting end today?

放送文の訳
「グリーンさんは普段正午に昼食を食べるが，今日は11時から12時30分まで会議があった。彼はとてもおなかがすいて，1時に昼食を食べた」

質問の訳
「今日，グリーンさんの会議は何時に終わったか」

選択肢の訳
1 11時に。　　　　　　　　2 12時に。
3 12時30分に。　　　　　　4 1時に。

解説
1文目後半の but today he had a meeting from eleven to twelve thirty から，今日の会議が終わった時刻は12:30（twelve thirty）だとわかる。1の11:00は会議の開始時刻，2の12:00は普段昼食を食べる時刻，4の1:00は今日昼食を食べた時刻。

No. 24 解答 4

正答率 ★75%以上

放送文
Julie will visit Japan next month. It'll be her second time. Last year, she stayed with a family in Kyoto for three months. This time, she'll visit for two weeks.

Question: How long did Julie stay in Japan last year?

放送文の訳
「ジュリーは来月，日本へ行く。彼女にとって2回目となる。昨年，彼女は京都の家庭に3か月間滞在した。今回は，2週間訪問する予定だ」

質問の訳
「ジュリーは昨年，どれくらいの期間日本に滞在したか」

選択肢の訳
1 2週間。　　2 3週間。　　3 2か月間。　　4 3か月間。

解説
ジュリーの昨年の日本滞在については，Last year, she stayed with a family in Kyoto for three months. と説明されている。stay with a family は「家庭に滞在する，ホームステイする」という意味。1の For two weeks. は今年の滞在予定期間。

No. 25 解答 4

放送文
Justin has to write a book report. He wanted to get a

mystery book from the library, but he couldn't find an interesting one. He got a science book.

Question: What kind of book did Justin get from the library?

放送文の訳 「ジャスティンは読書感想文を書かなければならない。図書館からミステリーの本を借りたかったが，面白い本を見つけることができなかった。彼は科学の本を借りた」

質問の訳 「ジャスティンは図書館からどのような種類の本を借りたか」

選択肢の訳 1 ミステリーの本。　　　　　2 冒険物の本。
3 歴史の本。　　　　　　　4 科学の本。

解 説 最後の He got a science book. から，4 が正解。話の流れから，ここでの get は borrow の意味。He wanted to get a mystery book「彼はミステリーの本を借りたかった」とあるが，その後に but he couldn't find an interesting one「面白い本を見つけることができなかった」と続いているので，1 を選ばないように注意する。

No. 26 解答 ① 　　　　　　　　　　　　　　　　正答率 ★75%以上

放送文 Last week, I fell off my bike on my way home from school. I was OK, but my bike broke. Yesterday, my dad took me to the store and bought me a new one. I was so happy.

Question: Why was the girl happy?

放送文の訳 「先週，私は学校から家に帰る途中で自転車から落ちてしまった。私は大丈夫だったが，自転車が壊れてしまった。昨日，お父さんが私を店に連れて行って，新しい自転車を買ってくれた。私はとてもうれしかった」

質問の訳 「女の子はなぜうれしかったか」

選択肢の訳 1 彼女は新しい自転車を手に入れた。
2 彼女の父親が彼女を学校へ連れて行った。
3 彼女は早く帰宅した。
4 彼女の大好きな店が開いていた。

解 説 最後の I was so happy. の理由は，その前の文の Yesterday, my

20年度第3回　リスニング

213

dad took me to the store and bought me a new one. で説明されている。bought は buy の過去形で，〈buy ＋（人）〜〉で「（人）に〜を買う」という意味。one は bike「自転車」の代わりに使われている。

No. 27　解答　2
正答率 ★75%以上

放送文
I've been busy this week. On Monday morning, I went to the gym before work, and that evening, I saw a musical. On Tuesday evening, I went out to dinner with my friends.
Question: When did the man see a musical?

放送文の訳
「今週，私はずっと忙しい。月曜日の朝，仕事の前にジムへ行き，その日の夜，ミュージカルを見た。火曜日の夜は，友だちと一緒に夕食を食べに行った」

質問の訳
「男性はいつミュージカルを見たか」

選択肢の訳
1　月曜日の朝に。　　　　　　2　月曜日の夜に。
3　火曜日の朝に。　　　　　　4　火曜日の夜に。

解　説
On Monday morning → I went to the gym，that evening → I saw a musical，On Tuesday evening → I went out to dinner のように，時を表す語句と行動を結びつけて聞くようにする。that evening「その日の夜」とは，文頭の On Monday morning を受けて「月曜日の夜」ということ。

No. 28　解答　2

放送文
Hiroshi and Brenda usually walk home from school together. Last Friday, Hiroshi had to go to his grandfather's house after school, so Brenda walked home with Robert. She enjoyed talking with him.
Question: Who did Brenda walk home with last Friday?

放送文の訳
「ヒロシとブレンダは普段，一緒に歩いて学校から帰宅する。先週の金曜日，ヒロシが放課後に祖父の家へ行かなければならなかったので，ブレンダはロバートと一緒に歩いて帰宅した。彼女は彼と話すことを楽しんだ」

質問の訳
「ブレンダは先週の金曜日，誰と一緒に歩いて帰宅したか」

選択肢の訳
1　ヒロシ。　　　　　　　　　2　ロバート。

214

3 彼女の祖父。　　　　　**4** ヒロシの祖父。

解説　質問では last Friday について尋ねていることに注意する。Last Friday, Hiroshi had to …, so Brenda walked home with Robert. から，**2** が正解。1 文目の Hiroshi and Brenda usually walk home from school together. は普段のことなので，**1** は不正解。

No. 29　解答　**1**

放送文　Next month, there'll be a jazz festival at Bayview Stadium. I couldn't buy tickets at the convenience store, so I bought some on the Internet. I'm going to take my girlfriend.
Question: Where did the man get the tickets?

放送文の訳　「来月，ベイビュースタジアムでジャズフェスティバルがある。ぼくはコンビニエンスストアでチケットを買えなかったので，インターネットで数枚買った。ぼくはガールフレンドを連れて行くつもりだ」

質問の訳　「男性はどこでチケットを入手したか」

選択肢の訳　**1** インターネットで。　　**2** ガールフレンドから。
3 スタジアムで。　　　　**4** コンビニエンスストアで。

解説　I couldn't buy tickets at the convenience store とあるので，**4** は不正解。その後の so I bought some on the Internet から，**1** が正解。bought は buy「〜を買う」の過去形で，some の後には tickets が省略されている。

No. 30　解答　**2**

放送文　OK, class. There's no math homework today, but you need to read pages 75 and 76 in your English textbook. Also, I'll return your history reports tomorrow.
Question: What do the students need to do for homework today?

放送文の訳　「はい，みなさん。今日は数学の宿題はありませんが，英語の教科書の 75 ページと 76 ページを読む必要があります。それと，みなさんの歴史のレポートを明日返却します」

質問の訳　「今日，生徒は宿題で何をする必要があるか」

20年度第3回　リスニング

選択肢の訳	1 数学の問題を解く。
	2 英語の教科書を読む。
	3 レポートを仕上げる。
	4 歴史のテスト勉強をする。

解説 OK, class. で始まる先生から生徒への連絡。… but you need to read pages 75 and 76 in your English textbook から，英語の教科書の 75 ページと 76 ページを読む必要があることがわかる。need to 〜は「〜する必要がある」，pages は page「ページ」の複数形。

二次試験・面接 | 問題カード **A** 日程 | 問題編 p.156〜157 | 🔊 | ▶MP3 ▶アプリ ▶CD 3 76〜80

全訳

シーフードを楽しむこと

シーフードはとてもおいしくて，健康にいい。魚はいろいろな方法で調理できるので，レストランで多くの料理人に使われる。外国からの観光客はよく，日本のお祭りでタコなどのシーフードを食べてみて楽しむ。

質問の訳	No.1 パッセージを見てください。なぜ魚はレストランで多くの料理人に使われるのですか。
	No.2 イラストを見てください。犬はどこにいますか。
	No.3 めがねをかけた女性を見てください。彼女は何をしようとしていますか。

さて，〜さん，カードを裏返しにしてください。

No.4 あなたはいつ英語を習い始めましたか。

No.5 あなたは今までにハイキングに行ったことがありますか。

はい。　→ もっと説明してください。

いいえ。→ あなたは今晩，何をする予定ですか。

No. 1

解答例 Because it can be cooked in many different ways.

解答例の訳 「それはいろいろな方法で調理できるからです」

解説 質問の is … used by 〜は「〜によって使われる」という受動態。正解を含む 2 文目は，〈〜, so …〉「〜（理由），だから…（結果）」

216

の構文。解答する際，①質問の主語と重なる fish を 3 人称単数の代名詞 it に置き換える，②文の後半 so it is used by many chefs at restaurants「だから，それはレストランで多くの料理人に使われる」は質問と重なる内容なので省く，という 2 点に注意する。

No. 2

解答例　It's under a chair.

解答例の訳　「いすの下にいます」

解　説　Where は「どこに」という意味で，犬がいる場所を尋ねている。解答する際は，質問の主語 the dog を 3 人称単数の代名詞 It で置き換える。動詞は質問と同じ is を使って，It's [It is] とする。犬はいすの下にいるので，It's の後に under a chair を続ける。

No. 3

解答例　She's going to open a box.

解答例の訳　「彼女は箱を開けようとしています」

解　説　イラスト中の the woman wearing glasses「めがねをかけた女性」に関する質問。be going to ～は「～しようとしている」という意味で，女性がこれからとる行動は吹き出しの中に描かれている。質問に合わせて，She's [She is] going to ～（動詞の原形）の形で答える。「箱を開ける」は open a box と表現する。

No. 4

解答例　I started learning English in elementary school.

解答例の訳　「私は小学校で英語を習い始めました」

解　説　start ～ing は「～し始める」という意味。自分がいつ英語を習い始めたかを，I started learning English の後に続けて答える。解答例の in elementary school「小学校で」の部分を，when I was eight「8 歳のときに」のように答えることもできる。

No. 5

解答例　Yes. → Please tell me more.
　　　　　— I went to Mt. Fuji last year.
　　　　　No. → What are you going to do this evening?
　　　　　— I'm going to watch a DVD.

解答例の訳　「はい」→ もっと説明してください。

20年度第3回　面接

― 「私は昨年，富士山へ行きました」
「いいえ」→ あなたは今晩，何をする予定ですか。
― 「私は DVD を見る予定です」

解説 最初の Have you ever been hiking? はハイキングに行った経験があるかどうかを問う質問で，Yes(, I have). / No(, I haven't). で答える。Yes の場合の2番目の質問 Please tell me more. には，いつ，誰と，どこへハイキングに行ったか，そこで何をしたかなどを答えればよい。No の場合の2番目の質問 What are you going to do this evening? には，this evening「今晩」の予定を I'm going to ~（動詞の原形）の形で答える。解答例の他に，(Yes の場合) My family and I go hiking every summer.「私は家族と毎年夏にハイキングに行きます」，(No の場合) I'm going to do my English homework.「私は英語の宿題をする予定です」のような解答も考えられる。

二次試験・面接　問題カード 　問題編 p.158～159　

全訳　　　　　　　　　　持ち帰り用の料理
持ち帰り用の料理はますます人気が高まっている。夕食を作る時間がない人たちもいて，彼らはレストランの持ち帰り用の料理を注文する。人々は食事を手に入れるさまざまな場所を見つけるために，インターネットを使うことができる。

質問の訳
No.1　パッセージを見てください。なぜレストランの持ち帰り用の料理を注文する人たちがいますか。
No.2　イラストを見てください。女性はいくつの飲み物を運んでいますか。
No.3　男性を見てください。彼は何をしていますか。
さて，~さん，カードを裏返しにしてください。
No.4　あなたは家にいるときに何をすることが好きですか。
No.5　あなたは今までに釣りに行ったことがありますか。
　　　　はい。　→ もっと説明してください。
　　　　いいえ。→ あなたは日本でどこを訪れてみたいですか。

No. 1

解答例 Because they have no time to make dinner.

解答例の訳 「彼らは夕食を作る時間がないからです」

解 説 order は「～を注文する」，take-out food は「持ち帰り用（テイクアウト）の料理」という意味。正解を含む 2 文目は，〈～，so …〉「～（理由），だから…（結果）」の構文。解答する際，①質問の主語と重なる Some people を 3 人称複数の代名詞 they に置き換える，② 文の後半 so they order take-out food from restaurants「だから，彼らはレストランの持ち帰り用の料理を注文する」は質問と重なる内容なので省く，という 2 点に注意する。

No. 2

解答例 She's carrying two drinks.

解答例の訳 「彼女は 2 つの飲み物を運んでいます」

解 説 〈How many + 複数名詞〉は数を尋ねる表現。drink(s) は「飲み物」という意味で，女性がいくつの飲み物を運んでいるか尋ねている。イラストで女性は 2 つの飲み物を運んでいるが，単に Two drinks. と答えるのではなく，質問の現在進行形に合わせて She's [She is] carrying two drinks. と答える。

No. 3

解答例 He's talking on a phone.

解答例の訳 「彼は電話で話しています」

解 説 イラスト中の男性に関する質問。質問の What is ～ doing? は，「～は何をしていますか」という現在進行形の疑問文。「電話で話す」は talk on a phone で，質問に合わせて He's [He is] talking on a phone. という現在進行形で答える。

No. 4

解答例 I like to play with my cat.

解答例の訳 「私は自分のネコと遊ぶことが好きです」

解 説 like to ～ は「～することが好き」という意味で，家にいるときに何をすることが好きかを，質問に合わせて I like to ～（動詞の原形）の形で答える。

No. 5

解答例 Yes. → Please tell me more.

219

  — I went fishing last weekend.

No. → Where would you like to visit in Japan?

  — I'd like to visit Hiroshima.

解答例の訳

「はい」→ もっと説明してください。

  「私は先週末，釣りに行きました」

「いいえ」→ あなたは日本でどこを訪れてみたいですか。

  「私は広島を訪れてみたいです」

解 説

最初の Have you ever been fishing? は釣りに行った経験があるかどうかを問う質問で，Yes(, I have). / No(, I haven't). で答える。Yes の場合の2番目の質問 Please tell me more. には，いつ，誰と，どこへ釣りに行ったかなどを答えればよい。No の場合の2番目の質問 Where would you like to visit in Japan? には，日本で訪れてみたい場所を I'd [I would] like to visit ～（場所）の形で答える。解答例の他に，（Yes の場合）I sometimes go fishing with my father.「私はときどき，父と一緒に釣りに行きます」，（No の場合）I'd like to visit Tokyo Disneyland.「私は東京ディズニーランドに行ってみたいです」のような解答も考えられる。

英検3級に合格したら…
英検®準2級にチャレンジしよう！

準2級は，入試優遇や単位認定をはじめ，取得後は幅広く適用されます。試験問題では日常生活での話題が扱われ，レベルの目安は「高校中級程度」です。

準2級からここが変わる！

※試験内容は変更される可能性がありますので，受験の際は英検ホームページで最新情報をご確認ください。

筆記
長文の空所に適切な語句を補う問題が加わります。語い力を上げると同時に，文章の前後関係をきちんと把握するよう心がけましょう。

リスニング
放送回数がすべて1回になり，第1部から補助イラストがなくなります。英文の情報を整理しながら，一度で正確に聞き取ることが求められます。

面接
問題カードのイラストが2つになり，人物の行動描写と状況説明が求められます。

オススメの英検書はこちら！

学校でまだ習っていないことも
しっかり学べる

参考書
英検準2級 総合対策教本

CD付

商品詳細はこちら

MEMO

英検受験の後は 旺文社の
英検® 一次試験 解答速報サービス

PC・スマホからカンタンに自動採点！

- ウェブから解答を入力するだけで，リーディング・リスニングを自動採点
- ライティング（英作文）は観点別の自己採点ができます

大問別の正答率も一瞬でわかる！

- 問題ごとの○×だけでなく，技能ごと・大問ごとの正答率も自動で計算されます

英検® 一次試験 解答速報サービス
https://eiken.obunsha.co.jp/sokuhou/

※本サービスは従来型の英検1級〜5級に対応しています
※本サービスは予告なく変更，終了することがあります

旺文社の英検®合格ナビゲーター https://eiken.obunsha.co.jp/

英検合格を目指す方には英検®合格ナビゲーターがオススメ！
英検試験情報や級別学習法，オススメの英検書を紹介しています。

〔2023年度版 英検3級 過去6回全問題集・別冊〕　　　　　　　　　　　S2n065